高等职业教育“十二五”规划教材

网店运营与管理

主　编　陈德宝　王国玲

副主编　梁艺琼　郭　莉　张　桥　冯益鸣

参　编　王玉红　杨　敏　陈丹丹　欧阳湘华

燕学博　钟肖英

中国轻工业出版社

图书在版编目(CIP)数据

网店运营与管理/陈德宝,王国玲主编. —北京:中国轻工业出版社,2019.10
高等职业教育“十二五”规划教材
ISBN 978-7-5019-8709-2

Ⅰ. ①网… Ⅱ. ①陈… ②王… Ⅲ. ①电子商务—商业经营—高等职业教育—教材 Ⅳ. ①F713.36

中国版本图书馆 CIP 数据核字(2012)第 034898 号

责任编辑:张文佳
策划编辑:张文佳　　责任终审:劳国强　　封面设计:锋尚设计
版式设计:王超男　　责任校对:杨　琳　　责任监印:张　可

出版发行:中国轻工业出版社(北京东长安街 6 号,邮编:100740)
印　　刷:三河市万龙印装有限公司
经　　销:各地新华书店
版　　次:2019 年 10 月第 1 版第 11 次印刷
开　　本:720 × 1000　1/16　印张:12.5
字　　数:300 千字
书　　号:ISBN 978-7-5019-8709-2　定价:28.00 元
邮购电话:010 - 65241695
发行电话:010 - 85119835　传真:85113293
网　　址:http://www.chlip.com.cn
Email:club@chlip.com.cn
如发现图书残缺请与我社邮购联系调换
191160J2C111ZBW

前言

自21世纪以来，电子商务发展迅猛，国内电子商务教育逐步发展。长期以来，一方面是电子商务人才的短缺，另一方面是学校培养的电子商务人才不符合企业要求。究其原因，很重要的一点就是学校课堂教学内容与企业的要求脱节。而本教材则从企业对电子商务的人才需求出发，在内容上按照企业的要求进行组织，以淘宝等电子商务平台的实际运用作为教学主要内容，强调教学内容的实战性，以此提高学生的适应能力，也借此为我国电子商务职业教育课程建设与改革做出应有的贡献。

本教材以校企合作为原则，以“工作过程系统化”为指导，按照网店运营与管理的工作过程组织内容进行编写，把握住了当代职业教育的精髓，体现了“16号文”对职业教育的要求，是一本集“科学性、专业性、实战性、实用性、职业性”于一体的教材，与市场上同类教材相比，本教材有以下突出特点：

（1）科学性。教材体系结构，内容组织科学。

（2）专业性。教材专门针对网店经营与管理组织内容，体现课程专业性要求。

（3）实战性。按照“做中学”的要求，以网上开店实战的形式开展教学。

（4）实用性。按照理论够用，学以致用的原则，强调教材的实用性。

（5）职业性。按照网店工作过程组织内容，体现职业性。

本教材可作为高职或者中职电子商务、市场营销等经管类专业以及电子信息类专业的网店运营与管理、网上创业、C2C网店管理等课程的教材，也可供有志于学习网上开店技能的社会各界人士阅读。

该教材由全国多所高职高专院校以及中职学校的电子商务专业资深教师和企业界人士共同编写，阳江职业技术学院陈德宝与长春职业技术学院王国玲担任主编。具体分工如下：项目4、项目13由阳江职业技术学院陈德宝编写；项目8由长春职业技术学院王国玲编写；项目10、项目12由山东交通职业学院郭莉编写；项目11由广东松山职业技术学院杨敏老师编写；项目5由黄冈职业技术学院王玉红编写；项目1、项目7由阳江职业技术学院梁艺琼编写；项目6由阳江职业技术学院陈丹丹编写；项目3由桂林电子中等专业学校欧阳湘华编写；项目9由南京交通职业技术学院燕学博编写；项目2由深圳市博伦职业技术学校冯益鸣和广东海洋工程职业技术学校张桥老师编写。此外，南京旅游职业学院孙爱民和广州华南商贸职业学院钟肖英老师对教材的编写提出了很多宝贵意见，在此表示感谢！

本书在编写过程中，引用和参考了国内外专家学者的大量文献资料和研究成果。限于篇幅，书后只列出了主要的参考文献，如有遗漏，谨向作者致歉。

由于我们的水平有限，加之时间比较仓促，书中的错误和不妥之处在所难免，殷切希望使用本教材的师生及其他读者，给予批评指正。

编者

2012年3月

目录
CONTENTS

模块一 开店准备

项目1 市场调查

学习目标

目标类型	项目目标
知识目标	掌握网络市场调研的主要方法
技能目标	能利用各种方法开展调研 对网络消费者的消费习惯有比较清楚的了解 知道哪些产品在网上容易销售
工作态度目标	调查员要具有认真负责、积极的工作精神及职业热情 具有选择符合调查要求的个人形象和行为举止

技能知识

1. 能准确使用两种以上的调查方法展开市场调查
2. 能对市场调查结果进行基本数据计算并进行总体描述说明
3. 能进行简单调查问卷设计
4. 能用文字描述所进行的市场调查的基本过程
5. 能发现并反馈市场调查中的明显问题

项目背景

世界上第一笔网络交易在1994年完成，而中国在1998年才迎来了第一笔网络交易，迄今电子商务在中国已经走过了十多年的风雨历程。在这些年的时间里，我国的电子商务从不成熟发展到逐渐成熟的阶段。而随着网络及电子商务的快速发展，网络交易的商业模式即网络购物日渐完善。

网络购物发展至今，网上商品越来越丰富，从最初的家庭日用品、图书、音像制品，到现在的通信电子产品等。淘宝网，它作为亚太地区最大的网络零售商圈，拥有中国绝大部分的网购人群，占中国网购市场的近八成份额。如果我们要在淘宝网上创业，我们就要对它的可行性进行深入分析，包括市场前景如何，竞争情况如何，经济方面是否合算等，都要做全面分析。市场调查是可行性研究的基础，也是项目中对各方面决策的依据。

引导案例

网上目标市场

在对现代营销学之父的菲利普·科特勒博士的访问中，有记者问道："您认为成功的营销战略包括哪些内容?"他的回答是："只存在一种成功的战略，那就是仔细地定位目标市场，并且直接向该目标市场提供一流的产品或服务。产品或服务在一个或几个方面的独特表现必须是一流的，例如更好的质量、更多的特色、更低的价格或者物超所值。不然，企业的产品或服务就只能是对他人产品或服务的简单模仿，缺乏吸引消费者的独创的特质"。

许多零售网站都没有仔细分析和选择自己的目标市场，而是凭着一股热情和对互联网的期望，再加一点鲁莽就做起了网上销售。零售商品五花八门，服务条件真的能让顾客找到上帝的感觉。结果，就有了这样的故事：一位网上零售商店的经理在经历了几个月的接近是零的销售后，终于有一天也想尝一尝网上购物有啥滋味，过一把上帝瘾。于是他在午夜十一点向另外一家网上零售商店订购了一个面包和一包方便面，并要求对方在一个小时内送到。

凌晨，经理在梦中惊醒，原来面包和方便面真的送来了。和对方一谈方知对方和他一样，也是一家网上零售的经理，对方坐出租车转了大半个城市才找到他，结果还是迟到了。

这样的目标市场，这样的一对一营销有可能成功吗？可见没有确定好目标市场将给企业的生产和营销带来极大的困难和混乱。

案例思考

1.哪些商品适合网上销售？

2.你选择的网上销售项目行业竞争如何？市场前景如何？

任务分析

消费者市场是商家营销的重要市场之一，正确分析这个市场的主体即消费者的行为特点，是商家制定营销策略的基础。通过市场调查，对消费者心理与行为进行研究，并知道自己拟销售的产品在各大平台的销售状况。

相关知识

一、进行市场调查的含义

调查是根据事先设定的目标，应用科学的理论和方法，按照一定的程序，了解或探查事物的真相或发展规律的社会实践活动。对市场调查的含义可从以下几个方面理解：

（1）市场调查要有既定的目标，如对市场份额分析、销售分析、消费者行为研究、促销研究等。

（2）市场调查要遵循科学的调查方法与程序，如调查样本设计、调查取样、调查数据的分析、调查结论的推断等都必须有统计理论的支持，不能随意进行。

（3）市场调查是一项时效性很强的工作。市场调查的目的就是要指导营销工作，如果市场调查不及时，所得到的结论或建议的价值就会大打折扣。

二、市场调查的基本要求

（1）客观。市场调查的结果直接指导营销工作，因此，市场调查一定要客观，臆断的调查结果会导致企业营销工作的失利。

（2）准确。对市场调查数据的分析合理，力求准确，这是取得正确调查结论的前提。

（3）及时。市场调查结论往往只能在特定的时段应用，如果不能及时取得研究结果，就可能错过时机。

（4）经济。市场调查需要进行详细的费用预算，做到支出合理。

三、市场调查的方法

研究经常采用的调查方法主要有以下几种。

1. 问卷调查法

绝大部分有关检索行为的实证研究都会用到问卷调查，这是收集调查对象个人特征如性别、年龄、学历、网络经验等数据的基本手段。

目前由于网络的使用日益普及，问卷的发放也开始充分利用网络这一方便快捷的交流工具，将问卷放到网上由网络用户自由填写，以此取代过去的邮寄、递送等传统发放方式。联机问卷较传统的人工发放省时省力，且调查对象不受地理位置的限制，在一定的时间内回收数目可超过人工发放数。

2. 访谈法

访谈法也是用户研究中最常用的调查方法。该方法更注重研究目的的需要而不是样本的代表性，其调查对象常常是那些具备研究所要求的经历，特别是高层的难以征募的有某种经验或特性，并愿意接受采访的人。问卷调查主要收集行为表面以及行为者人口统计特征方面的数据，而深入的访谈则可让研究者获得现象背后的定性数据，比如人们对检索结果的预期值和实际评价，以避免量化数据不足解释影响行为发生和变化的深层因素。针对特定用户进行的深入访谈，可以详细记录用户的人口特征、认知形态、学习使用过程中思路的变化与概念形成及知识建构的方式。

3. 小组讨论法

小组讨论法是一种定性研究方法，其主要是强调小组内成员间的互动来了解参与者的想法及其原因，从而使得研究者可以接触到参与者的观念、态度和意见等。小组讨论法有助于探索和发现那些人们很少了解的论题，它可以发现问题的新视点，调查参与者行为发生的背景。这种集体访谈对收集参与者对不同的产品、服务和程序的看法特别有效。利用小组讨论法可以获得用户使用某些网站的理由和人们希望系统做出哪些改进等信息。

4. 实验法

实验法是实施某项措施后观察该措施带来的效果。用户检索行为研究中一个重要内容就是尝试确定各种影响行为的因素，而这往往要用到实验的方法，以对各种可能的变量进行控制。一般来说，采用实验法的研究者，会针对特定的检索系统或范围，事先给定检索任务，在检索结束后比较各种检索结果，结合用户个人特征、不同检索策略的分析，找出各因素间的因果关系。

5. 观察法

观察法用在检索行为的研究中，指研究人员在检索现场或直接或利用特定的辅助工具对用户的检索过程进行观察的方法。观察法既可使研究人员把观察的事实同研究对象所处的情境联系起来，又能对检索过程进行直接、真实、具体的了解。然而观察法有一个很大的局限性，就是研究人员要想仔细观察用户的检索步骤而不为人所知是很困难的。最佳的观察法应通过一个中心服务器和可监视各终端的软件来实现，以便做到在不为人知的情况下观察用户，避免用户行为受影响而失真。

6. 记录分析法

上述的研究方法中都有一个缺点，那就是用户对问题的回答不能保证非有意而为之，即回答的客观真实性得不到百分之百的保证，而分析日志记录则可避免这一问题。检索系统的日志记录不仅保存了系统的响应，同时也保存了用户在键盘和鼠标的所有输入。它可提供用户做什么而不是说什么的数据，数据的生成完全不受研究的影响，同时数据的收集也不受研究者左右。在回放这些记录时，研究者可以把自己放在用户的位置上，以用户的方式进行思考。由于日志记录包含大量的数据，所以分析样本都以万计甚至百万计，分析过程非常烦琐和费时。

一般来说，从记录的分析中可获得检索、提问式、检索词三个层次的数据，包括检索的次数、一次检索中提问式的变化、查看页面的数量、相关反馈的利用、检索词的多少、逻辑符和修改键的使用、检索词的分布频率等，由此可得出检索系统使用的一般模式、检索不成功的原因，结合用户特性还可确定用户犯错的可能倾向。

任务实施

一、大学生网上消费市场调研

1. 调研目标

（1）了解大学生对网上购物的认知与消费情况。

（2）对影响大学生网上购物的主要因素及消费渠道进行调研分析。

（3）调查大学生在淘宝网消费的情况。

2. 调研主要内容

每5人一组组成调研团队，在所在的学校各专业调研不少于10名同学（男女各占一半），综合运用观察法、访谈法、问卷调查等各类调研方法，调查大学生的网络购物情况（比如对网络购物的态度、一般在哪些网站购物、遇到过什么问题、经常在网上购买哪些产品等）。

3. 调研要求

完成调研后，形成调研报告，作为自己开设网上商店的决策参考资料。

二、产品销售状况调研

根据自己的兴趣，调查至少三类商品的商品类别在淘宝、易趣、拍拍等网站的销售状况，并将调查结果分别填入表1-1中。

表1-1　　产品销售状况调研

网店商品类别				
消费群体定位				
网店经营商品调研	调研网站	淘宝网	拍拍网	易趣网
	商品数量			
	商品分类情况			
	主要十家竞争对手			
	调研结论			
调研人员姓名：________　班级：_____　学号：____　调研时间：________				

总结回顾

本项目通过对本校大学生网上购物消费结构的调查，折射和反映大学生网购的消费状况和水平，为商家提供可行性建议。

复习思考题

市场调查的主要方法有哪些？

技能训练

技能训练任务书

实践任务	市场调查
训练目标	能运用恰当的市场调查方法，对网络消费者进行调查，并能对产品的销售状况进行调查
实践内容	1.大学生网络消费市场调查 2.产品销售状况调查
实践成果	对网络购物市场有比较清楚的认识

项目2 店铺定位

学习目标

目标类型	项目目标
知识目标	自身资源定位 营销方式定位 产品的定位 价格定位
技能目标	掌握成功网店运营的定位技巧

技能知识

对店铺进行恰当的定位

项目背景

当网络时代迅速来临时，在网上开店成为很多人的梦想。虽然看着那些卖家们在网上赚得盆满钵满，但是网上开一家店可不是想象中的那么容易。开店之初，自己打算卖什么产品？这些产品自己了解吗？有没有好的货源？如果你打算卖情侣装，你对情侣喜欢穿什么样的服饰了解吗？自己有没有这方面的货源？确立了顾客群，接下来就要考虑应该如何定位店铺。

引导案例

新手开网店如何走过“定位”环节？

定位是开网店首先要考虑的问题。定位，最主要考虑的是商品，进什么货，什么类别的商品，什么价位的。在网店初期和发展过程中，也要不断地研究竞争对手，结合自己的实际情况，找到属于自己的路。

那到底怎么才能在开店初期顺利走过“定位”这个环节呢？

1.明确自己想卖什么，要卖什么，看看淘宝上卖这些商品谁做得最好，详细分析并加以学习。结合自己的资金货源现状，看看进什么货进多少货。定位要符合自己的实际情况，刚开始是比较困惑的，要有信心坚持下去。

2.信誉度成为后来者的门槛，想办法找到打开销量的突破点，积累自己的客户。比如选取一个商品做活动、为热门产品做推广等。

都说网上创业门槛低，但也不是每个人都能成功，现在成功的这些人，都是做了3年以上的，这3年发展过程中的经验积累比赚得的钱更宝贵。

案例思考

1.你知道自己的产品的价格定位是属于高档、中档，还是低档的吗？

2.在开店之初，你对销售的商品能做到全部心里有数吗？

任务分析

本项目的主要任务就是能够在市场调查的基础上，对网店进行恰当的市场定位。

相关知识

开始做淘宝店铺时应该在市场调查的基础上，明确店铺定位。首先要分析市场，进行市场调研，最终确定店铺方向，固然这个过程很漫长，或许需要花上几年的时间还要有所付出，但是只要肯踏实地沉下心去学，你的淘宝一定会走向成功。而我们中有很多人在一开始就只是盯着能赚多少钱，或许在当时可能一下赚不少钱，但是天上不会掉馅饼，随着事业的进展你的收成也会越来越少。这就是为什么有远见的人能够成功，而目光短浅的人只会逞一时之快，很快就会虎头蛇尾地销声匿迹了。那究竟我们应该如何给店铺定位呢？

一、产品的定位

我们在开店之前，都要经由一番市场调研，然后结合自身的情况，确定要经营什么样的产品，网店产品选择一般要考虑以下几个因素。

1. 产品有特色

对于实体店来说，只要你的店的位置不是太差，小生意就可以做得很不错，就算是卖很大众化的东西，都一样可以赚得盆满钵满。而在网上做生意，我们就要独辟门路了。最好是找现实中不轻易买到的东西来卖个性礼品、限量版的商品、名牌服装、电子产品等，这样，专门的发烧友就会找到你店里，假如你和他合作得好，那生意就会细水长流，回头客不断了。

2. 价格要公道

网上定价一定要比现实市场上便宜，多参考别人的价格，能便宜尽量多便宜点，这样，会有很多想省钱的客人进来，你再服务得好点，这批客人就会成为你的长期客户。

3. 品种要丰富

同类产品，品种要丰富，由于每个来的客人，都希望自己所逛的店铺琳琅满目，产品丰富，如果每类产品只有一件或者少数几件，相信人家不会来第二次了。比方说店铺卖的是个性礼品，有适合宝宝的、情侣的、老师的、长辈的、父母的等。而且产品铺得多，这里还有一个伏笔。由于淘宝的推荐位不是买的，而是根据你的信用和店里的货物数目获得的。所以，在你信用还很低的时候，能获得一个分类的推荐位，是有很大好处的。但要注意的是，因为淘宝对长期没销量的商品会降权，因此店铺商品也不要太多，以免导致店铺被降权。

4. 图片要实拍

但凡网上卖得好的商品，基本上都是实拍的，实拍的图片给人真实感，能激发顾客的购买欲，最终使购买欲变为购买力。

5. 商品描述要详尽

基本的商品描述，包括商品图片和文字描述。一个优秀的商品描述，能够让客户感觉很惬意。具体表现为：排版得体、图片清楚、文字描述具体。

二、消费群体定位

在网上开店，销售对象当然是常常上网的群体，有数据显示，上网人群的年龄段通常在15~35岁之间，所以销售对象定位在这个年龄段是比较明智的选择。但是这个范围实在非常广，网店老板不可能做所有人的生意，而是需要把客户群进行锁定，如白领、学生、游戏族等，这样才能正确地进货，让服务目标化。

假如是在校学生，他们大多都会赶时尚、赶潮流、赶热闹，但是大多手头拮据，所以就要物美价廉一点，假如是白领，价格方面可以定得略微高一些，但货品要有特色，送货要及时等。只有定位了自己的顾客群体，才会有明确的销售方向，千万不要面面俱到，那样就会迷失方向。

三、营销定位

卖什么?卖给谁?我们都解决了，现在要考虑的是怎么卖，就是营销和推广，采用什么样的推广策略？产品如何定价?采用什么样的促销策略？这些都是我们要考虑的一些基本问题。

四、心态的定位

现在淘宝的竞争越来越激烈，很多人承受不住这种压力，半途放弃了，这样的例子屡见不鲜。因此，一定要调整好自己的心态，销量不好的时候不气馁，销量好的时候不自满，持之以恒才能成功。

要做好淘宝，我们一定要保持以下心态：

乐观：乐观可以让你善待你的现状。

吃苦：吃苦可以让你塑造你的未来。

刻苦：刻苦可以让你锻炼你的意志。

学习：学习可以让你驾驽你的能力。

提高：提高可以让你燃烧你的激情。

任务实施

要定位好自己的经营思路。店铺的经营思路也就是指你想在你的店铺中打出什么样的“牌”。不同的经营思路也就是打出不同的“牌”，常见的经营思路一共有五种，请按照以下思路对你的店铺进行恰当的定位。

一、价格牌

以价格为店铺定位点，利用价格吸引顾客，如两元店、平价店等。

策略：平价政策，以低价拉动高价。

例如，有人以全场“9.9元”产品进行开铺销售。

又如，有人以“3.8元一读卡器”来吸引眼球，（那是完全亏钱做的呀！）进入到网店后会关注到别的产品，发现“3.8元一读卡器”原来是配套一个89元/只的U盘来销售。

二、专业牌

以专业性为店铺定位点，利用商品或店铺的专业表现吸引顾客，比如某产品专卖店、某专业人士开设的店铺等。

主要有如下策略：

（1）店铺页面充分展示专业性。

（2）可以通过网站的通栏体现店铺专业性的一个点，明确地写出来。比如有人明确地把店铺命名为“养蜂人——蜂产品专卖店”。

（3）运用有效的链接，可链接到专业的网站，或可以放有说服力的证件。

三、特色牌

以商品或者店铺的特色为店铺定位点。

主要有如下策略：

（1）利用店铺与众不同的地方吸引顾客，如出售时间的店铺、出售艺术签名的店铺等。

（2）销售新、奇、特产品。据统计，新、奇、特产品是网上交易额较大的一类商品。

（3）销售时尚、创意类商品。如有人在网上卖快乐涂鸦手绘墙贴的。

四、情感牌

以把握顾客的情感为店铺定位点，利用店铺名能够满足顾客的情感需求来吸引顾客，如公主梦想屋、状元书店等。

策略：跟商品谈恋爱，挖掘它的情感价值，如：“幕蓉公子”店铺，主要销售带蕾丝花边的粉红色的家居用品店，像床单、窗帘、纸币盒等产品。它主要抓住了许多女孩子的公主情结！女孩子从小就有个梦想成为一个公主，将来嫁给白马王子。又如网上有售超大码的女装，如“胖可爱”的网铺，专卖胖女孩的衣服。

五、附加值牌

以商品或服务的附加值为店铺定位点，利用店铺能够满足商品附加值的提升或对服务感受的延伸来吸引顾客，如东东小铺销售摄影设备加上传授摄影技术等。

策略：通过提供服务或附加商品来提高商品的价值。例如一件原本30几元进价的T恤在网上卖130元，为什么敢卖这么贵呢？原来在它的网站上还提供了许多附加服务，如选择了这件T恤还为你的形象做出分析，你穿这件T恤应该搭配些什么等。

总结回顾

通过市场调查，对网购环境进行分析，了解消费者对产品的需求状况，对网店进行准确定位。

复习思考题

店铺定位的主要内容有哪些？

技能训练

技能训练任务书

实践任务	店铺定位
训练目标	掌握网店的定位技巧
实践内容	1.店铺基本情况定位 2.产品定位 3.价格定位
实践成果	明确店铺定位

项目3 货源寻找

学习目标

目标类型	项目目标
知识目标	了解适合在网上销售的商品 选择销售模式 认识淘宝分销
技能目标	能选择恰当的方式为自己的网店找到货源
工作态度目标	诚信经商 仔细做事 团队合作 与人顺畅沟通

技能知识

1. 线下货源的选择
2. 网上货源的选择

项目背景

在网店经营过程中，定位是关键。清晰的定位策略能让你的网店具有强大的核心竞争力。下定决心开一家网店，并了解了开店的优势与应应注意的事项后，就应该着手解决货源的问题。货源是制约网店经营的一个门槛。好的货源，在很大程度上决定了网店能否开办成功以及能否持久地发展下去。怎样才能寻找到适合自己在网上开店的货源呢？

引导案例

王辰的店铺

天津的王辰，是今年刚刚考上大学的大一新生，为减轻家里的负担，他从高中开始便尝试利用学习的闲暇时间做一些小生意，经过不断的努力，小有收获。进入大学校园的那一刻，他将眼光放到了网上。因为很早他就听说通过网络交易不仅可以赚钱，还能学到很多在校园中学不到的东西。现在王辰已是“四心”的拍拍卖家，提起开店伊始的那一刻，既兴奋、又辛酸。

幸福总会伴随着烦恼，他最近就遇到了很让他烦恼的事情：由于货源有限，在网络中同样式的商品又比比皆是。为了获得更好的发展，他打算在自己的店里代销一些其他产品。最终，他选择了同在拍拍开店、看上去信誉很高的卖家——以批发零售化妆品法国兰蔻为主的安安小店。因为资金有限，他选择的是完全由上家代发货的方式，虽然这样做不必担心自己压货，但对方却是不支持财付通交易的。思来想去，他还是决定试一试，因为毕竟上家有着很高的信誉度，在一定程度上还是可以相信的。但刚合作了头两单生意，便接到了顾客的投诉。原来买家在收到该化妆品后，都不约而同地反映包装恶劣、字迹不清，很明显与专柜上的产品不一样，是假货，已经当场拒收，并强烈要求退款，否则投诉到底。于是王辰找到上家，也就是安安小店。但对方根本不承认有这回事，认为买家是在无理取闹，同时也劝他不予理会。因为王辰没有见过该套化妆品，与上家又是直接到账交易，所以他很被动。无奈之下他只好退款给买家，可算是赔了夫人又折兵，最后连货都没拿到。

资料来源：世界工厂，http://edu.ch.gongchang.com/payoff/netprofit/2010-03-12/15040.html

案例思考

1.王辰的头两单生意为什么会失败？

2.如何才能找到好的货源？

任务分析

本项目的主要任务是如何为自己的网上商店找到货源并有效进行进货，主要包括如下四个步骤：确定网店的经营方式、选择适合自己的商品、市场调研、寻找货源进货。

相关知识

一、网上商店的经营方式

网上商店的经营方式，主要有以下三种：

（1）实体店与网店相结合的经营方式。在经营一个实体店的同时，把实体店内的商品也放在网上进行销售，这样大大扩展了自己商品的销售渠道。由于有实体店的支持，网店中商品的价位与质量都可以得到有效的保障，这样容易提高网络消费者对网店的认可度。

（2）专职经营网店。经营者将全部的精力都投入到网店的经营上，网店的收入成为个人收入的来源。这种经营方式可以得到很大的收益。

（3）兼职经营网店。经营者将网店作为自己的副业，相对于专职来说，收益相对小，但是风险也相对减小。对于上班族或在校学生来说，是一种比较适合的经营方式。

二、选择商品

网上开店，首先要有适合通过网络销售的商品。不是所有的能在网上销售的商品都适合个人开店销售，如家电产品，假如你不熟悉家电产品的进货渠道，没有价格优势，网店经营就很难获得成功。尽量避免涉足不熟悉、不擅长的领域。

1. 选择商品的原则

（1）物以稀为贵。有特色、有个性的商品会被更多人关注，自然买的人也就多。

（2）抓住地区优势，靠山吃山。不同的地区，商品的价格相差会很多。卖家应当努力从自己的身边着手，利用地区优势寻找自己身边的特产而其他地方没有的商品。

（3）尽量做自己熟悉和喜欢的行业产品。

2. 适合在网上销售的商品

（1）较高附加值的商品。价值应该高于单件商品的运费。

（2）体积较小的商品。主要是方便运输、降低购买成本。

（3）价格优惠的商品。如果网下可以用相同的价格买到，就不会有人在网上购买了。

（4）通过图片和文字即可展示的商品。假如商品必须要亲眼见到才能得到购买者的信任，那就不适合在网上开店销售。

（5）新、奇、特产品。网下不容易买到或买不到的产品，如外贸订单或直接从国外带回来的产品。

（6）物流成本较低的商品。通常在网店销售的商品其中一个特点是方便运输，物流成本低。体积较大或较重的商品运输时费用较高，物流费用的增加无疑会增加买家购物成本，从而降低买家的购买欲望。

（7）知识型产品的商品。属于智力密集型的产品，如图书、电脑软件等。

（8）能被普遍接受的标准化产品。这类产品具有较高的可靠性，其质量、性能易于鉴别，一旦发生质量纠纷，也易于解决。

3. 不能在网上销售的商品

（1）法律法规禁止或限制销售的商品，如武器、弹药、管制刀具、文物、淫秽品以及毒品等。

（2）假冒伪劣商品。

（3）其他不适合在网上销售的商品，如医疗器械、药品、股票、债券和抵押品、偷盗品、走私品以及其他非法获得的商品。

（4）用户不具有所有权或支配权的商品。

三、销售模式

目前淘宝上个人卖家的销售模式主要分为产品代理、产品代销以及直接进货三种模式。

1. 产品代理

产品代理是指以委托方名义销售产品，根据双方协议达成的合同进行推广、销售、管理和运送等活动。一般代理商是批发商，代销关系较为持久，合同明确细致。

2. 产品代销

代销是指以代销方的名义销售产品，盈亏由被代销方负责，可以先付款或售出后付款（双方商议确定），剩余产品仍可退还。一般代销商是零售商，代销关系较短暂，合同粗略，有些代销商只收取佣金。

3. 直接进货

去批发市场直接进货是最常见的进货渠道。如果当地周边有这样的市场，并且自己具备一定的议价能力，可以最大限度发挥地域优势，赚取第一桶金。

四、进货渠道

确定卖什么之后，就可以开始找货源了。网店之所以有利润空间，成本较低是重要因素。拥有了物美价廉的货源，便取得了制胜的法宝。

1. 从批发市场直接进货

在网店开设的最初阶段，商品销售量不大，在本地批发市场进货，完全可以满足网店的需求。卖家通过多去地区性的批发市场，不但可以熟悉行情，还可以拿到很便宜的批发价格。通过与一些批发商建立良好的供求关系，拿到第一手的流行货品，保证网上销售的低价位。

批发市场进货优劣势分析如表3-1所示。

表3-1 批发市场进货优劣势分析

优势	劣势
能够亲身接触货品实物	货品在质量和做工方面鱼龙混杂，需要一定的鉴别能力
批发价格相对于一般市场价格便宜	商品定价不规范，需要有一定的议价能力；有些批发市场的起批量较大，成本较高
商品款式丰富，选择余地较大	单家批发商的更新速度比较慢，需要和多家批发商保持合作，且需要卖家有一定的市场意识
批发市场的批发商一般比较稳定	容易出现货物出门概不负责的情况，应注意和批发商谈好调换货等问题
熟悉市场行情，了解流行趋势	从批发市场进货的商家多，容易造成某一商品款式的高重复率，导致商品竞争力下降

2. 从厂家进货

正规的厂家货源充足，态度较好，如果长期合作的话，一般都能争取到滞销商品换新款。但是一般来说，厂家的起批量较高，不适合小批发客户。如果卖家有足够的资金储备，并且不会有压货的危险或不怕压货，可以选择厂家进货。

3. 关注外贸产品

外贸公司和出口企业通常都有因生产尾货、订单退货、临时取消订单等产生的库存，通常这些产品的品质和设计都优于国内同类商品，企业为了及时清库，很乐意低价抛售，一般为正常价格的2~4折，这是一个不错的进货渠道。外贸产品因其质量、款式、面料、价格等优势，一直是网上销售的热门品种。

4. 寻找品牌积压库存

有些品牌商品的库存积压很多，一些商家干脆把库存全部卖给专职网络卖家。很多买家都通过搜索的方式直接寻找自己心仪的品牌商品，而且不少品牌虽然在某一地域属于积压品，但网络覆盖面广的特性，完全可以使其在其他地域成为畅销品。如果用户有足够的砍价本领，能以低廉的价格把库存买下来，一定能获得丰厚的利润。

5. 搜寻民族特色商品

民族工艺品的价值很高，其民族特色足以使它在琳琅满目的商品中脱颖而出。网络店主之所以愿意让这类产品来充实自己的店铺，是因为它们不仅能吸引人的眼球，而且还有其他产品无法取代的特点。

6. 网络代销

代销是指在网上展示商家给的图片、产品介绍等资料，然后向买家收取定金，再给商家一定的资金，让他发货，代销者赚取其中的差额。

网络代销的主要特点有：

（1）网络代销几乎不需要什么资金投入，很适合新卖家和小卖家。

（2）不承担进货风险，零成本，零库存。网络代销人不用囤货，不用自己负责物流。

（3）单笔交易支付，一件代发。

7. 淘宝分销

分销是一种普遍存在的商业模式，几乎所有的商品都是通过渠道进行销售。淘宝上的卖家几乎都是经销商，只不过进货渠道不一样，但是随着淘宝规模的逐步扩大、网商品牌的日渐树立，进货渠道也在淘宝网内成为一种新的发展趋势。

随着淘宝规模不断扩大，淘宝分销系统（http://fenxiao.taobao.com/）应运而生，搭建起了厂商和客户之间的桥梁，使得供应商能够充分利用分销商的资源进行商品销售。

任务实施

任务一：线下寻找货源

根据就近的原则，到本地批发市场或者产品生产厂家，寻找本地有特色的一到三种商品，商品特色及种类与价位，并将所寻找的商品信息填入表3–2中。

表3–2 线下寻找货源

批发市场名称	商品类别或名称	商品批量以及价格	对该商品的评价

任务二：在线寻找货源

一、搜索批发网站

进入百度、谷歌等大型搜索引擎中，搜索可以批发商品的网站。

1.打开网页，在地址栏中录入搜索引擎地址（如www.baidu.com），如图3–1所示。

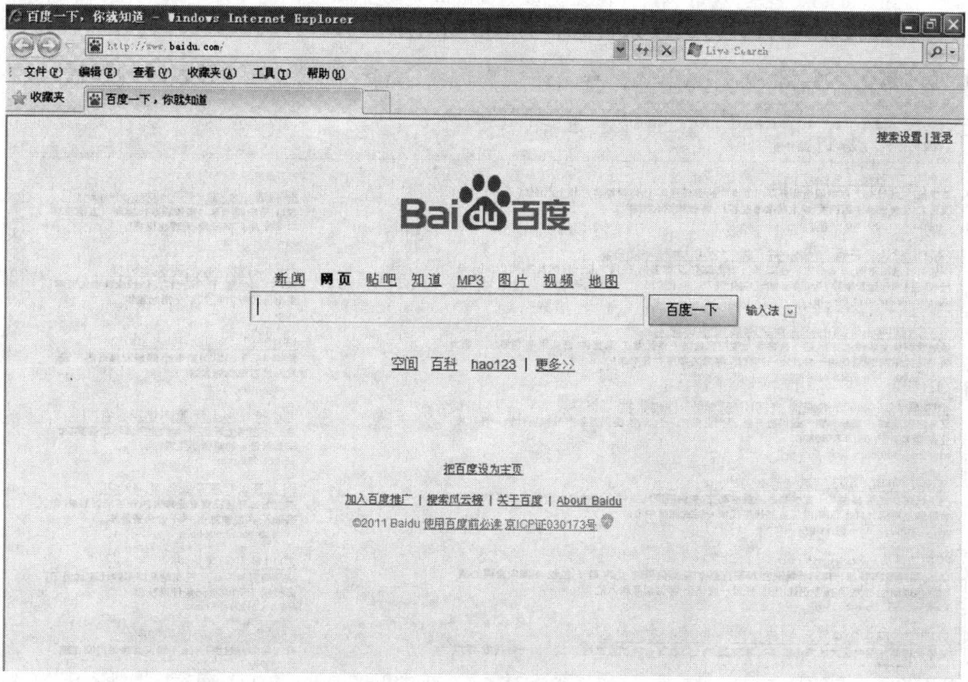

图3-1 打开搜索引擎

2.在搜索页面中，录入关键词（如：网店货源），如图3-2所示。

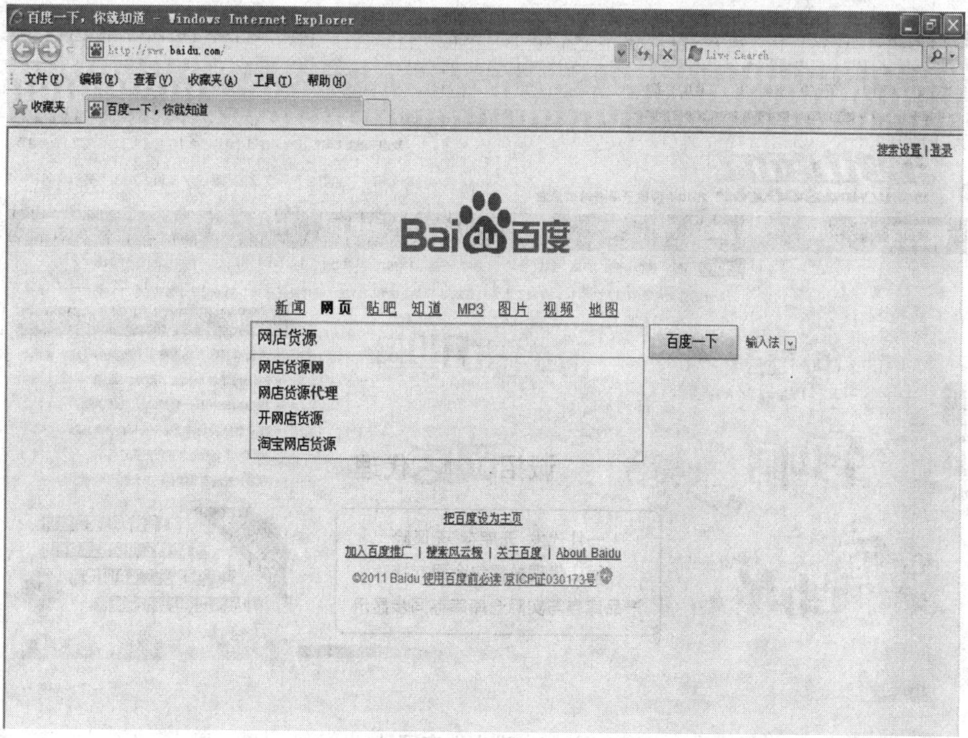

图3-2 输入关键词

3.在搜索结果中选定一家货源，如图3–3所示。

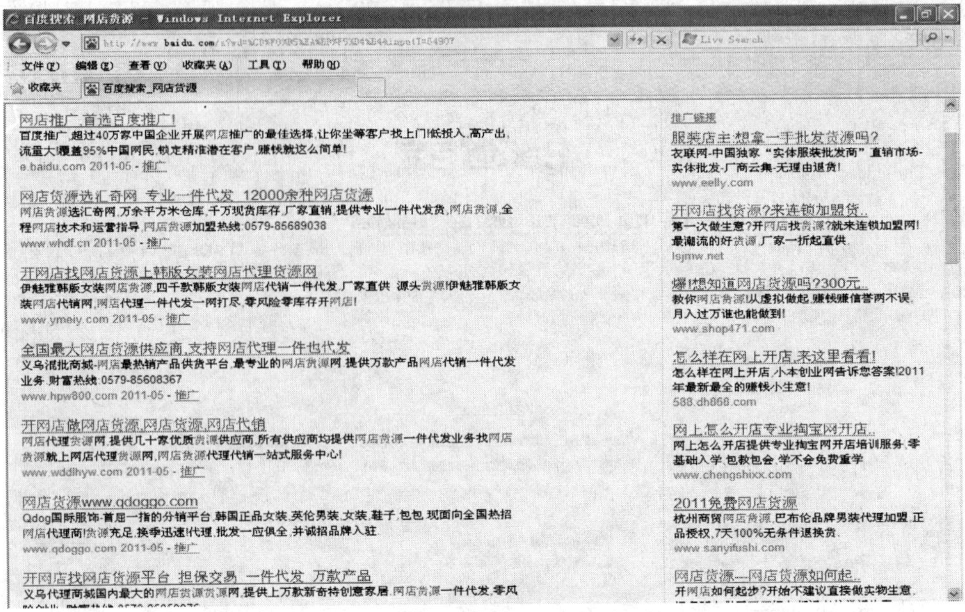

图3–3　选定货源

4.打开对应的页面，进入提供货源的网站，如图3–4所示。

图3–4　进入选定网站

5.点击“数据下载”，可以下载对应的数据包，如图3-5所示。下载完成后利用淘宝助理等软件将数据包上传到淘宝店铺即可。

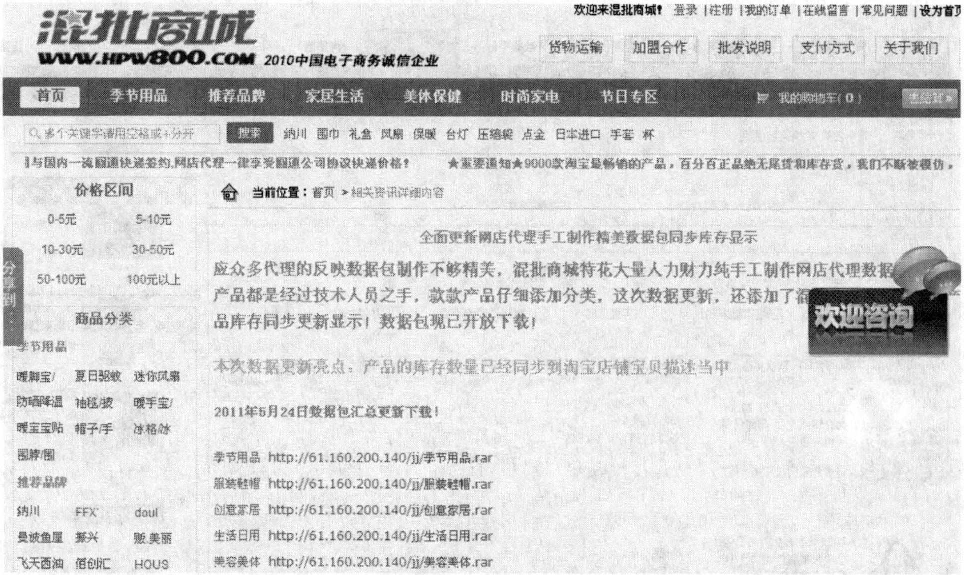

图3-5　下载数据包

二、使用淘宝分销平台

1.进入淘宝分销平台（http://fenxiao.taobao.com/），如图3-6所示。

图3-6　登录淘宝分销平台

2.登录自己的淘宝账号后，根据网店的定位，进入对应的商品分类中，选择供应商，如图3–7所示。

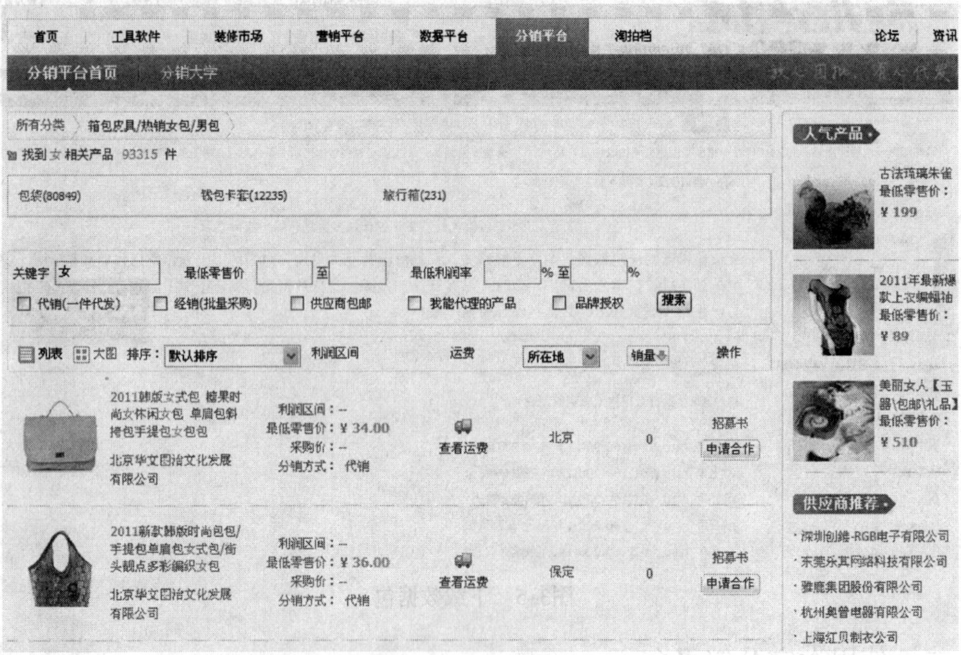

图3–7　寻找供应商

3.找到自己符合申请条件的、合适的货源，点击“申请”按钮，完成分销申请，如图3–8所示。

图3–8　申请分销

4.当供应商批准了分销申请后，在规定时间内登录分销平台，下载商品，然后进行上架。

总结回顾

本项目主要要求掌握如何为网店寻找货源的基础知识，了解哪些商品是可以在网店里卖的，并能成功地在网店里发布商品。

拓展知识

1.虚假货源网站识别的基本方法

（1）网站是否经过工业和信息化部正规的ICP备案，如无备案十有八九是骗子。

（2）网站交易是否支持第三方担保交易，如果不支持担保交易就需要警惕，不要相信不支持担保交易是因为资金周转不过来。

（3）网站是否留有固定电话，正规公司肯定有固定电话，哪怕是家里的固定电话。

（4）百度搜索一下其他网友对这个网站的评价，也是一项参考信息。

（5）正规公司一般都有400电话，选择正规的网店代理，是成功的第一步。

2.网店代销关注要点

（1）图片质量，拍的图片越专业，而且是实拍，那卖出的几率越大。关于服装代理，很多韩版服装，现在都喜欢一个模式。拍韩版风格，虽然是实拍，但PS严重，风格化严重，基本买家收到货，都会发现和实物相差太大，但是新手往往就是喜欢跟风，喜欢代理服装（特别是女装），因此女装代销是淘宝最泛滥的行业，竞争力也是最大的（长时间会无人问津），往往也是最打击新手的。

（2）服务质量，其实只要看一个，就是你想要查件（其实自己也懂查），代销商愿不愿意帮你，有没有固定的用户群交流，客服的回答率如何，态度如何，就很容易看出来了。其实大部分代销网站，发出了货物，他就不会管你死活了，出现了任何纠纷，他也不会帮你处理，所以服务这关很重要。

（3）检测邮费真实性。大家其实看一下代销商家的邮资模板，就可以确定是否应该代销了，很多代销网站，不仅提供假货，用低价吸引，而且会把邮资提得很高，例如上海到广州，其实10元是正常价，他会提高到15元，如果是这样，无论怎么说，这会阻碍你的店铺经营。因为大部分淘宝的买家，对邮资还是挺在意的，过高的邮资比商品价格过高还要令人厌恶。因此，一些经验丰富的买家看见邮资过高的时候，他根本就不会去考虑你的商品了。

（4）对那些鼓吹的商家尤其小心，产品如何如何丰富，时不时百度找几张新闻图片贴在网站以示自己多大影响力，什么报刊杂志又刊登了对自己的报道，然后以代理加盟费为由，骗取加盟费，等到代理后发现售前售后两个样，自己也只能大呼上当，就当花钱买教训吧。

资料来源：百度百科http://baike.baidu.com/view/1692104.htm

复习思考题

1.网店的销售模式有哪几种？

2.如何选择货源?

3.如果选择从批发网站进货，如何判定网站的真实性?

技能训练

技能训练任务书

实践任务	从网上寻找货源
训练目标	能为网店从网上寻找到合适的货源
实践内容	1.准备物品 2.通过搜索引擎寻找能够进行批发商品的网站 3.进入网站，进入商品展示区，寻找合适的商品 4.进入数据下载区，下载商品数据包 5.用淘宝助理上传商品
实践成果	成功为网店里的商品上传商品数据

模块二 网店开设

项目4 开店流程

学习目标

目标类型	项目目标
知识目标	了解常见的网店平台 了解网上开店所需的物品 知道网上开店的基本流程 知道网上开店的规则
技能目标	能选择恰当的网店平台 能利用某一电子商务平台开设网上店铺
工作态度目标	诚信经商 仔细做事 团队合作 与人顺畅沟通

技能知识

1. 网上店铺平台选择
2. 网上开店准备
3. 开设网店

项目背景

C2C电子商务是中国电子商务目前相对发展最充分、最成熟的电子商务模式之一，淘宝、拍拍、有啊等各大C2C平台发展迅速，2009年淘宝网交易额超过2000亿人民币，解决了近百万人的就业问题。越来越多的人开始成为C2C卖家，成为“网商”。那么对于我们来说，如何建立一个既吸引顾客又功能完善的网上商店呢？如何成为一个优秀的网商呢？本项目将引导大家一起开启成功网商之路。

引导案例

"淘宝网"的C2C网上交易平台

淘宝网（Taobao，口号：淘！我喜欢。）是亚太最大的网络零售商圈，致力打造全球领先网络零售商圈，由阿里巴巴集团在2003年5月10日投资创立。淘宝网现在业务跨越C2C（个人对个人）、B2C（商家对个人）两大部分。截至2008年12月31日，淘宝网注册会员超9800万人，覆盖了中国绝大部分网购人群；2008年交易额为999.6亿元，占中国网购市场80%的份额。2007年，淘宝的交易额实现了433亿元，比2006年增长156%。2009年淘宝成交额超过2000亿元。

淘宝网提倡诚信、活跃、快速的网络交易文化，坚持宝可不淘，信不能弃。在为淘宝会员打造更安全高效的网络交易平台的同时，淘宝网也全力营造和倡导互帮互助、轻松活泼的家庭式氛围。每位在淘宝网进行交易的人，不但交易更迅速高效，而且可以交到更多朋友。现在，淘宝网已成为广大网民网上创业和以商会友的首选。截至2009年底，淘宝已经为社会提供超过100万的直接就业岗位。淘宝网已成为广大网民网上创业和以商会友的首选。

资料来源：百度百科，http://baike.baidu.com/view/3629.htm

案例思考

1. 淘宝网为什么能成为C2C领域的领军企业？

2. 如何建立自己的淘宝店铺？

任务分析

本项目的主要工作任务是创建个人网上商店，主要包括如下六个步骤：开店准备、选择平台、账户注册、申请认证、通过认证、开设店铺。

相关知识

一、网上商店的概念

网上商店顾名思义就是网上开的店铺，作为电子商务的一种形式，是一种能够让人们在浏览的同时进行实际购买，并且通过各种支付手段进行支付完成交易全过程的网站，目前网店大多数都是使用淘宝、易趣、有啊等第三方平台开启。

二、网上商店的特点

1. 方便快捷

不用装修、采购等的普通店铺必须要经过的过程，点点鼠标打打键盘就可以开个网店。

2. 交易迅速

买卖双方达成意向之后可以立刻付款交易，通过物流或者快递的形式把货品送到买家的手中。

3. 不会造成大批量压货

可以没有实体店铺，而仅仅开一个网络店铺，因为可以不需要压货，这也是网店吸引人的一个特点。

4. 打理方便

不需要请店员看店然后还要跑老远上货，摆放货架，一切都是在网上进行，看到的货品下架只需要点击一下鼠标就可以重新上货。

5. 形式多样

无论卖什么都可以找到合适的形式，你如果有比较大的资金可以选用通用的网店程序进行搭建，也可以选择比较好的网店服务提供商进行注册然后交易。

6. 信任最重要

线上交易不能提供实实在在的亲身体验，造成买家往往喜欢与自己更信任的商家交易。所以如果第一次交易顺利买家回头率更高。

三、网上开店的规则

任何一个市场都要有交易规则，网上市场也不例外，淘宝、拍拍等电子商务平台为了规范网上交易行为，都制定了详细的交易规则，以此保障网上交易的正常进行。

网店交易规则主要包括店铺开设规则、产品发布规则、经营规则、评价规则、处罚规则等，卖家开店前必须对开店规则有比较详细的认识和理解，才能在网店开设与运营过程中少触犯规则，避免电子商务网站的处罚。

任务实施

一、开店准备

1. 硬件

计算机1台（须连入互联网）、手机1部、数码相机1台（也可用较高像素手机）。

2. 证件

本人身份证、本人银行卡（须开通网银）。

3. 资金

启动资金100到2000元。

二、选择平台

常用的网店平台主要有淘宝网、拍拍网、易趣等，详见表4-1。

表4-1　C2C网站列表

名称	网址	简介
淘宝网	www.taobao.com	淘宝网（Taobao，口号：淘！我喜欢。）是亚太最大的网络零售商圈，致力打造全球领先网络零售商圈，由阿里巴巴集团在2003年5月10日投资创立。淘宝网现在业务跨越C2C（个人对个人）、B2C（商家对个人）两大部分
拍拍网	www.paipai.com	拍拍网是中国知名的网络零售商圈，是腾讯旗下的电子商务交易平台。拍拍网依托于腾讯QQ的庞大用户群以及2.5亿活跃用户的优势资源，具备良好的发展基础。拍拍网作为腾讯“在线生活”战略的重要业务组成，在创立之初就定位于“中国电子商务的普及者和创新者”，以促进电子商务在中国的全民普及和发展
易趣网	www.eachnet.com	易趣是全球最大的电子商务公司eBay（Nasdaq：EBAY）和国内领先的门户网站、无线互联网公司TOM在线于2006年12月携手组建的一家合资公司。易趣比较注重出口导向，鼓励卖家向国外销售。EBAY会向用户收取一定数量的刊登费和成交费

三、注册淘宝账户

1. 登录网站注册

登录淘宝网（www.taobao.com）、拍拍（www.paipai.com）等电子商务平台，点击“免费注册”，如图4-1所示。

图4-1　登录淘宝网

2. 选择注册方式

为了方便用户记忆账户、保护账号安全等事项，电子商务平台注册方式主要有手机号码注册和邮箱注册，本例选择邮箱注册，如图4–2所示。

图4–2　选择注册方式

3. 填写信息

填写电子邮件信息，设置会员名和密码，如图4–3所示。设置会员名的时候尽量选择简短易记的中文会员名，为了保障账户安全，密码最好是无规律的中英文交叉。

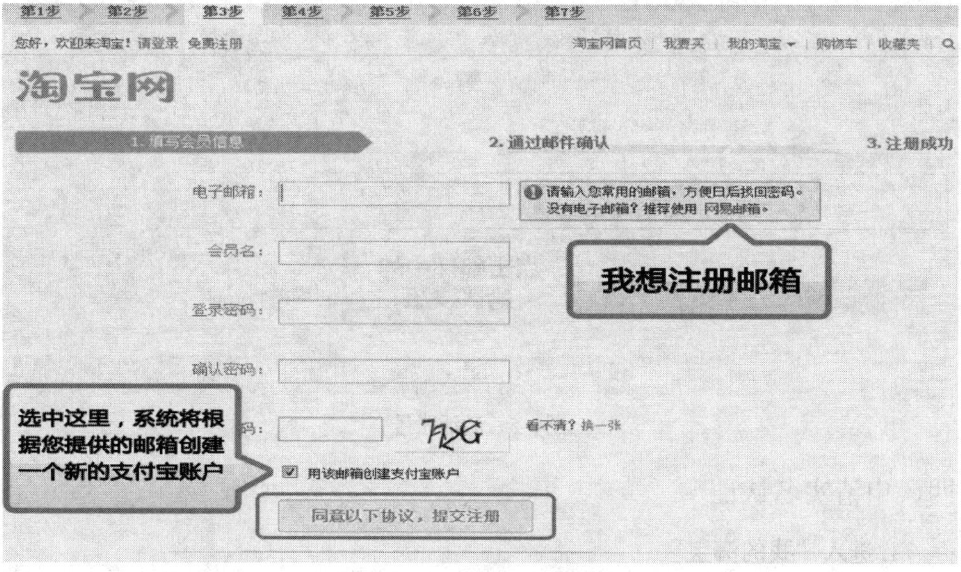

图4–3　设置会员名等信息

4. 提交注册信息

填写信息并确认无误后，提交注册信息，如图4–4所示。

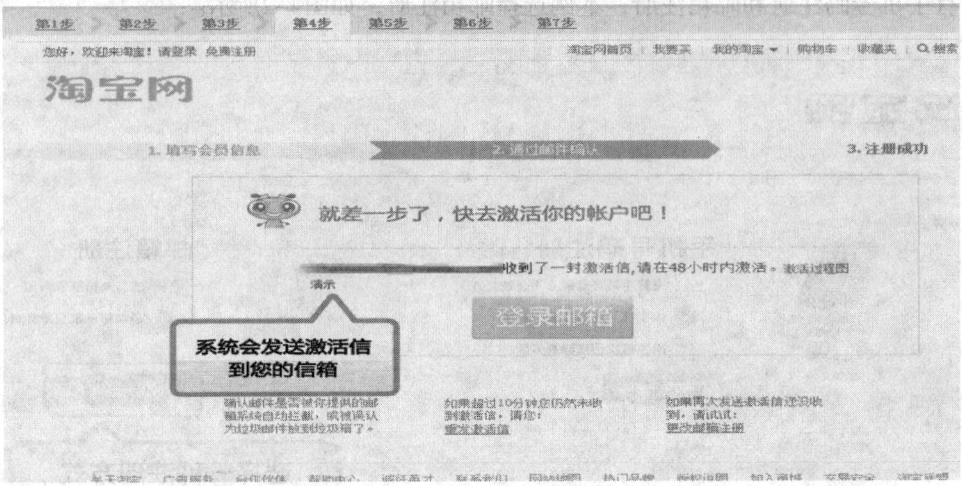

图4–4　提交注册信息

5. 激活账号

为了防止恶意注册，往往注册后需要激活账号，一般是进入注册邮箱激活账号。点击“完成注册”即成功激活账号，完成注册，如图4–5所示。

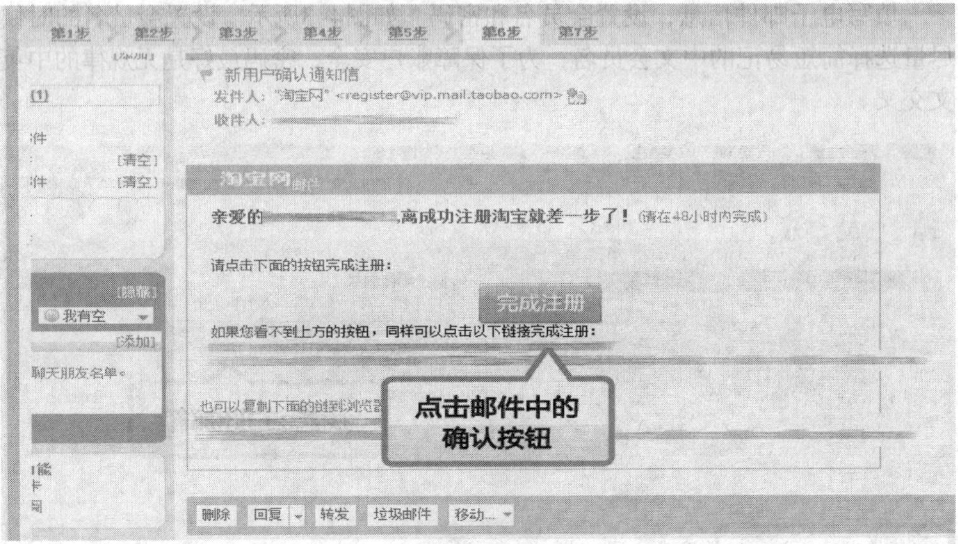

图4–5　激活账号

四、申请实名认证

1. 进入“我的淘宝”

“我的淘宝”是用户进行淘宝账户管理和设置的页面，进入“我的淘宝”，开设认证操作，如图4–6所示。

图4–6　我的淘宝

2. 开始实名认证

点击“实名认证”，目前国家对网上商店均需要通过实名认证，个人卖家需提交个人身份证等信息进行实名认证，如图4–7所示。

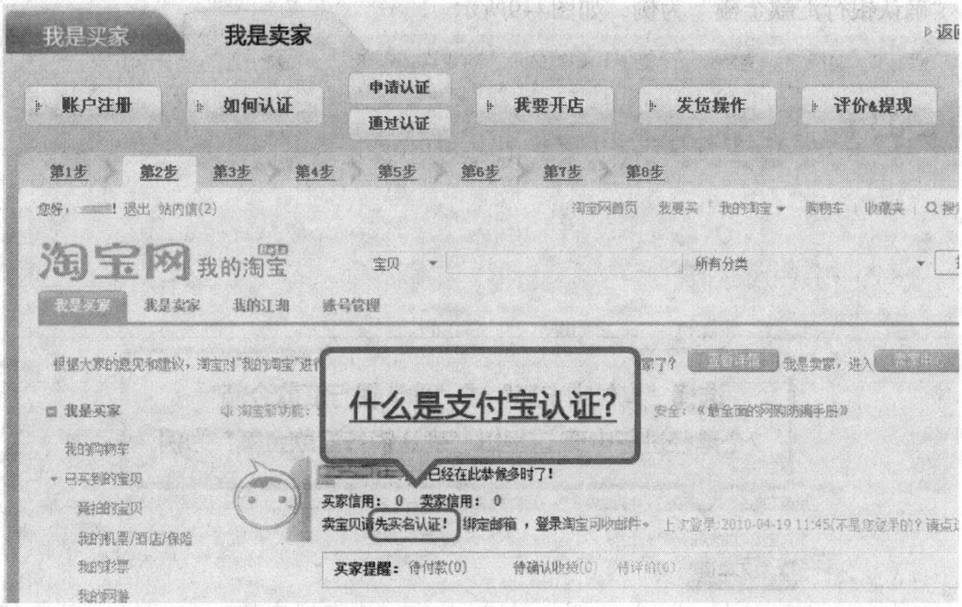

图4–7　实名认证

3. 申请个人实名认证

点击“申请支付宝个人实名认证”，如图4–8所示。

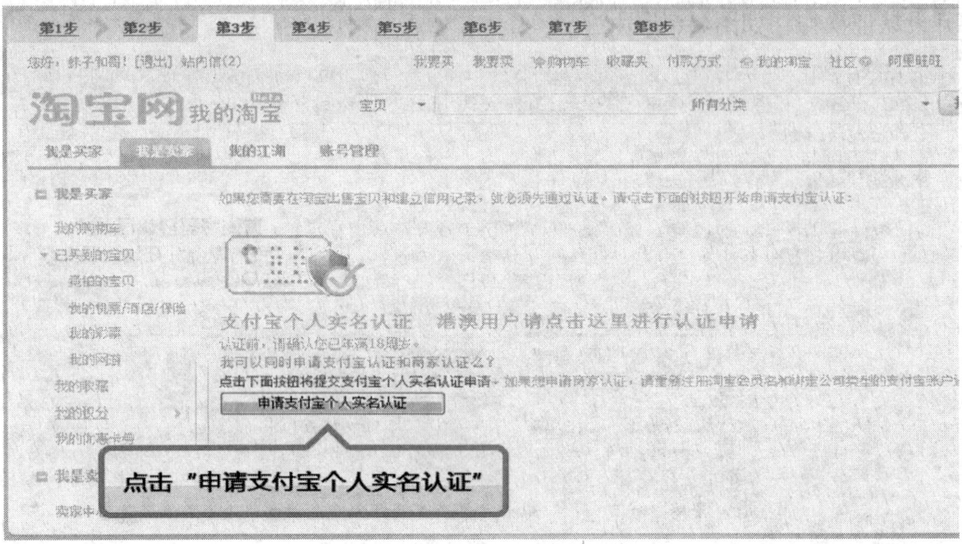

图4–8　申请支付宝个人实名认证

4. 选择申请途径

选择“支付宝卡通”或者“确认银行汇款金额”两个途径进行申请，这里以“确认银行汇款金额”为例，如图4–9所示。

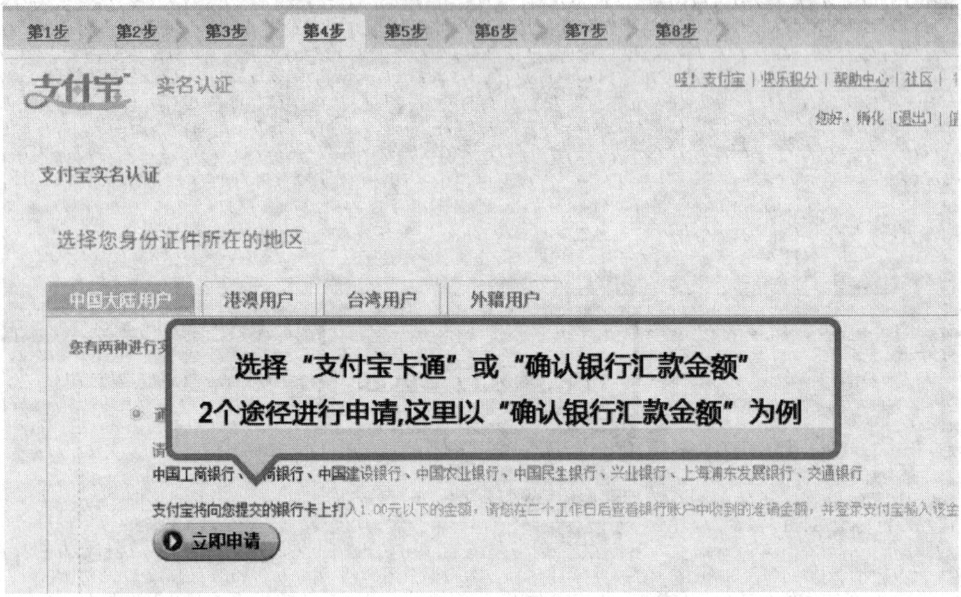

图4–9　选择申请方式

5. 填写个人身份证件信息

填写个人身份证件号码以及真实姓名，必须真实无误，否则无法通过认证，如图4–10所示。

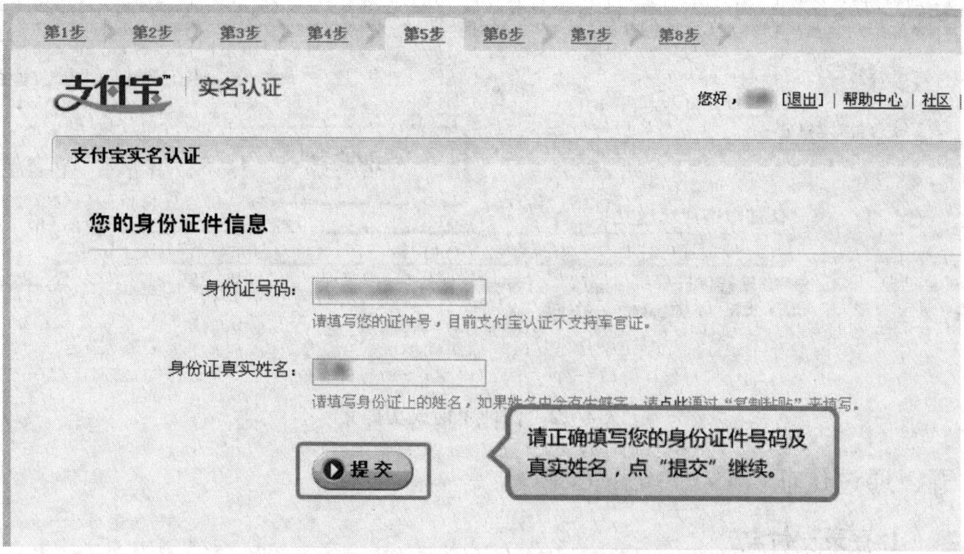

图4–10 填写身份证件信息

6. 填写个人基本信息和账户信息

填写个人基本信息和银行账户信息，如图4–11所示。

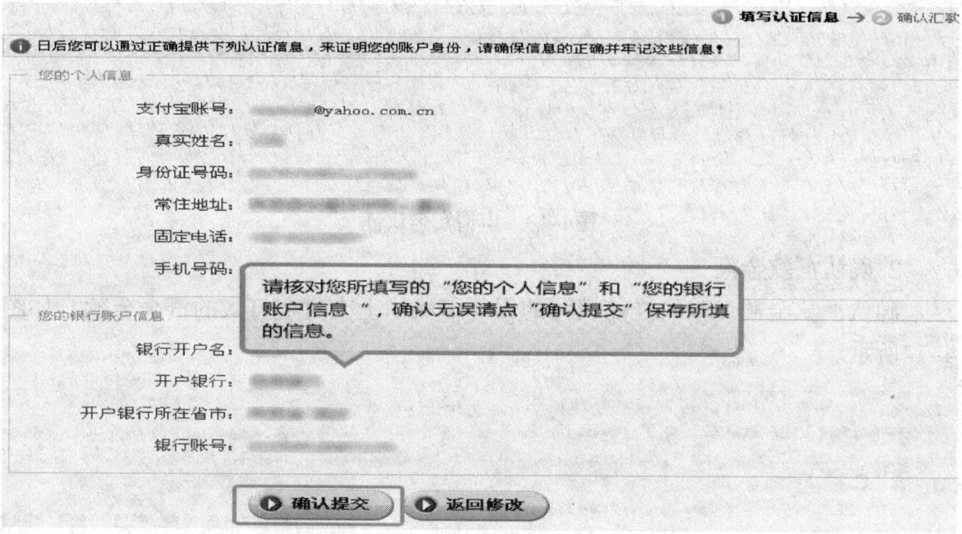

图4–11 确认提交个人信息和账户信息

7. 提交认证信息

确认信息无误后，提交认证，在1~3个工作日后可以查询淘宝汇入刚才填写的银行账户中的金额，以备通过验证，如图4–12所示。

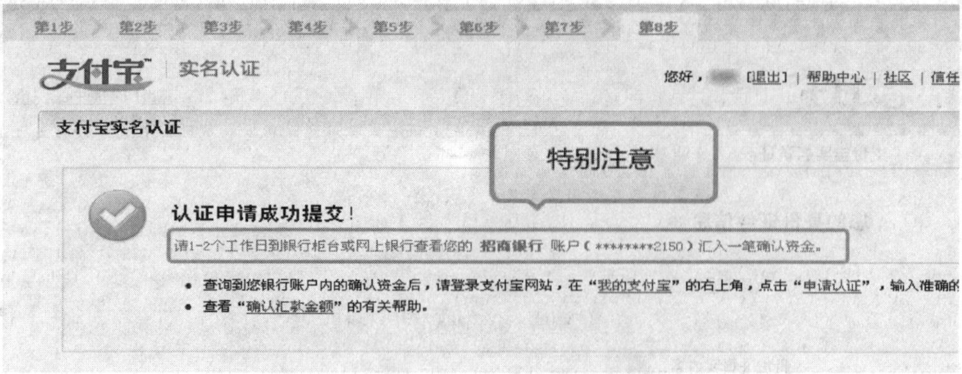

图4–12　认证申请成功提交

五、通过认证

1. 登录支付宝

登录支付宝账户——我的账户，点击“申请实名认证”，如图4–13所示。

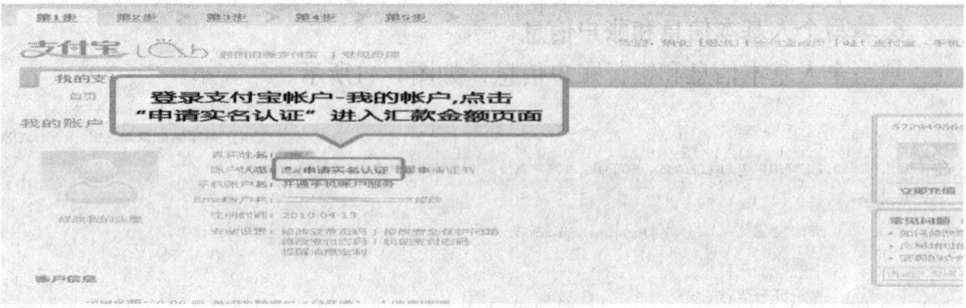

图4–13　申请实名认证

2. 确认汇款金额

确认汇款金额，输入之前填写的银行卡账户上支付宝打入的资金金额，如图4–14所示。

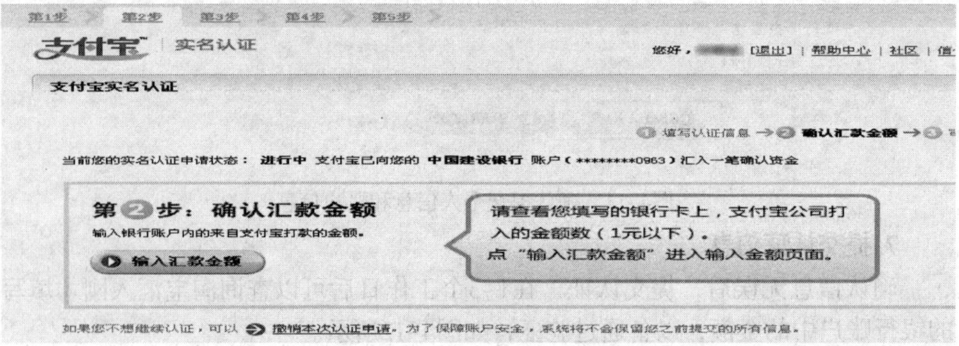

图4–14　确认汇款金额

3. 提交审核

确定输入金额提交支付宝审核，如图4–15所示。

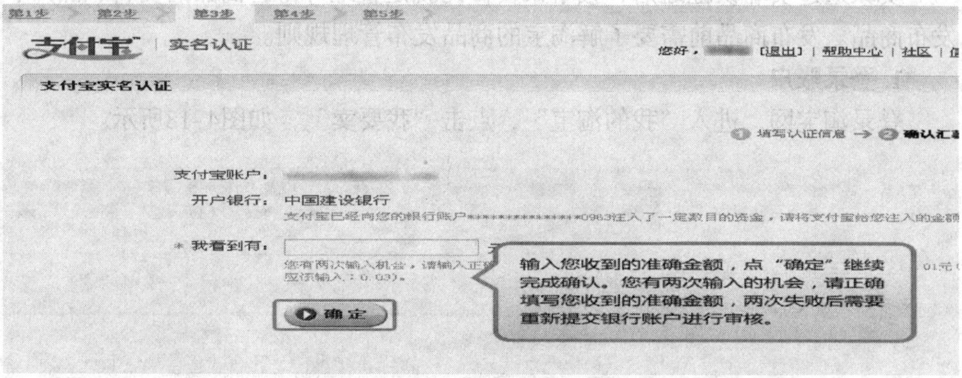

图4–15 确定金额提交支付宝审核

4. 系统审核信息

提交审核金额后，系统会对信息进行审核，如图4–16所示。

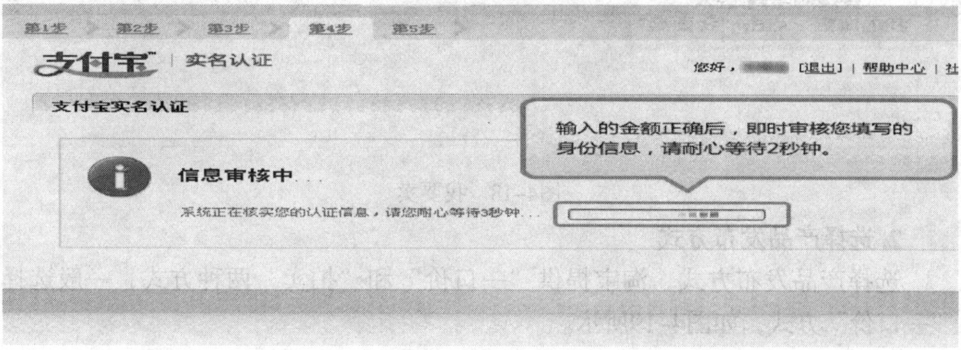

图4–16 信息审核

5. 通过审核

系统确认信息无误，审核通过，完成支付宝实名认证，如图4–17所示。

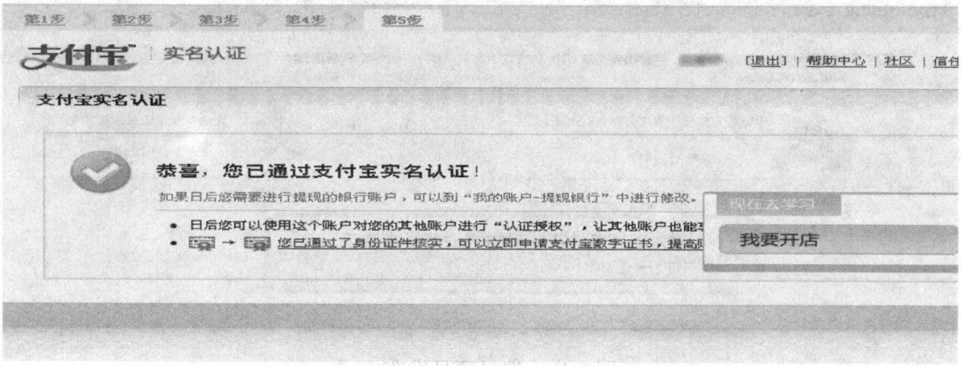

图4–17 通过实名认证

六、开设网上店铺

卖家通过实名认证之后，接下来要做的就是整理好待售商品的资料、图片、发布商品。发布商品前需要了解淘宝的商品发布管理规则。

1. 登录账户

登录淘宝网，进入“我的淘宝”，点击“我要卖”，如图4–18所示。

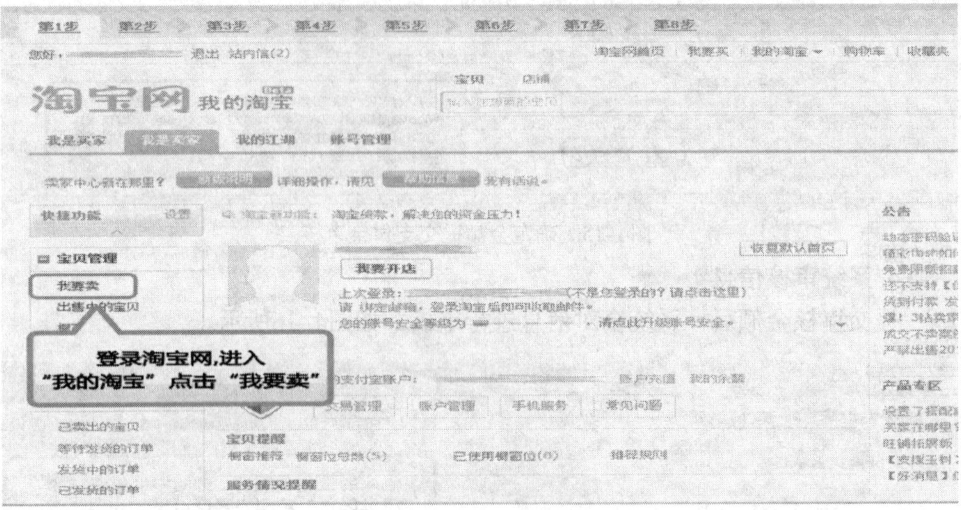

图4–18　我要卖

2. 选择产品发布方式

选择产品发布方式，淘宝提供“一口价”和“拍卖”两种方式，一般选择“一口价”方式，如图4–19所示。

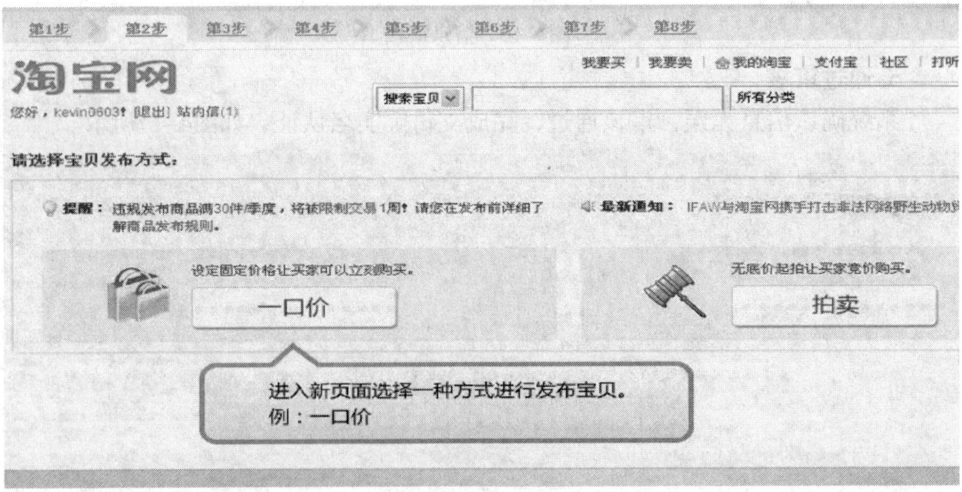

图4–19　选择商品发布方式

3. 选择类目

选择商品的类目，如图4–20所示。（注意：类目等属性必须设置准确，否则会遭到淘宝的商品下架甚至扣分处罚）。

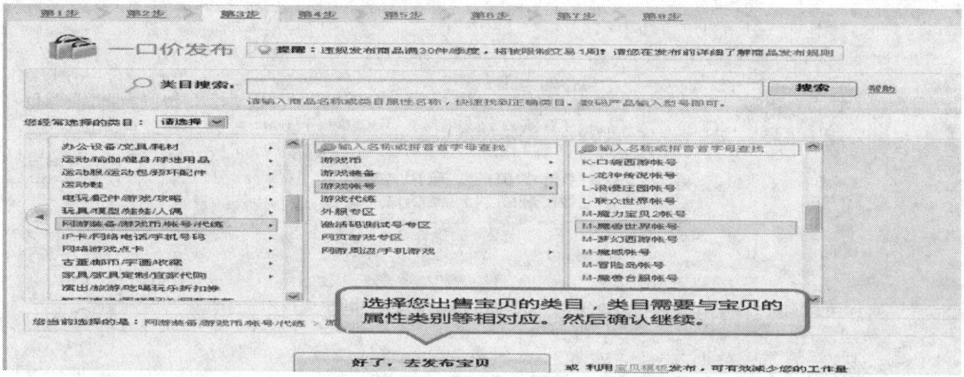

图4–20　设置类目

4. 填写商品信息

填写商品基本属性信息，务必正确填写，否则会被系统下架，如图4–21所示。

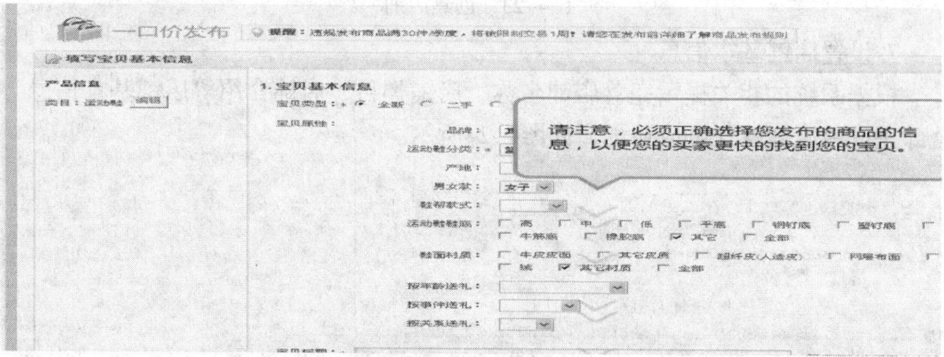

图4–21　填写商品详细信息

5. 发布 10 件商品

发布成功后，按照同样的方法发布10件商品，即可进行开店操作，如图4–22所示。

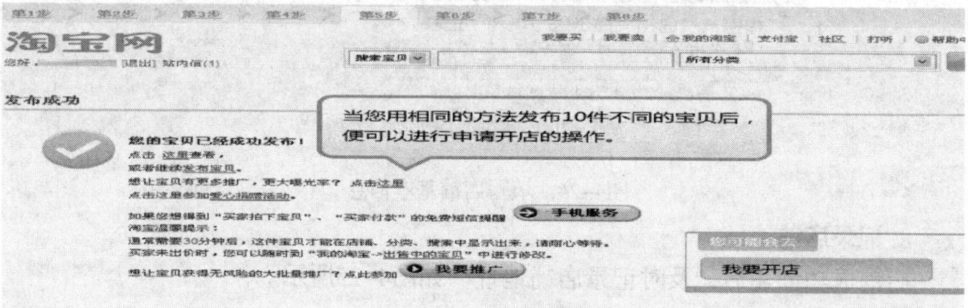

图4–22　发布成功

6. 创建店铺

发布10件商品成功后，点击“我要开店”创建店铺，如图4-23所示。

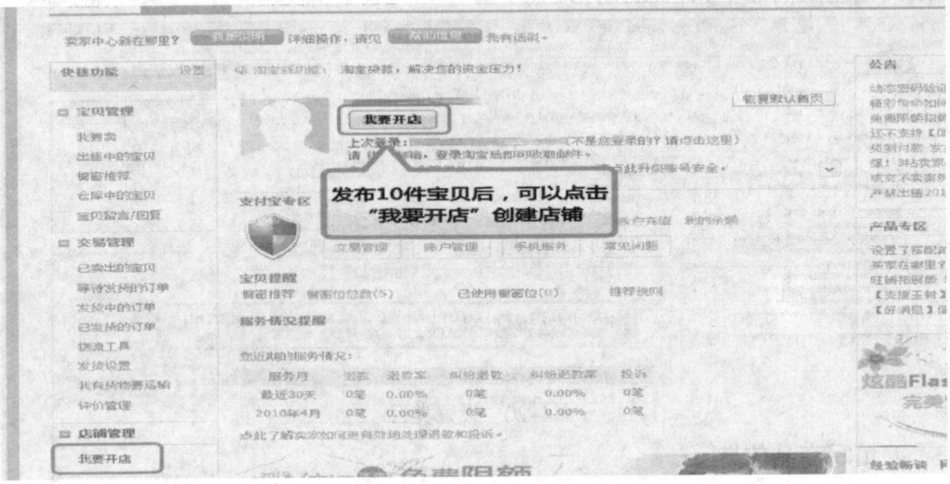

图4-23　创建店铺

7. 设置店铺基本信息

根据系统的相关提示完善店铺名称、店铺类目、店铺介绍等店铺基本信息，全部完成后店铺就开设成功了，如图4-24所示。

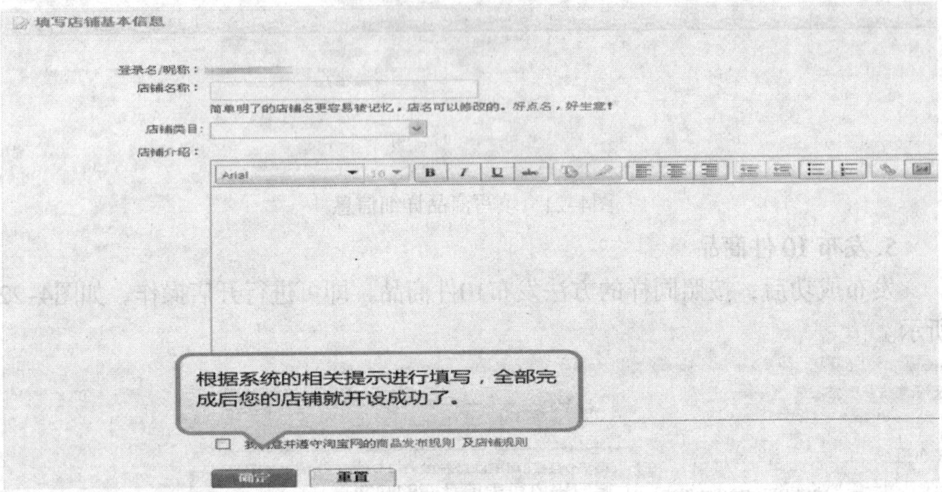

图4-24　填写店铺基本信息

8. 记录店铺地址

店铺成功创建后，及时记录店铺地址，如图4-25所示。

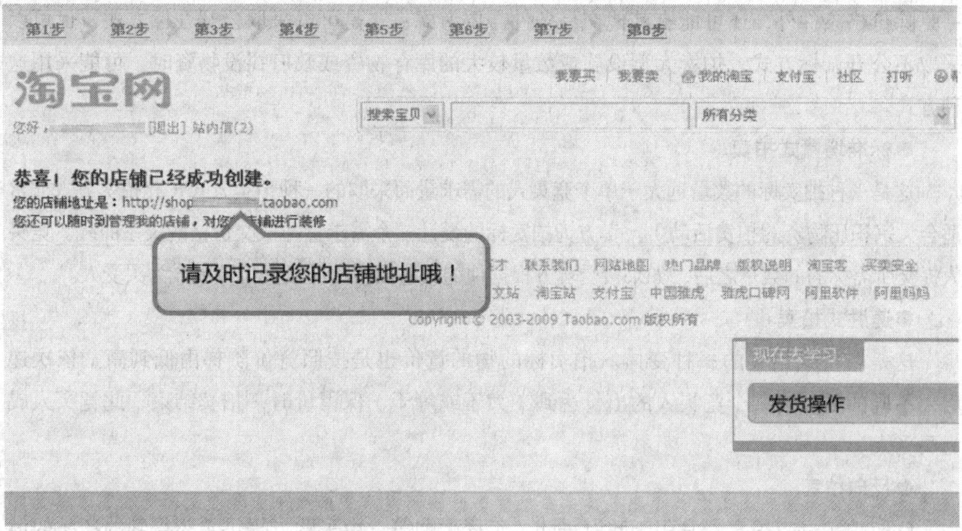

图4–25 记录店铺地址

总结回顾

本项目主要要求掌握网上开店的基础知识，了解网上开店的规则，并能选择某个平台成功开设网上商店。

拓展知识

产品拍卖方式

●英格兰式拍卖

英格兰式拍卖也称“增价拍卖”或“低估价拍卖”。是指在拍卖过程中，拍卖人宣布拍卖标的的起叫价及最低增幅，竞买人以起叫价为起点，由低至高竞相应价，最后以最高竞价者以三次报价无人应价后，响槌成交，但成交价不得低于保留价。

●荷兰式拍卖

荷兰式拍卖也称“降价拍卖”或“高估价拍卖”。是指在拍卖过程中，拍卖人宣布拍卖标的的起叫价及降幅，并依次叫价，第一位应价人响槌成交。但成交价不得低于保留价。

●英格兰式与荷兰式相结合的拍卖方式

英格兰式与荷兰式相结合的拍卖方式是指在拍卖过程中，拍卖人宣布起拍价后及最低增幅，由竞买人竞相应价，拍卖人依次升高叫价，以最高应价者竞得。若无人应价则转为拍卖人依次降低叫价及降幅，并依次叫价，以第一位应价者竞得，但成交价不得低于保留价。

●密封递价拍卖

密封递价拍卖又称招标式拍卖。由买主在规定的时间内将密封的报价单（也称标书）递交拍卖人，由拍卖人选择买主。这种拍卖方式，和上述两种方式相比较，有以下两个特点：

一是除价格条件外，还可能有其他交易条件需要考虑：二是可以采取公开开标方式，也可以采取不公开开标方式。拍卖大型设施或数量较大的库存物资或政府罚没物资时，可能采用这种方式。

●**标准增量式拍卖**

这是一种拍卖标的数量远大于单个竞买人的需求量而采取的一种拍卖方式（此拍卖方式非常适合大宗积压物资的拍卖活动）。卖方为拍卖标的设计一个需求量与成交价格的关系曲线。竞买人提交所需标的的数量之后，如果接受卖方根据他的数量而报出的成交价即可成为买受人。

●**速胜式拍卖**

这是增价式拍卖的一种变体。拍卖标的物的竞价也是按照竞价阶梯由低到高、依次递增，不同的是，当某个竞买人的出价达到（大于或等于）保留价时，拍卖结束，此竞买人成为买受人。

●**反向拍卖**

反向拍卖也叫拍卖，常用于政府采购、工程采购等。由采购方提供希望得到的产品的信息、需要服务的要求和可以承受的价格定位，由卖家之间以竞争方式决定最终产品提供商和服务供应商，从而使采购方以最优的性能价格比实现购买。

●**定向拍卖**

这是一种为特定的拍卖标的物而设计的拍卖方式，有意竞买者必须符合卖家所提出的相关条件，才可成为竞买人参与竞价

资料来源：百度百科，http://baike.baidu.com/view/26469.htm#sub26469

复习思考题

（注：此部分有些题目需参考淘宝交易规则，请同学们自行下载查阅。）

1. 下列哪个表述在店铺里出现是允许的？（　）

A. 淘宝网战略合作试点店铺　　B. 数码配件一站式购物网店

C. 淘宝网数码频道合作伙伴　　D. 淘宝网唯一授权店铺

2. 某商品出现“商品标题为A品牌，实物图片为B品牌”的情况，违反“淘宝商城如实描述服务规则”，将被扣去多少分？（　）

A. 4分　　B. 2分　　C. 6分　　D. 1分

3. 关于乱用关键字，以下描述正确的是（　）。

A. 扣除6分

B. 在同一双鞋子的标题中使用：运动鞋、球鞋、板鞋等字眼

C. 在店铺页面公示：OEM原单货、厂家尾单……信息

D. 以上说法都正确

4. 商家发布违法、违规信息会受到的处罚是（　）。

A. 扣除2分　　B. 扣除1分

C. 公示警告（7天）　　D. 以上说法均不对

5. 以下哪种经营行为会直接导致终止服务协议（　）。

A. 在店铺页面公示：OEM原单货、厂家尾单……等信息

B. 在买家向商家咨询7天无理由退换货规则时，商家向买家进行误导

C. 不在规定时间内，向淘宝商城开具当季积分发票

D. 通过旺旺与买家沟通时，诱导买家至其他网店、或采用其他支付方式进行交易的行为

6. 淘宝商城只允许以下哪种性质的商品可以出售？（ ）

A. 水货　　B. 仿单　　C. 跟单　　D. 正品

7. 如果一个记分周期内12分全部被扣完，店铺将会受到怎么样的处罚？（ ）

A. 公示监管30天，监管店铺30天　　B. 监管店铺，限制登录阿里旺旺

C. 公示警告7天，限制发布商品信息7天　　D. 监管店铺，终止服务协议

8. 以下哪种经营行为会导致店铺被监管30天？（ ）

A. 针对商家包邮的产品，商家不肯承担一半运费，要买家全额承担运费后方同意退还

B. 在店铺页面任何位置，显示和使用除旺旺以外的聊天工具

C. 将购买过商品的用户信息，以各种形式公布或给其他经营者

D. 以上说法均不正确

9. 以下哪种经营行为会被扣除6分？（ ）

A. 买家索取发票时，要求买家额外支付钱款才提供发票

B. 出售假货、水货、仿货、三无商品

C. 将广告作为单个商品进行发布

D. 将用户的聊天记录，在店铺中进行公布

技能训练

技能训练任务书

实践任务	开设淘宝店铺
训练目标	能开设淘宝店铺
实践内容	1.准备所需物品 2.选择开店平台 3.选择淘宝网www.taobao.com，注册为会员 4.申请支付宝账户 5.完成实名认证 6.开设淘宝店铺
实践成果	成功开设淘宝店铺

项目5 网店设置与装修

学习目标

目标类型	项目目标
知识目标	了解网店的不同类型 了解网店装修的流程 熟练使用网店装修过程中所需要使用的软件
技能目标	能根据不同的情况选择不同的店铺 能利用各种软件对各类店铺进行装修
工作态度目标	敢于创新 坚持不懈 团队合作 积极进取

技能知识

1. 了解不同类型店铺的区别
2. 网店装修所需要的软件知识准备
3. 网店实战装修

项目背景

你或许会选择在淘宝网站上开始自己的网上创业之旅。但是在这旅途中，可能会有很多的困难是你意想不到的。比如网店装修可能就是你害怕的一个部分。当你看着别人的旺铺都十分精美的时候，你是不是很羡慕呢？不要害怕，只要认真学习，一步一步地来，你也可以自己动手做出非常漂亮时尚的店铺。

引导案例

自己动手　丰衣足食

王梅是一个办公室职员，看到身边的很多同事都选择在网上购物，她突然想到，自己为何不在网上开个店呢，业余时间也做个老板。说到做到，申请账号，开通网上银行，也申请了支付宝，一切准备就绪，一个店铺就建立起来了。可是一个月过去了，访问的倒有几个人，却一笔生意都没做成。王梅百思不得其解，朋友看了她的店，说难怪别人不买的，你的店铺那么简陋，你看看人家的店，那么漂亮，看着就专业。当然选择在别人的店铺购买了。王梅听了恍然大悟，原来如此。于是决定也尽快装修自己的店铺。可是一看不知道，看了吓一跳，网店装修对于她来说，无从下手啊。听朋友说，网上专门有提供网店装修服务的店铺，王梅进去搜索了一下，却发现收费都很高。一套完整的装修下来，少则两三百，多则上千，对于她这个刚开店的兼职者来说，太贵了。王梅又在论坛看了看，发现很多淘友们都在分享网店装修的经验，原来很多网店店主都经历了她这样的过程，从不会店铺装修到一步一步学起，最后店铺的所有装修都由自己完成了，不仅节省了一大笔费用，还提高了开店的积极性，非常有成就感。于是王梅决定自己从头学起，自己动手，丰衣足食。

案例思考

1.王梅作为一个前期的开店兼职者，应该选择哪一种店铺比较好？

2.王梅在学习店铺装修前，要有哪些知识准备？

任务分析

本项目的主要工作任务是设置和装修网店，主要包括以下五个部分：选择店铺类型、装修前的准备工作、使用常用店铺装修软件、装修普通店铺、装修旺铺。

相关知识

一、装修店铺的重要性

逛街时，我们往往喜欢去那些宽敞明亮、装饰一新而又时尚的店铺，而那些拥挤、简陋的店铺则人气大跌。这说明每个消费者都非常注重购物过程中的外在环境和视觉享受。同理，当我们在网上购物时，我们更愿意浏览精美的店铺，色彩上的鲜明加上时尚的设计，即使这家店铺的商品和别人家的商品是相同的，甚至是价格还偏高的，我们仍愿意选择在这里购买。这也说明，装修精美的店铺更能引起网络消费者的购买欲望。根据数据显示，目前94%的买家购物过程中会受到店铺装修的影响。作为网店店主，要充分地认识到店铺装修不仅是装门面的事情，最重要的是，通过店铺装修，能将你的潜在顾客转换成真实的顾客，可以毫不夸张地说，装修是网上店铺兴旺的制胜法宝。每个卖家装修店铺的原因有很多种，但目的都只有一个，那就是为了留住顾客，提高销售额。

二、店铺类型

卖家应该根据自己的实际情况来选择不同类型的店铺。目前淘宝网提供了两种店铺类型，即普通店铺和旺铺。普通店铺是不收取任何费用的，旺铺则为淘宝的增值服务，根据版本的不同，卖家要每月支付一笔费用。旺铺又有四种类型，即扶植版、标准版、拓展版和旗舰版。下面来介绍和比较一下普通店铺和旺铺。

（一）普通店铺

普通店铺一般是新手或者是资金有困难的店主所采用的店铺形式，店铺的建立不需要花费任何费用，功能上比较简单，但是仍然可以对其进行简单装修。下面来比较一下未装修普通店铺（图5-1）和装修后的普通店铺（图5-2）。

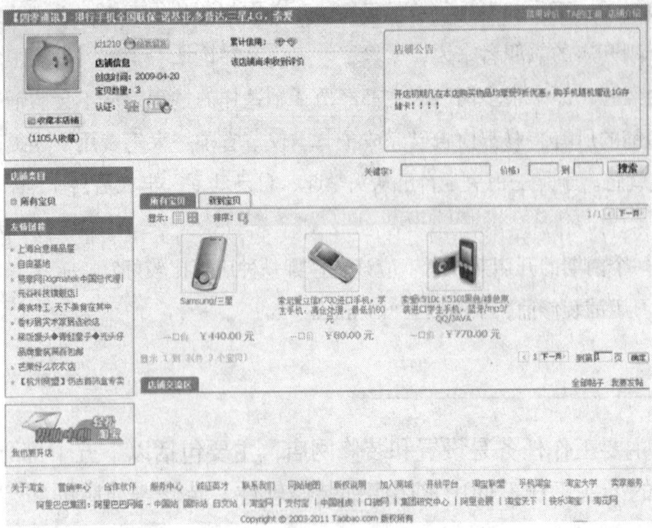

图5-1　未装修的普通店铺

图5-2　装修过的普通店铺

（二）旺铺

1. 扶植版介绍

扶植版适合刚开店，无电子商务基础的初级卖家，操作简单，具备简单的装修功能，是免费提供给信用度在一钻以下的所有卖家，也是淘宝网对新手卖家的支持，降低新手卖家在网上开店的成本。图5-3所示为扶植版店铺。

图5-3　扶植版店铺

2. 标准版介绍

任何卖家都可以购买标准版，每月需要支付30元费用。目前大多数卖家会选择标准版，功能齐全，容易操作，而且每天只需要一元，适合中小卖家。图5-4为标准版网店效果图。

图5-4　标准版店铺

3. 拓展版介绍

拓展版在标准版功能上进行了延伸，适合钻石以上而且业务量稳定的卖家。每月收取98元，淘宝商城店家可以免费使用，其在功能上也更强大，拓展版又分为拓展版营销版和拓展版官网型。两者在高级装修和量子恒道统计功能上是一致的。官方版比较适合有资本且想在其他站点获得推广的网店采用，具有装修模板、顶级域名和外部官方网店，营销型版本则比较适合一般中小卖家采用，购买此版本后，就直接可以使用满就送、搭配套餐、现时打折和店铺优惠券功能。卖家不管定何种拓展版，另外一种拓展版的功能将无法使用，需要再另外购买。两者之间的联系与区别可以通过表5-1表示。图5-5为做得比较成功的优衣库网店，其所采用的是拓展版官方版。

图5-5　优衣库拓展版官方网店

表5-1　拓展版营销版与官方型的区别

套餐名称	拓展版（营销型）套餐	拓展版（官方型）套餐
套餐内容	高级装修	高级装修
	量子恒道统计	量子恒道统计
	满就送	装修模板
	搭配套餐	顶级域名
	限时打折	外部官方网店
	店铺优惠券	
套餐价格	98元/月	98元/月

4. 旗舰版介绍

旗舰版适合成熟的卖家，表现在日单15个以上，或者有团队的卖家，它不仅是一个装修工具，更是一个店铺经营助手。它能为卖家提高店铺转化率、维系老用户、减少人员管理成本。旗舰店整合了拓展版与标准版的所有功能，并且有完整的后台进、销、存系统，订单处理，发货流程，费用是2400元/年，适合大卖家使用。图5-6为淘宝百家镜旗舰店的店铺。

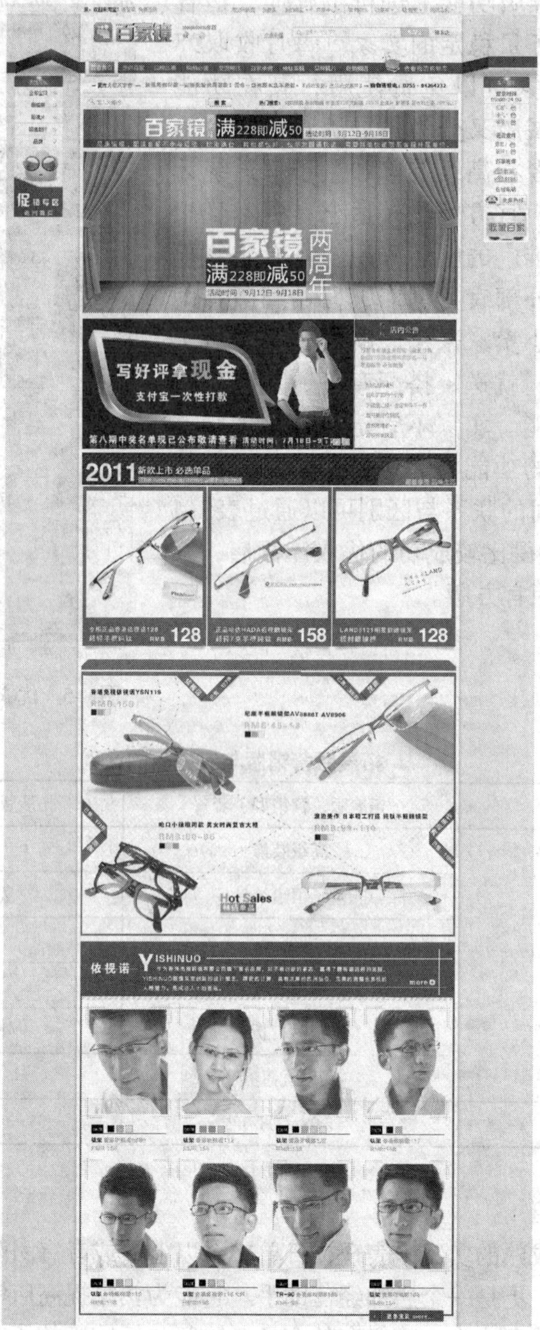
百家镜
百家镜 满228即减50
百家镜 两周年
满228即减50
活动时间：9月12日-9月18日
写好评拿现金
支付宝一次性打款
第八期中奖名单现已公布敬请查看
2011 新款上市 必选单品
128
158
128
Hot Sales
依视诺
YISHINUO

图5-6　旗舰版店铺

5. 旺铺各个版本的比较（表 5-2）

表5-2　　各个旺铺版本的比较

	旺铺扶植版	旺铺标准版	旺铺拓展版（营销型）	旺铺旗舰版
店铺装修				
看图购功能	√	√	√	√
装修备份功能		√	√	√
独立官网店铺				√
页头是否可以添加模块			√	√
页尾自定义			√	√
自定义页面布局			√	√
模板完全自定义				√
默认风格套数	16	24	24	24
单个页面可添加模块数	12	40	40	40
自定义页面数		6	50	50
商品模板页面个数		3	10	10
布局模板	两栏模板	两栏模板	两栏/三栏模板	两栏/三栏模板
店铺管理				
商品自动分类		√	√	√
量子统计			√	√
高级拣货				√
掌柜助手进销存系统				√
图片空间	免费无限量	30M	30M	1G
Bannermaker模板	店招模板	店招模板		模板套餐（10个）
权限管理&子旺旺	5个账号	10个账号	15个账号	30个账号
123Show商品自动展示				100个FLASH
营销推广				
二级域名	√	√	√	√
满就送			√	√
搭配套餐			√	√
限时打折			√	√
客户关系管理			√	√
手机版店铺	√	√	√	√
价格				
	一钻以下卖家免费使用	30元/月	98元/月	2400元/月

任务实施

一、装修网店前的准备工作

1. 确定好装修风格

进行店铺装修前，应根据店铺所经营产品的特点来选择装修风格。如果所经营的是与儿童有联系的产品，比如玩具、服装等，那店铺就应该选择可爱、卡通一些的风格。如果是男性职业装，就应该选择成熟稳重的风格。如果是日韩女装，就应该选择俏皮活泼的风格。不同风格的装修在色彩的选择上也完全不同，这需要我们能对色彩有很好的把握。

2. 搜集素材

确认好装修风格后，就要开始搜集各类素材。装修实际上就是将文字、图片、动画、声音等信息组合在一起。在装修过程中，需要很多图片来进行点缀。如果我们自己不能设计出满意的图片，也可以直接在互联网上搜集。比如直接在搜索引擎里搜索图片素材，我们在百度或者谷歌输入素材，如图5–7所示，即可找到很多提供素材的网站。如图5–8所示，如果直接选择搜索图片，将直接可以查找到百度提供的图片素材。如图5–9所示，将满意的图片保存下来，并进行整理分类，以便开始下一步的工作了。

图5–7　百度搜索素材

3. 准备店铺图片存储空间

装修后的店铺会形成很多图片，这些图片都要存放在网络空间上，才可以方便被网店调用，被买家看到，这就需要我们有存储图片的空间。目前有免费的图片存放空间，也有付费空间。淘宝普通店铺只能上传基本图片，而且对大小有限制。如果升级为旺铺，则拥有了30M的图片相册，可以用来存储图片。

网店刚刚开始发展的时候，有很多网站相册支持淘宝外链，但现在支持淘宝外链的免费相册越来越少了。以前比较受网店店主喜欢的雅虎免费相册取消了，

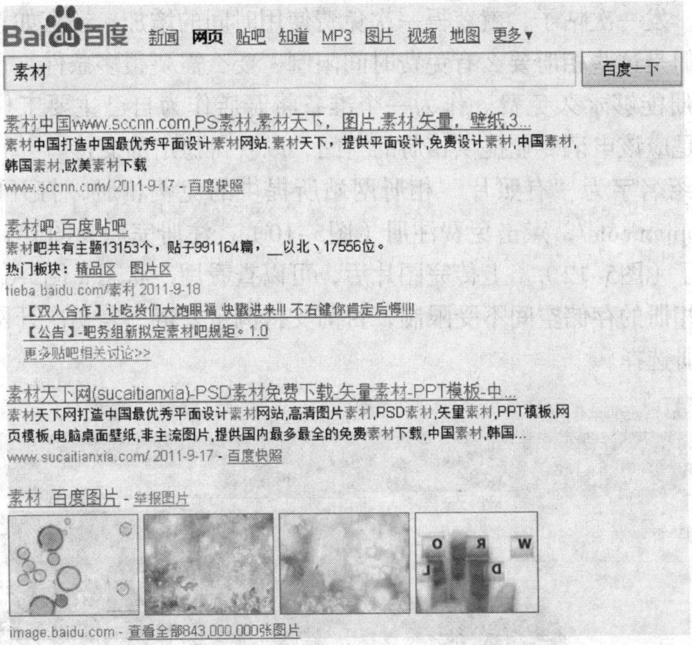

图5-8　提供素材的各个网站

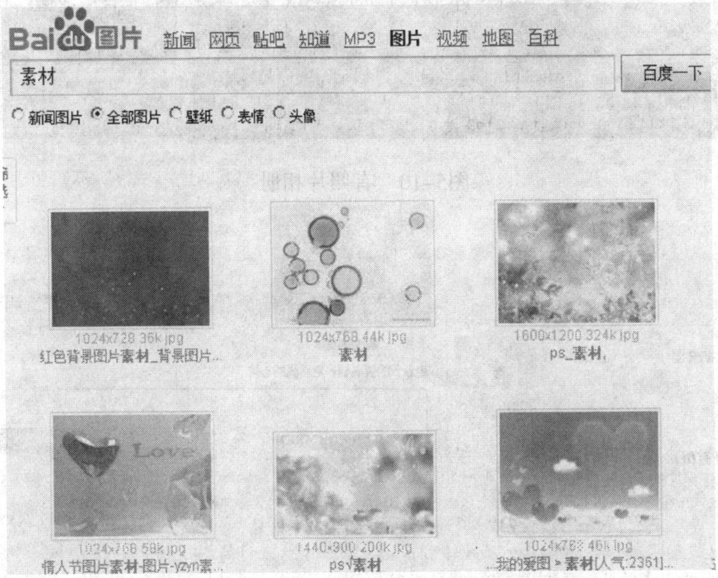

图5-9　搜索到的图片素材

51相册也不支持淘宝外链，而收费的相册空间越来越多。如果一定要找外链的相册，都是新开的小型网站，比如外链吧，在网上推广得很多，该网站主要采用的是做任务来获取免费相册功能。所谓的任务，就是需要用户免费为外链吧这个网站发帖推广，发一次帖子，就获得一次免费使用时间的增加，还有如意宝、有照片相册等。但是这些相册要么有免费时间限制，要么需要很多条件，也就是说，没有一个相册能够永久免费。作为一个准备将开店作为自己主要工作的店主来说，最好还是应该申请专业提供相册的空间，以获得稳定的支持。

下面介绍名字为“有照片”相册网站所提供的免费相册，打开网址http://www.youzhaopian.com/，点击免费注册（图5-10），注册完后（图5-11），就可以上传图片了（图5-12）。上传完图片后，可以查看用户状态（图5-13），可以看到有照片相册的存储空间不受限制，目前支持淘宝外链，是初次开网店者比较好的免费相册选择。

图5-10　有照片相册

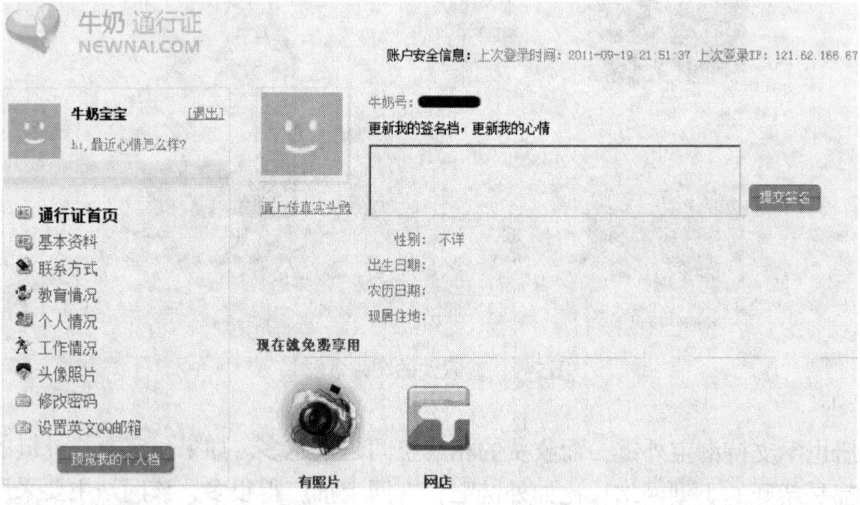

图5-11　注册账号后的界面

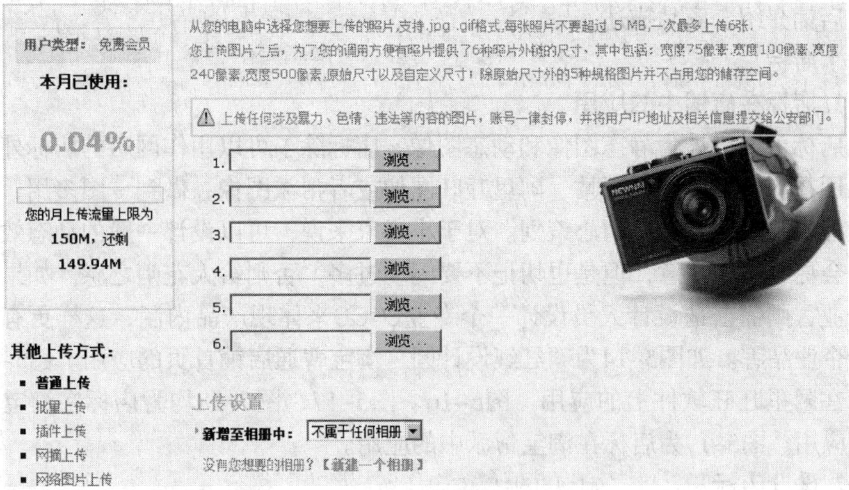

图5-12 上传图片

管理

图5-13 用户状态

4. 资金

由于空间大小的不同，打开资金每月0元到200元不等。

二、装修店铺常用软件介绍

在店铺装修过程中，将会使用到图形处理软件，如Photoshop、Imageready、Dreamweaver等。Photoshop主要可以用于店铺装修中的图形设计和布局构成；Imageready软件主要用于制作GIF小动画；Dreamweaver软件主要用于网页代码的编辑，最终形成所需要的装修效果。

三、普通店铺的装修

首先来看一下普通店铺需要装修的几个部分，即店标、店铺公告、店铺类目、店铺介绍、商品描述。

（一）店标

1. 店标在店铺中的应用

店标可以设计为静态图像和动态图像。店标除了可以用作网店的店标外，还可以用在淘宝论坛发帖回帖、阿里旺旺图像或者帮派图像，做到一图多用，所以在设计店标时，要经过精心策划。对于小卖家来说，可以设计一般的动态效果，这样会更吸引人注意，但是也切记不要闪动过多，否则给人花哨之感。如果是品牌企业，则需要请设计人员设计一个专业LOGO来体现产品内涵，这样更有利于宣传企业品牌。如图5–14为“红红设计园”淘宝普通店铺首页的应用。图5–15为店标在阿里旺旺软件上的应用。图5–16、图5–17、图5–18均为店标在淘宝论坛中的应用。图5–19为店标在淘宝帮派中的应用。

2. 设计店标

普通店铺对店标的尺寸和大小是有限制的。尺寸为100×100像素，仅支持GIF和JPG格式，因此店标图片大小建议限制在80KB以内。假设现在有一家刚开业经营童装的网店，要为自己的店铺设计一个店标，我们就应该根据店铺所经营的产品来设计店标。

步骤一：寻找素材

首先要寻找素材，由于是经营童装，所以网店在装修上应该富有童趣，显得

图5–14　店标在店铺首页中的应用

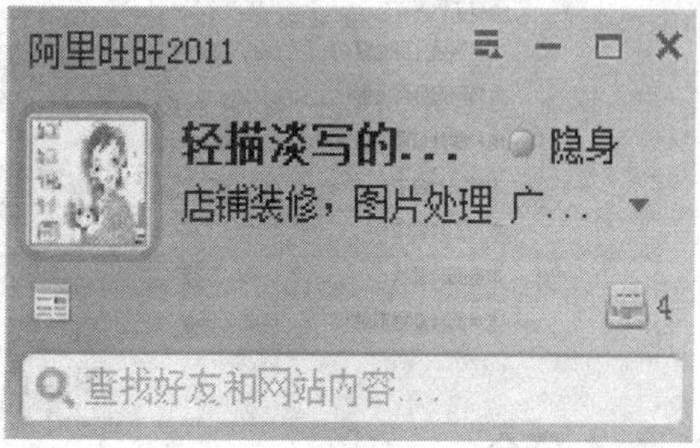

图5–15　店标在阿里旺旺软件中的应用

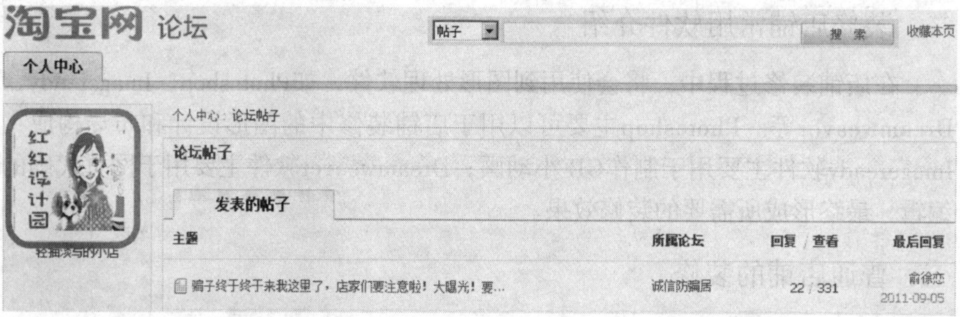

图5–16　店标在淘宝论坛中的应用

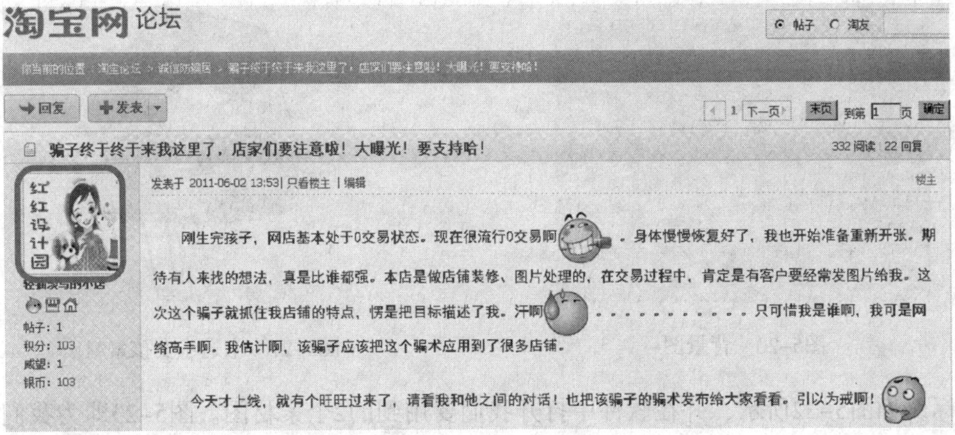

图5-17　店标在淘宝论坛发帖中的应用

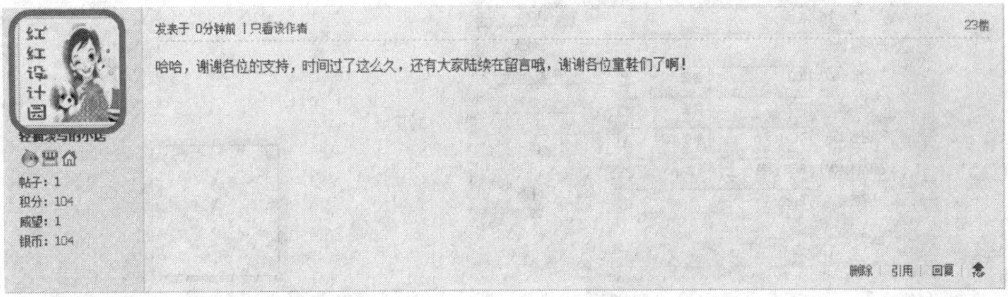

图5-18　店标在淘宝论坛回帖中的应用

图5-19　店标在淘宝帮派中的应用

活泼可爱。一般在设计店标时，不应该运用太多图片，否则大小会超过80KB，建议选择2到3个图片即可。图5-20与图5-21为我们寻找的两张素材图，一张可以作为背景图（图5-20），一张是卡通小女孩素材（图5-21）。

步骤二：新建和打开文件

打开Photoshop软件，新建一个宽度和高度均为100像素的文件，文件名为店

图5-20　背景图

图5-21　卡通小女孩素材

标，如图5-22所示，并在软件中打开我们要用到的2个素材图。图5-23即为我们要做的店标大小尺寸。

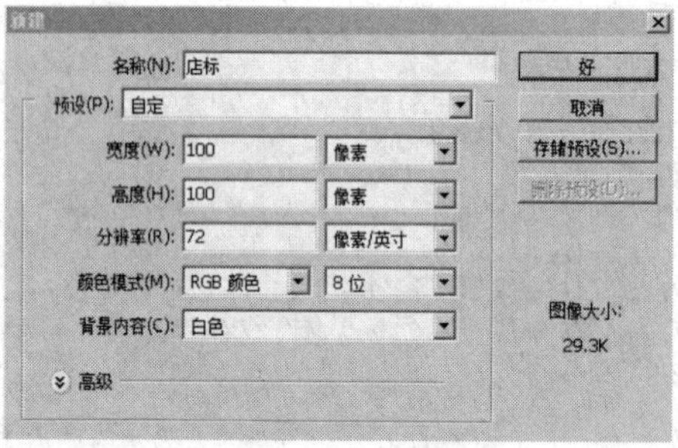

图5-22　新建文件

图5-23　店标尺寸

步骤三：调整素材

选择图像——图像大小设置背景图的尺寸，如图5-24所示，将背景图宽度和高度均调整到100像素，分辨率为72像素/英寸，如图5-25设置相关数据，结果如图5-26所示，将背景图选中，并用移动工具移动到店标文件中。将小女孩用套索工具抠出，并移动到店标文件中，调整使之适应店标文件的尺寸，最后得出如图5-27两个图片合成后的效果。

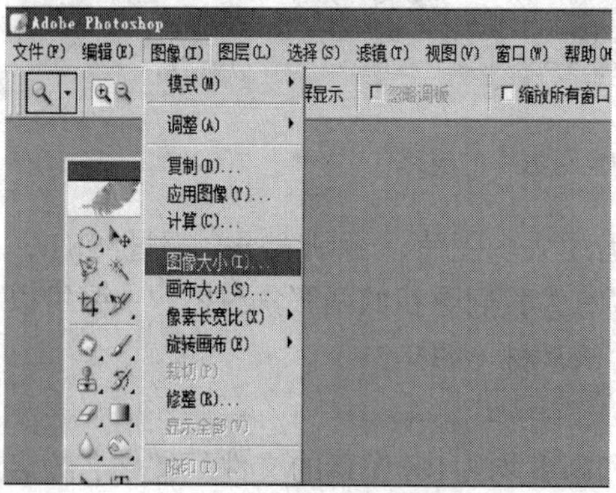

图5-24　调整背景图图像大小

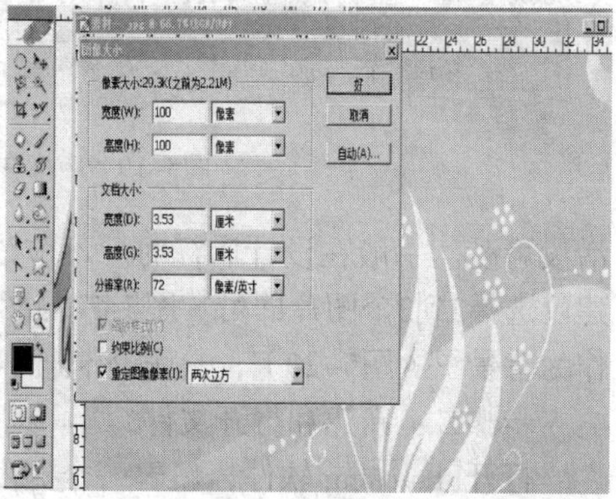

图5-25　如图中设置相关数据

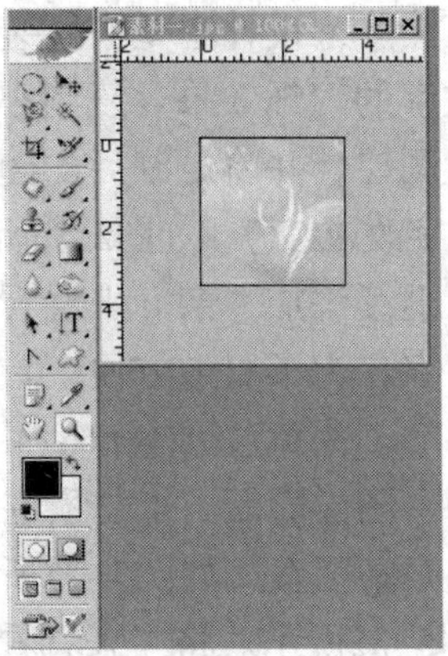

图5-26　调整到100×100尺寸的背景图

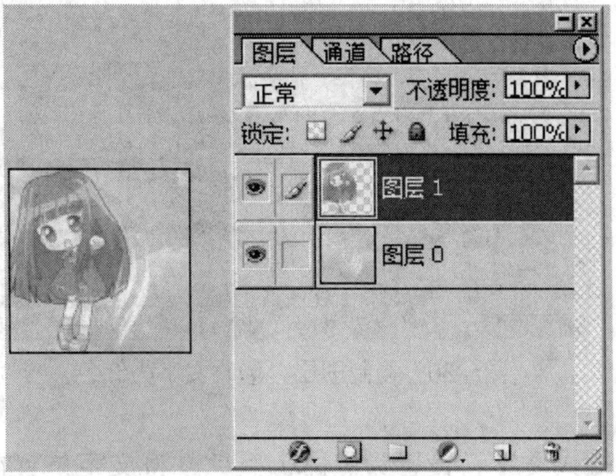

图5-27　两个图片的合成效果

步骤四：添加文字

由于店标可以一图多用，所以要充分发挥其作用。设计出来的店标，尽量做到在可以用的地方都能用到。故在店标中，应最好显示店铺名称，表现出你的店铺是经营什么类型的产品。由于店标尺寸很小，无法容纳很多的文字，为了增加曝光的机会，可以考虑采取动态图像。在本例中，我们策划为该店标设计以下文字：小丫头童装，亲，欢迎你。

从图5-27可以看出，文字无法横向输入，所以在输入文字时应该选择直排文字工具。如图5-28所示。首先输入“小丫头童装”，输入文字后，可以选择文字的字体，根据背景颜色选择合适的颜色，并调整大小到最好。还可以在网上下载很多漂亮的字体，并应用到图片设计中，但是并不是最漂亮的字体就是最好的。在店标设计上，要尽力保持字体的简洁清晰，一眼就能被人辨识。本例采用了黑体，字符间距为200，颜色为黑色，如图5-29所示。

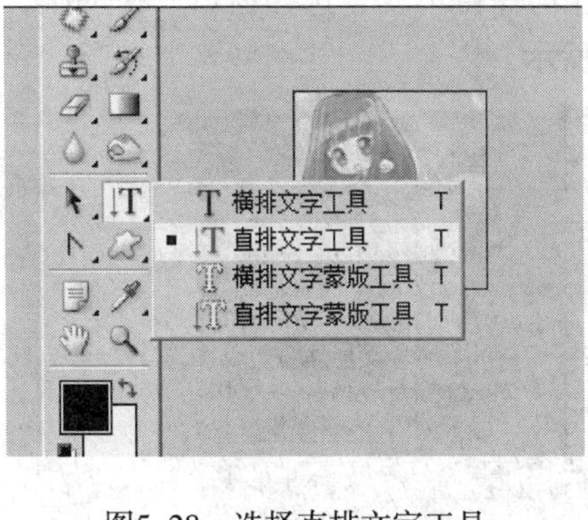

图5-28　选择直排文字工具

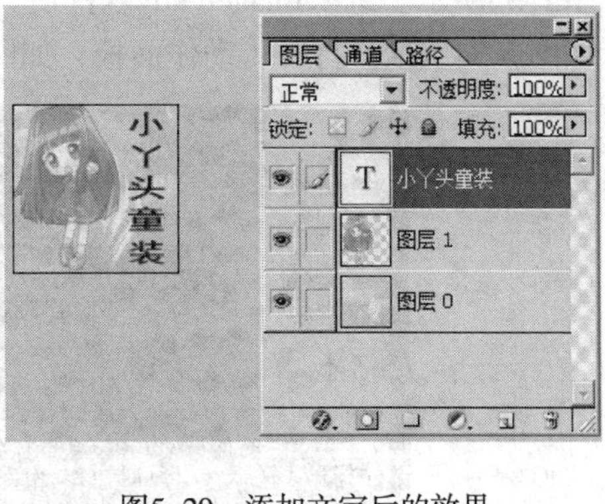

图5-29　添加文字后的效果

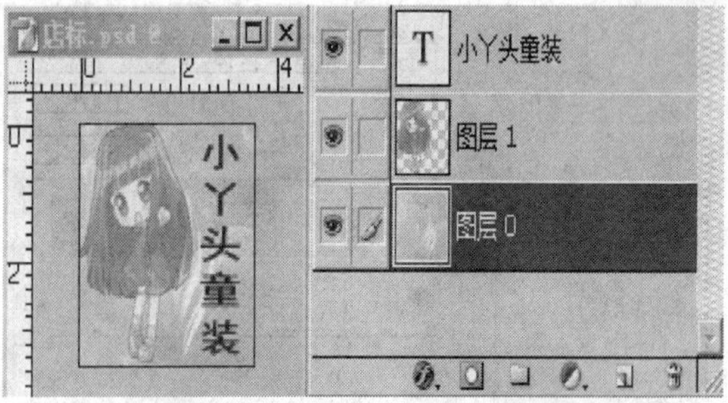

图5-30　复制图层　修改文字为红色

接下来设计小丫头童装这五个文字的闪烁效果。复制小丫头童装图层，并将复制后的图层中的文字改成红色，如图5-30所示。

继续添加“亲。来看看吧”的文字，为了更加方便，首先需要将小丫头童装副本和小丫头童装两个图层隐藏。点击所在图层前的眼睛图案，如图5-31所示。输入文字，设置为黑体，黑色，将文字位置摆放如图5-32所示。将“来看看”图层复制，并将文字颜色改为红色。

步骤五：打开Imageready软件

图5-31　点击眼睛图标　隐藏图层

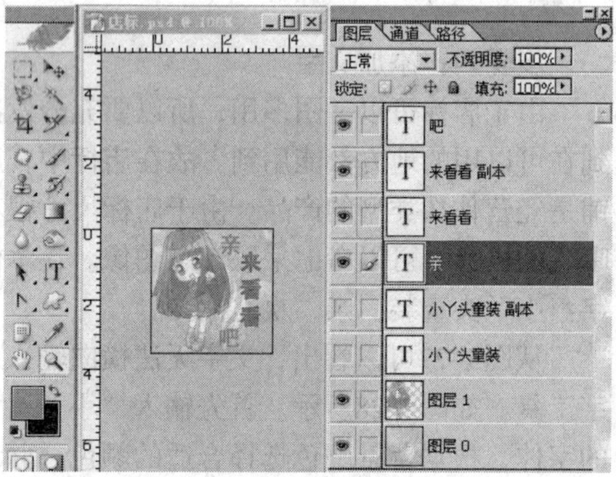

图5-32　输入文字　设置字体格式

前四个步骤主要在Photoshop软件中完成，如果要实现动态图像效果，就需要在Imageready软件中完成。在Photoshop软件中可以直接转到Imageready软件中，如图5-33所示。进入Imageready软件后，该文件均保持不变，选择窗口——动画，如图5-34所示。打开了动作面板，如图5-35所示。

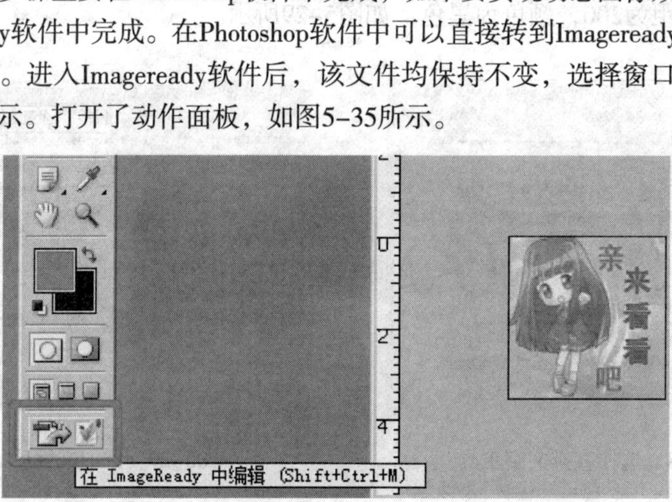

图5-33　从Photoshop软件中转到Imageready软件中

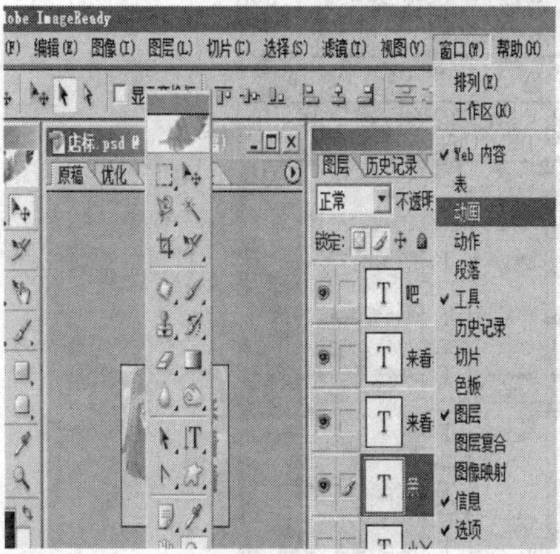

图5-34　选择窗口——动画

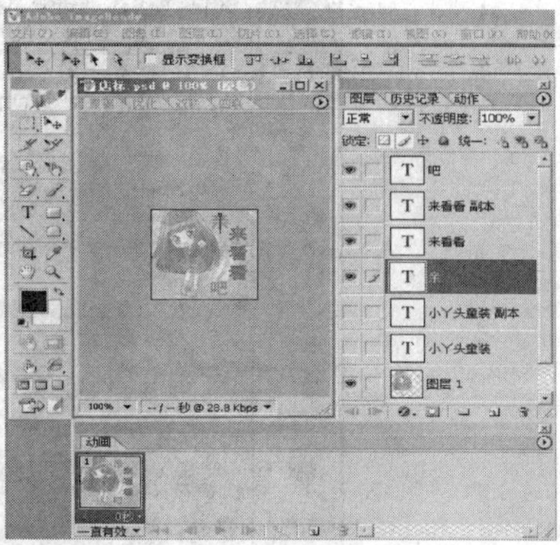

图5-35　打开动作画板

步骤六：设置动画

在动画面板里复制当前帧，如图5-36所示。点击四下，就复制了四个当前帧，如图5-37所示。将每个帧的延长时间修改为0.2秒，将每帧所显示的图层进行调整，如图5-38所示。点击播放，即可看到闪烁效果。

步骤七：保存文件

打开窗口里面的优化面板，选择优化格式为GIF，点击文件菜单下的将优化结果存储为，保存，即可看到我们做的店标了。保存后，还要检查该文件的大小，要确保大小在80KB以下才能上传到店铺中去。如果大于80KB，则要删除一些帧，直到大小在80KB以内。

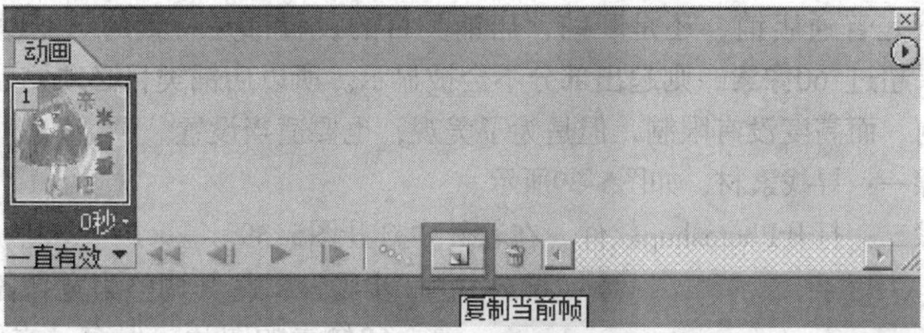

图5-36　复制当前帧

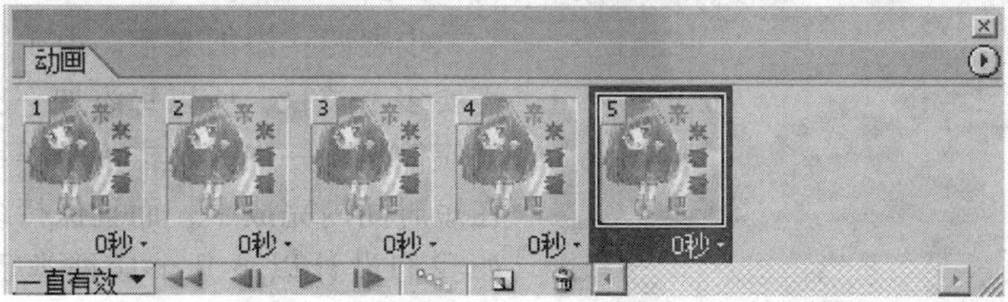

图5-37　复制四个当前帧

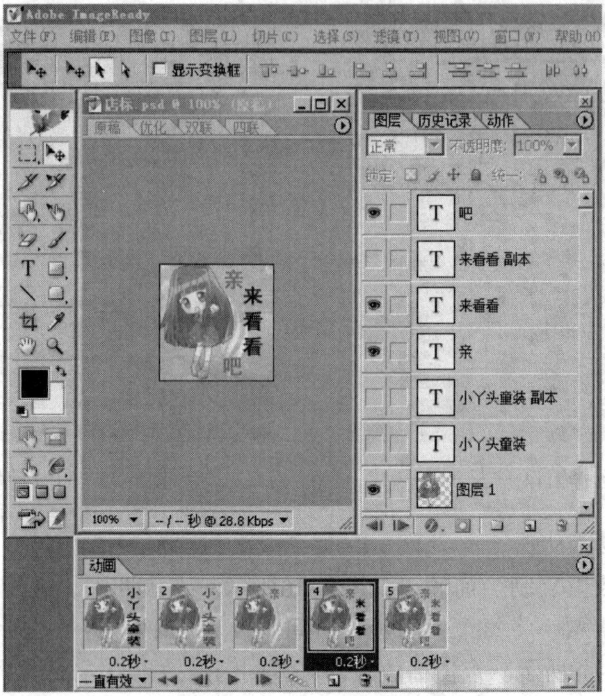

图5-38　将每帧所显示的图层进行调整

步骤八：上传店标

登录到淘宝店铺，进入我是卖家，点击店铺基本设置，选择更换店标，即可上传设计好的店标了。

3. 店铺类目

不管是普通店铺，还是旺铺，店铺类目的设置都是一致的。宽度为160像素，如果超过160像素，则超出部分不会被显示。所以店铺类目必须要控制在160像素以内，而高度没有限制，但是为了美观，也要适当设置。

步骤一：寻找素材，如图5-39所示。

步骤二：打开Photoshop软件，在软件中打开图5-39。

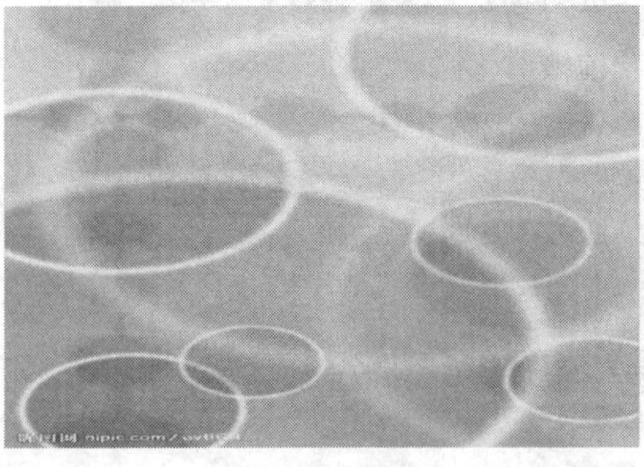

图5-39　素材

步骤三：将其调整为宽高各为160像素、60像素的图片。保存，文件名为类目，如图5-40所示。

步骤四：添加文字。由于一个店铺需要多个类目，所以每添加一次文字，就应该保存一次，这样多个类目就可以在短时间内完成了，而且保持统一。比如我们设计以下几个店铺类目，如图5-41所示。

图5-40　素材

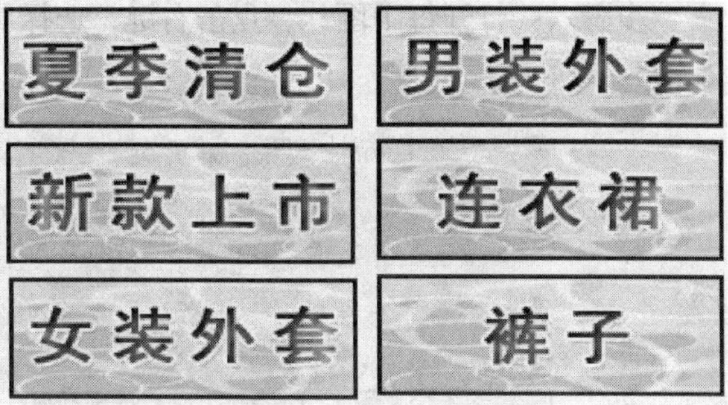

图5-41　店铺类目

步骤五：保存并将所有类目上传到图片空间中，如图5-42所示。

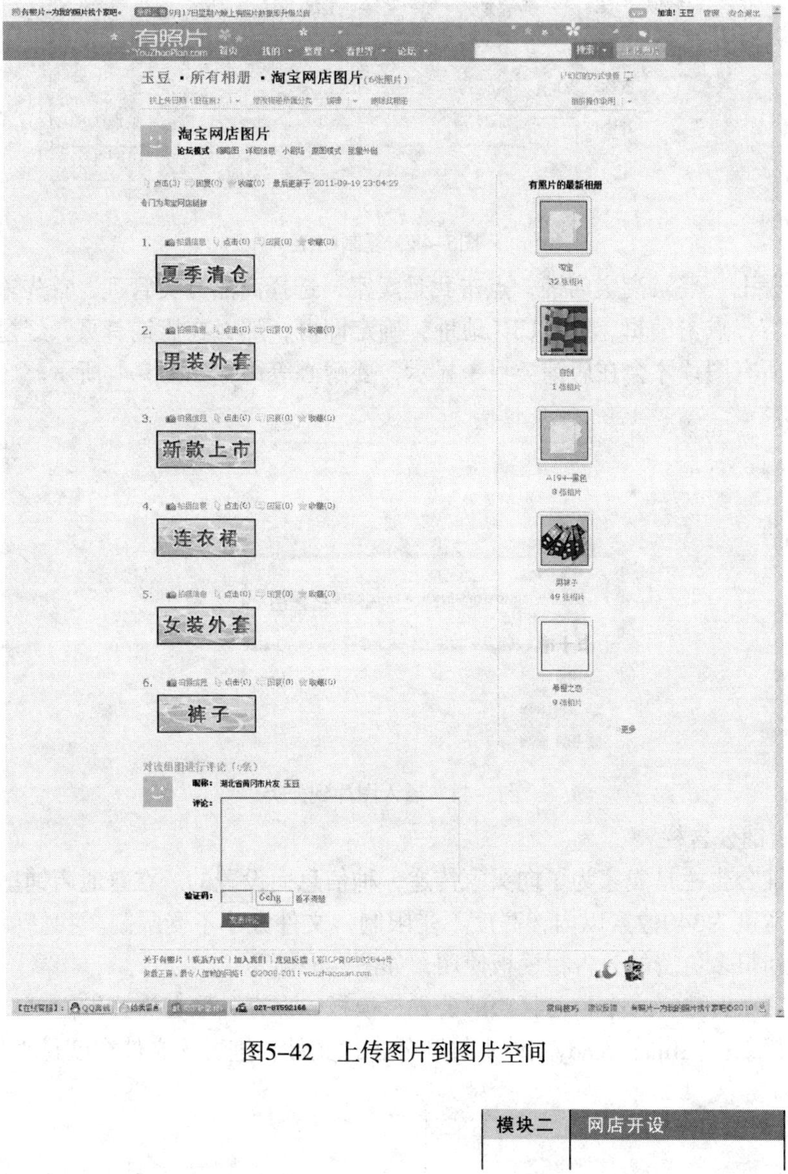

图5-42　上传图片到图片空间

步骤六：打开每个图片，点击右键，选择属性，复制对话框中的URL地址，如图5-43所示。

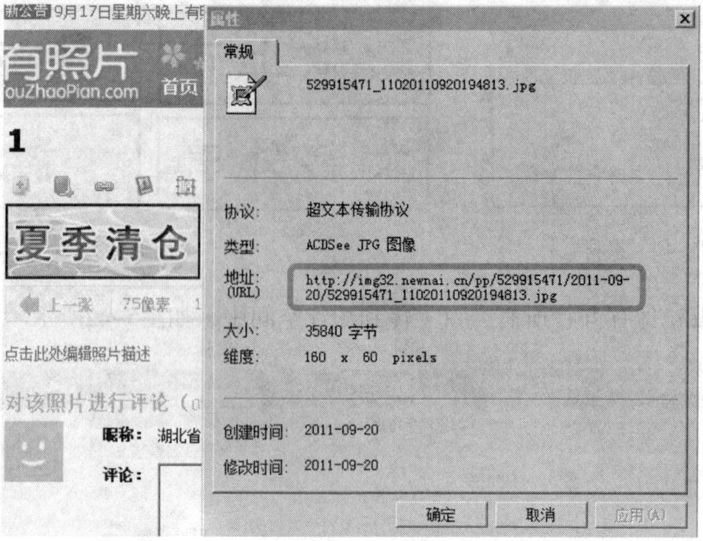

图5-43　复制URL

步骤七：登录淘宝店铺，点击我是卖家，选择商品分类管理，首先输入类目文字内容，点击编辑，粘贴URL地址，确定即可，那么在店铺首页，经过一段时间后，所有图片才会在店铺类目中显示，要耐心等待，如图5-44所示。

图5-44　插入图片到分类

4.店铺公告栏

店铺公告栏是卖家为了向买家传递一种信息而设置的。在普通店铺里面，公告栏的宽度为340像素以内，高度不受限制，文件大小不受限制。我们可以在网上搜集到很多免费的公告栏模板使用，如图5-45所示。

步骤一：选择一个自己喜欢的公告栏模板，保存，取名为公告栏。

步骤二：在Imageready软件中打开公告栏文件，查看该文件宽度是否超过340

图5–45 搜索公告栏模板

像素，如果超过，需要通过设置图像大小将宽度限定在340像素以内。

步骤三：添加文字。将文字摆放合理，设置好合适的颜色。

步骤四：保存。打开优化面板，将优化格式选择为GIF，选择将优化结果存储为即可完成。

步骤五：将完成的GIF图像上传到相册中，并用和类目同样的方法，获取该图像的URL地址。

步骤六：进入店铺后台管理，点击管理我的店铺，编辑店铺公告，如图5–46所示。

图5–46 编辑店铺公告

5. 商品描述

商品描述是在买家点击单个商品时，对商品的详细介绍，可以是文字、图片、动画的集中展示。如果想设计出一个十分精美的商品描述，就需要同时运用到Dreamweaver软件与Photoshop软件。

步骤一：首先在Photoshop软件中设计一个自己满意的界面，或者是直接可以在网上购买该商品描述模板。

步骤二：运用切片工具将设计好的界面进行切片，切片时应注意尽量按照模块进行切割，避免出现很多很小的图片出现。

步骤三：切片切割好图片后，进行保存。保存时选择存储为Web所用格式，名字为商品描述，这时会发现出现了一个扩展名为.htm的文件和一个文件夹，文件夹中存放着被切割成的各个图片。

步骤四：在Dreamweaver软件打开文件名为商品描述的网页文件并进行编辑，最后得到该文件的HTML代码。

步骤五：将文件夹中存放的各个文件上传到相册中，并获取URL地址，复制URL地址，并粘贴到Dreamweaver软件的HTML代码中，将每个图片的URL地址代替其所对应的<img src= “” ………>中src的属性值。

步骤六：最后添加需要的文字，并将最后形成的代码复制并粘贴到商品描述中，如图5–47所示。图5–48为这段代码最后显示给买家的效果。

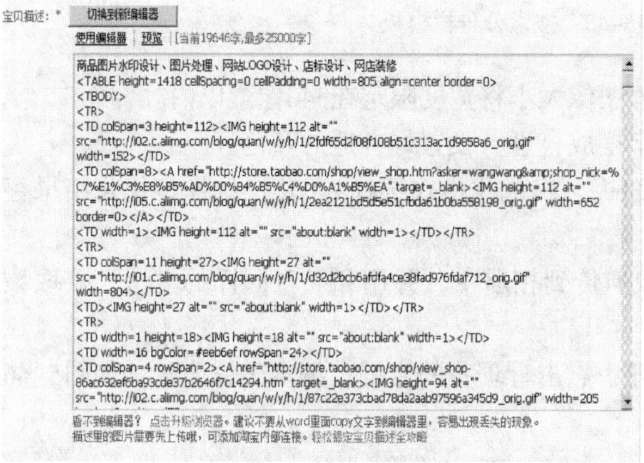

图5–47 复制HTML代码

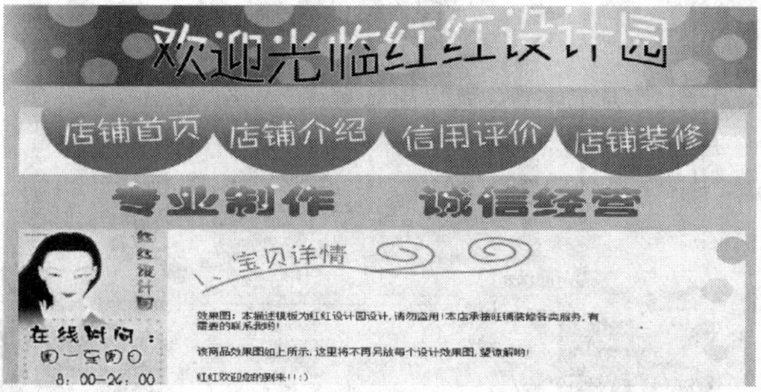

图5–48 设置后效果

四、旺铺的装修

淘宝旺铺在界面上与普通店铺有很大不同。不同版本的旺铺还有很大的区别，但是其装修原理是一致的。虽然在旺铺上没有店标，但是旺铺店主在进行论坛、旺旺、帮派上仍然需要用店标来宣传自己。这与普通店铺对店标的要求是一致的，同样是100像素×100像素宽高，大小在80KB以内。

旺铺照片尺寸为950像素×150像素，文件在100KB以内。左侧模板宽度在200像素以内，文件大小不受限制。促销区宽度在750像素以内，高度不限，文件大小不限。店铺分类宽度在150像素以内，高度不限，文件大小不限。商品描述有两种规格：宽版和窄板，宽版不会显示店铺的左侧栏，窄板可以显示，可以在管理我的店铺中选择使用宽版还是窄板，一般建议用户使用窄板，其宽度在710像素以内，高度不限，文件大小不受限制。宽版宽度在950像素以内，高度不限，大小不限。

只要掌握了普通店铺的装修方法，旺铺的装修方法都雷同，只不过对每个模块在宽高和大小上有所不同。这里就不再一一介绍。对于初次开店的买家，建议先熟悉免费的扶植版装修。当然也可以直接申请旗舰版，操作方法都是大同小异的。

下面以旺铺标准版为例，介绍其装修过程，由于许多内容与前面普通店铺装修一样，因此在此只介绍旺铺店招、页面、布局、模板等设置。

（一）装修店招

其操作过程为登录淘宝——点击“我的淘宝”——点击“店铺装修”，将鼠标移动到店标位置（图5–49），然后选择编辑即可进入店招编辑页面，根据自己的店铺风格和产品类别选择合适的模板进行编辑（图5–50），编辑完成后即可使用。

（二）页面设置

1. 进入管理界面

点击“页面”——“管理所有页面”，如图5–51所示。

图5–49　店招编辑入口

图5-50　店招编辑页面

图5-51　页面设置管理界面

2. 店铺基础页设置

点击“店铺基础页”——“添加新页面”，在弹出的窗口中可设置自定义页面、商品分类、自定义链接、预置内容页等形式的内容，如图5-52所示。

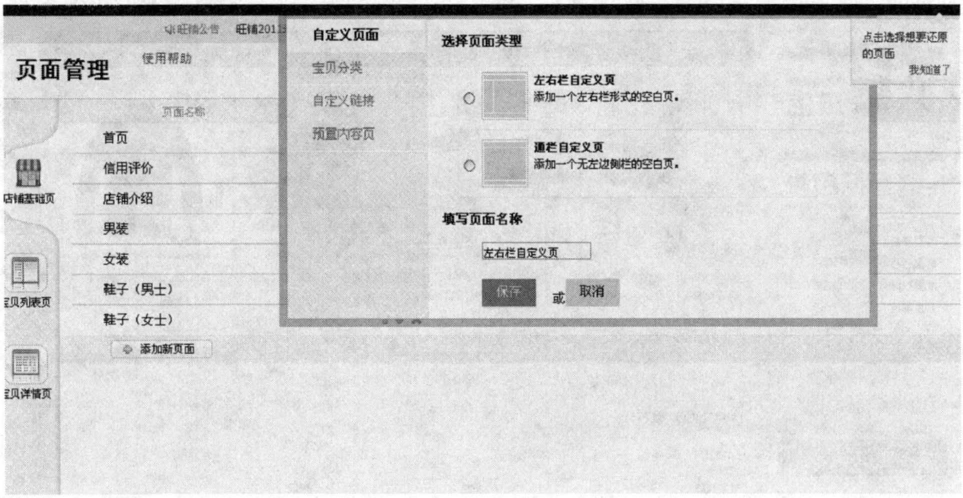

图5-52　店铺基础页设置

3. 商品列表页设置

点击“商品列表页”——“装修商品列表页”，进入设置页面，凡是鼠标放到上面颜色变深并出现“编辑”按钮的就可以进行编辑设置，如图5-53所示。设置后的效果如图5-54所示。

4. 商品详情页设置

点击“商品详情页”，进入设置页面，如图5-55所示，即可进行相应设置，如可设置左侧促销信息，也可增加一些促销模块（对于所有商品共同拥有的描述内容，可采用模块进行增减，避免一个个编辑做大量重复工作）。

图5-53　店铺列表页设置

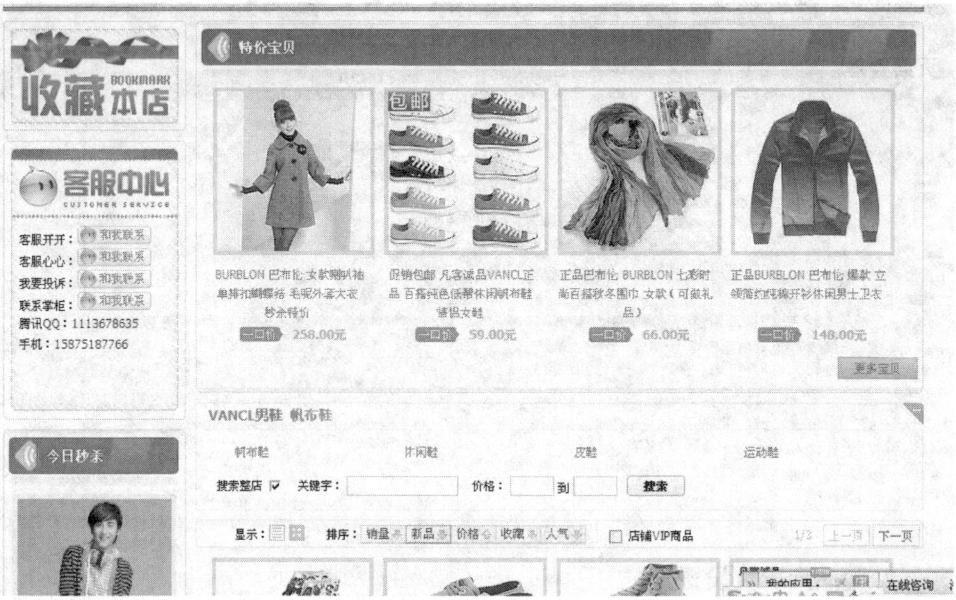

图5-54　列表页设置后的效果

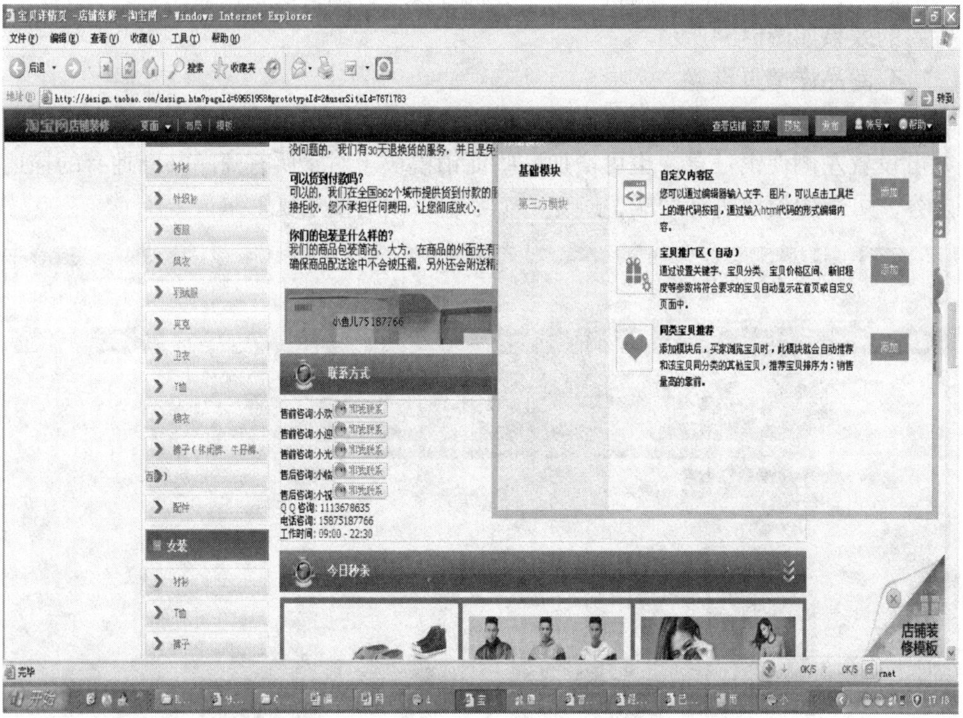

图5-55　商品详情页设置

（三）布局模块设置

点击“布局”即可进行店铺的相应布局和模块管理，如图5-56所示。

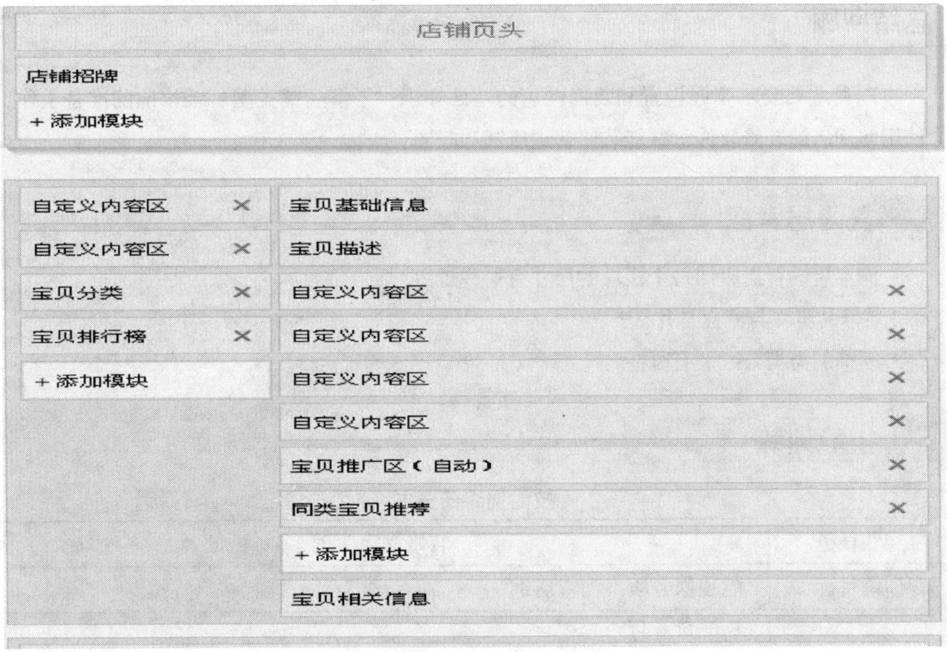

图5-56　布局和模块管理

（四）模板管理

点击“模板”进入模板管理页面，可进行模板的备份、导入、删除等操作，如图5-57所示。

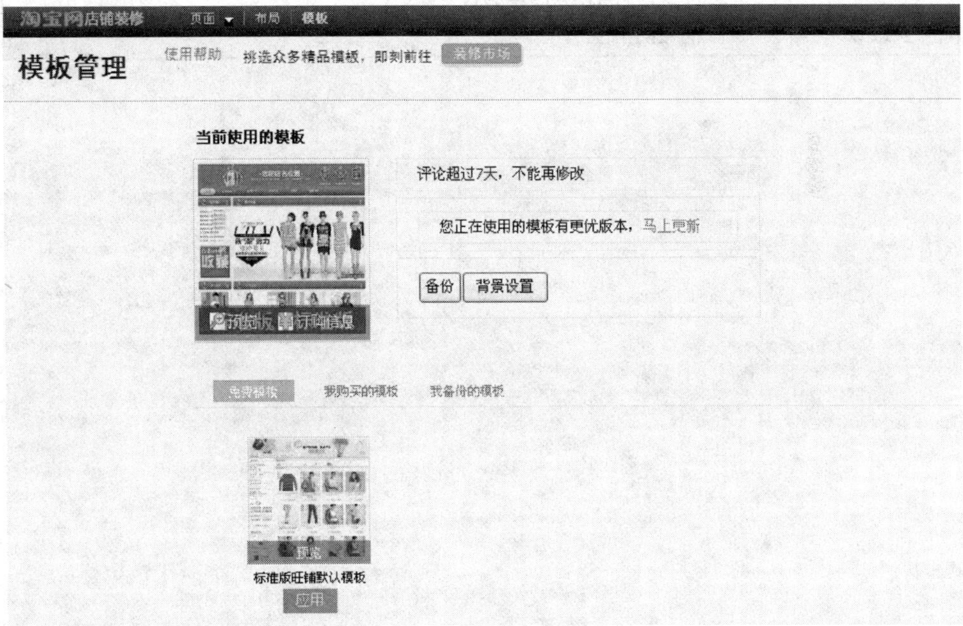

图5-57　模板管理

总结回顾

本项目主要要求掌握设置和装修网店的基础知识，了解店铺类型、装修前的准备工作，会使用常用店铺装修软件，并能装修普通店铺和旺铺。

复习思考题

1. 淘宝店铺普通店铺每个模块的尺寸有哪些规定？

2 装修的步骤与流程是什么？

3. 旺铺的类型与区别有哪些？

技能训练

技能训练任务书

实践任务	装修淘宝店铺
训练目标	能装修各版本淘宝店铺
实践内容	1. 准备素材 2. 选择淘宝类型 3. 学会各类软件的使用 4. 利用各种软件自己设计装修模板 5. 保存到相册空间 6. 上传装修好的图片和动画
实践成果	装修精美的淘宝店铺

模块三 网店产品发布

项目6 产品描述

学习目标

目标类型	项目目标
知识目标	了解产品描述的重要性 了解产品描述的基本方法
技能目标	能进行商品标题的合理设置 能高质量地描述产品
工作态度目标	诚信经商 仔细做事 团队合作 与人顺畅沟通

技能知识

1. 商品标题的描述
2. 商品详情的描述

项目背景

为什么一样的商品，别人的能够卖出去，而自己的却卖不出去呢？为什么我的商品很多人点击，却转化率如此之低呢？如此之类的问题都是困扰着众多的卖家，当然，原因是非常复杂的，但其中一个重要的原因就是商品描述质量欠佳，缺乏亮点，缺乏吸引力。

引导案例

小陈的店铺

广东的小陈，2009年7月开设了一家淘宝店铺，主要代销服装和鞋子。小陈看着身边很多人在淘宝取得了成功，也是充满信心，期望能有好的收获。

一年过去了，小陈的店铺仍然没什么生意，一周平均才一笔交易，小陈非常的苦恼，也开始对网店失去了信心。有一天小陈在QQ上和他的大学同学聊起了这件事情，小陈的同学进了他的网店，发现他的店铺存在一些问题，其中最主要的就是商品描述质量太差，比如标题都是供应商设置的标题，没有修改过，包含大量的货号等冗余关键词，如产品详情没有任何特色。

小陈认真听取了他同学的建议，修改商品标题，重新编辑商品详情描述。一个星期之后，小陈发现生意逐渐好转，流量、转化率、成交量明显提高。

现在小陈的店铺即将到三钻，大家可进入小陈店铺查看小陈的店铺地址如下：http://babylove8888.taobao.com/。

请思考：小陈的店铺初期存在什么问题？是如何解决的？

任务分析

本项目的主要工作任务是高质量地进行产品描述，主要包括如下步骤：优化商品标题、优化商品详情。

相关知识

一个好的商品描述，一个有冲击力的商品描述，一个信息含量丰富并带有一定文化气质的商品描述要包含以下要素。

一、高质量的标题

标题是信息内容的核心以及精华浓缩。表述清晰并且包含关键信息的标题能让潜在顾客更好地掌握产品具体情况，从而引起买家更多的兴趣和购买潜意识，标题的质量也直接决定了产品在淘宝的排名。

二、清晰、表现力强的图片

网购者由于无法通过实地观察产品，因此图片就成为展示产品信息、给人直观印象的最主要因素。

三、详尽的商品数据

商品属性、尺寸说明、挂牌图、细节图等一样都不能少。

四、具有诱惑力的展示区

通过展示区尤其是通过优质商品的展示区带动其他产品的流量和销量，因此展示区的设置一定要有诱惑力，能吸引访问者点击展示区的商品。

五、为用户着想的细节

其实我们所做的一切都应该为用户着想，如把图片拍精美点，把细节展示得更直观点等。这里所说的细节主要指快递说明、退换货说明、售后服务，让顾客能随时联系上你，及时沟通解决问题。

六、友好的销售策略

卖家当然想让顾客多下单、多成交，但是生硬的广告是不行的。运用软文来打动顾客，用搭配销售、限时折扣、包邮等方式来吸引顾客等都是不错的手段。

任务实施

任务实施：商品描述

商品描述有不同的风格和方式，但我们通过总结，发现优质的商品描述一般都包括产品标题、零风险承诺、产品证书或者一些权威见证或者实体店照片、客户见证、商品特性描述、价值包装、促销被迫成交、再次零风险承诺、亲情策略等要素。本任务就是按照这样的模式来描述商品的。

一、优质产品标题设置

产品标题是关系淘宝排名的最重要因素，也是给客户的第一印象，因此一定要充分利用淘宝要求的30个字符写出高质量的标题，如图6-1所示就是一些标题的常见写法。

二、商品详情描述

商品详情描述可按照零风险承诺、产品证书或者一些权威见证或者实体店照片、客户见证、商品特性描述、价值包装、促销被迫成交、再次零风险承诺、亲情策略的模式来描述。

1. 零风险承诺

有一些商品，在淘宝上可能假货比较猖獗，所以最需要解决的是客户的信任感。例如一些名牌运动鞋、名牌服饰、名牌箱包、行货手机、笔记本电脑、版权软件、名牌化妆品、品牌保健品等，只要跟名牌相关的商品，那我们上去的第一句话就是“保证100%正品，假一赔十”“100%正品，支持专柜验货”“100%保证正品，支持全国防伪电话验证查询”“消保诚信商家，无效退款”等！第一句

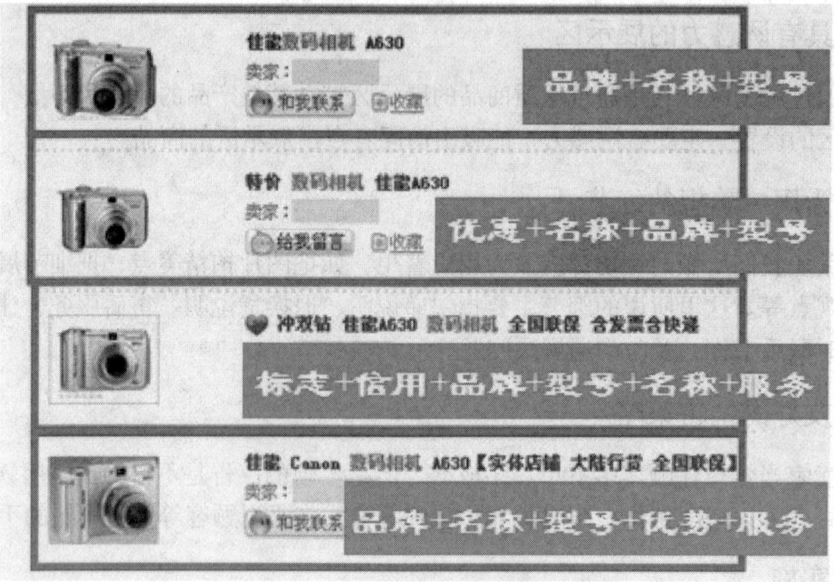

图6-1 商品标题写法

话直接放这个即可。

有疯狂销售记录的话，可以先把这些话放在第一句：“30天狂卖1000件”，“30天售出1000件，100%好评，卖疯了”，“淘宝保暖内衣最热销冠军”等，给客户的印象是这商品很热销很好，潜意识里说服了客户，这其实是一种“催眠营销”，非常有效。

2. 放置产品证书、权威见证或者实体店照片在显眼位置

有些商品，例如保健品、食品什么的，最好附上产品证书，正规公司营业执照，或者一些权威部门的获奖证书。有的有实体店的店铺，那么直接附上自己实体店的照片。这样做的目的就是再次加强客户的信任感。

3. 客户见证

如可以加上评价截图或者销售截图，当然截图肯定要截那些评价好的页面，打上自己店铺的专用水印；又或者可以加上旺旺聊天记录或者QQ聊天记录，当然都是一些好的带有溢美之词的聊天页面，打上自己店铺的水印。这样不但可以强化客户的信任感，而且能让客户感到店家对这个商品的负责和用心。

4. 商品特性描述

很中肯地描述这个商品，用事实说话，不要夸大，用专业数据、专业术语和科学语言说话。配合大量的商品图片，尽量多角度描述产品细节，图片都要有水印，图片上该红色标记的地方就标记，该着重的地方就用颜色和语言着重，有视频的加上视频。

5. 价值包装

包装最简单的方法就是对比法，一是和同类产品对比，显示你这个商品的优势之处；二是权威获奖图片、营业执照或者客户聊天记录（在这里再次出现图片视觉冲击）。

6. 促销被迫成交

给客户一个现在成交的理由，可采用以下策略：

（1）包邮策略。

（2）赠品策略。

（3）限时抢购差价策略。

（4）团购策略。

（5）秒杀策略。

7. 再次零风险承诺

最后再一次强调“零风险承诺”，再次敲打客户的神经，让客户彻底放弃对产品和服务的疑惑，然后不得不成交。

8. 亲情策略

这个策略是贯穿全程商品描述的，多喊一些“亲们”，多加一些旺旺的搞笑表情，拉近与客户的交流，对促进成交也是非常有用的。

总结回顾

本项目主要要求掌握产品描述的基本技巧和方法，能够按照讲述的模式进行商品描述。

拓展知识

为了店铺避免被淘宝禁言，最好要看看哪些是淘宝标题禁用关键词，以免被降权处罚。关于标题禁用的关键字，统计了以下几点，跟大家一起学习（以下内容无法得到官方的证实，淘宝只会告诉你有没有违规，而不会告诉你哪个关键字违规了，所以仅供参考）。

（1）卖家代充下的商品不能使用“自动发货”、“闪电发货”、“在线卡密”。淘宝充值平台的商品都属于卖家代充的属性。

（2）自动发货下的商品不能使用“闪电发货”、“在线卡密”。卡密商品属于自动发货的属性。

（3）卖家在所出售的商品标题中使用并非用于介绍本商品的字眼（包含但不仅限于如下情况：标题为“MISSHA杏子去角质面膜瘦身健美用品热销中”等）。

（4）卖家故意在所出售的商品标题中使用淘宝网正在热推的关键词，并且该关键词和内容商品无直接关联。

（5）卖家在所出售的商品标题中使用非该商品制造或生产公司使用的特定品牌名称（包含但不仅限于如下情况：“橡果同厂出品*第二代*浙江-双超*豪华液压摇摆踏步机”，实际商品品牌为“双超”，不可在标题中使用其他品牌）。

（6）卖家在所出售的商品标题中出现与其他商品和品牌相比较的情况（包含但不仅限于如下情况：“可媲美LV的真皮手袋”等）。

（7）在标题中使用“最大”、“最高”、“最好”等最高级陈述（包含但不仅限于如下情况：“【淘宝最低价】包身蓬蓬裙”等）。

（8）不允许任何商品在标题中添加对赠品、奖品的描述，否则属于乱用关键词。卖家可以将相关促销内容添加到商品描述中，参加淘宝活动有另行规定的除外。

（9）运动类目商品管理规则补充：不能以任何理由在同一件商品中使用多种属性关键词，以干扰搜索，除网站整体规则以外，下列情况也是被禁止的：组合式发布商品、使用多种属性关键词（如品牌，系列，类别等），卖家可以在商品描述中进行说明。

（10）如未取得专卖资格或者特约经销商资格，不得在商品信息中声称其为“淘宝专卖”及“特约经销商”等暗示其与商标权人或者生产厂家之间存在授权或者合同关系的字眼。

（11）网络游戏虚拟商品交易区商品管理规则补充：QQ专区下，商品标题中不得出现其他类目的字眼，否则属于乱用关键词，如在QQ秀红钻下面，只能出现标题中带有红钻的商品，不能出现例如：红、黄、蓝钻2元/月这样标题的商品。

（12）如果用户或店铺不具有相关资质或未参加淘宝相关活动，淘宝不允许用户在商品标题中使用与特定资质或活动相关的词汇，如：台湾馆、香港街、淘宝商城、消费者保障计划、先行赔付等。

资料来源：淘巧网www.taoqao.com

复习思考题

1. 产品标题如何设置？

2. 如何让客户通过产品描述相信你的产品？

技能训练

技能训练任务书

实践任务	产品描述
训练目标	能合理设置产品标题、能高质量进行产品描述
实践内容	1. 设置产品标题 2. 零风险承诺 3. 一些产品证书或者一些权威见证或者实体店照片 4. 客户见证 5. 商品特性描述 6. 价值包装 7. 促销被迫成交 8. 再次零风险承诺 9. 亲情策略
实践成果	较高质量的产品标题和详情描述

项目7 产品图片拍摄

学习目标

目标类型	项目目标
知识目标	了解产品图片拍摄所必备的器材 掌握器材的使用方法
技能目标	能够拍摄高质量的产品图片

技能知识

1. 掌握相机的拍摄功能
2. 拍摄环境的布置
3. 图片拍摄技巧
4. 掌握相机、三脚架和灯光等辅助设备的使用技巧

项目背景

网上店铺与传统店铺最大的区别就是没有实物，一切都在虚拟的世界里完成交易。网上客户对商品的第一印象来自于网上店铺的照片。图片是客户接触到产品的最直接的东西，拍摄出色的商品照片可以吸引并留住客户，是促成交易的先决条件。

引导案例

如何拍摄出色的产品图片

以街市上卖西瓜的摊档为例，他们把西瓜切开展示给别人看。西瓜切开，一来可以让别人见到西瓜的成熟度，二来瓜肉红颜欲滴，让人垂涎三尺。这样大大地提高购买欲，从而达成营销目的。

联想到我们发布产品信息时，如何拍摄出色的产品图片呢？

1.背景颜色要突出产品

如图7–1所示，左图中背景和产品的颜色过于接近，而右图采用与被摄主体颜色不同的背景，从而很好凸显出产品，给人以美感。所以，在采用单一背景时，两者颜色要有所差别。

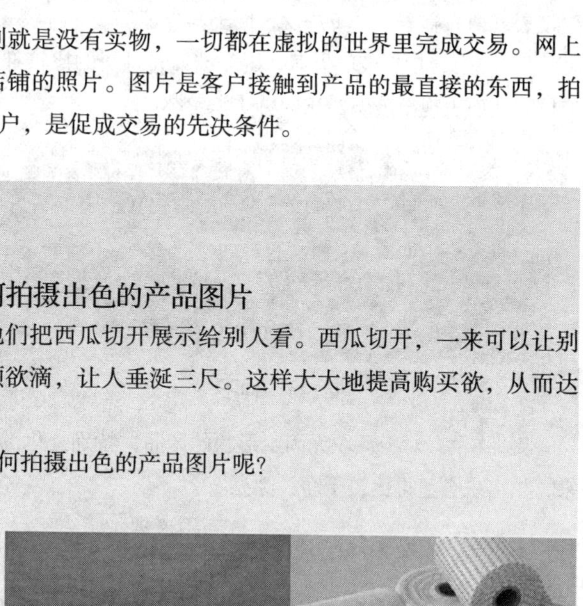

图7–1　产品图片范例

图7–2　灯具

如图7–2所示，对灯具来说，采用深色的背景，并将灯点亮的状态，更能表现出其晶莹璀璨的效果。左图虽然真实地表现了车间的状态，但是，给人的感觉有些凌乱，反倒降低了产品在客户心目中的价值。

如图7–3所示，在拍摄桌椅时，不要放在灰暗的地板上拍摄，可以放在草地上拍摄，透出一种休闲、干净的感觉。

图7–3　桌椅

2.物体摆放技巧

如图7–4所示，左图中不同颜色不同款式的鞋子围在一起，不美观，没有主次之分。右图仅仅表现两只鞋子，一正一反，便于客户了解。

图7–5中，拍摄玻璃器皿，因为器皿是透明的比较难以表现，可以在玻璃器皿内盛装有色液体，从而表现出玻璃器皿的材质和轮廓。

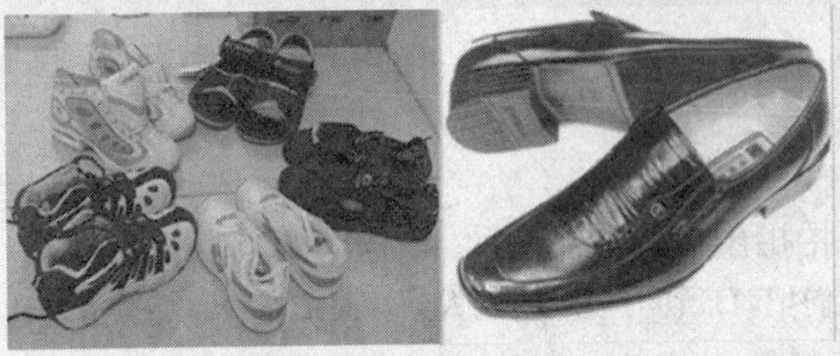

图7–4　鞋子

图7–5　玻璃器皿

图7–6中，对于颗粒无固定形状的产品，特别是化工类产品，可以采用干净的容器盛装起来，拍出来会显得比较干净、漂亮。

图7–6　颗粒物品

3.巧用道具

图7–7中，当我们只看左图有可能会分辨不出这是什么产品，再看右图，通过香烟的提示，客户就知道那是个烟灰缸。

图7–8中，左图虽然拍得也不错，但只有黑白两色，显得有点单调；右图在此基础上添加了一些颜色丰富的小花，让这个画面顿时增添了几分美丽，更容易让批发商或者消费者心动。要注意的是，这个小花摆放也有技巧，不能抢了鞋子的风头，避免主次不分。

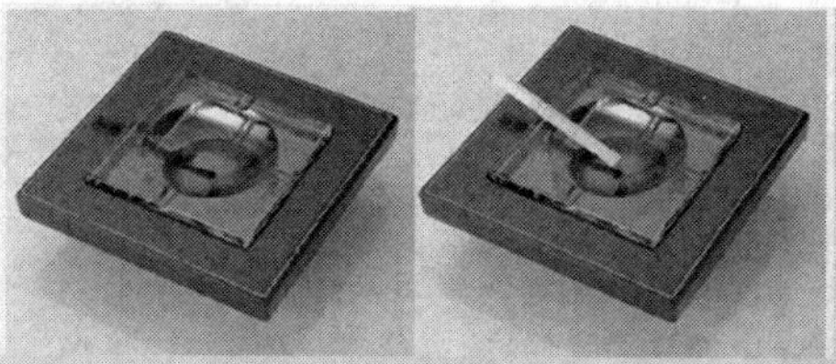

图7-7　烟灰缸

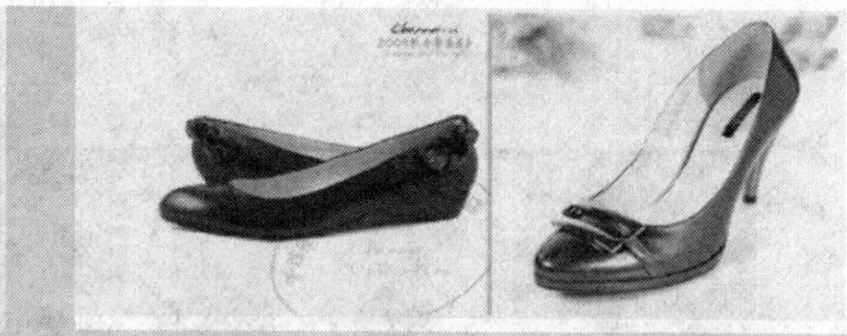

图7-8　小花的巧用

4.多角度展示

很多买家只拍了一张产品的外观图片和产品的一些介绍。产品的图片应该把客户所关心的细节点展示出来，帮助客户完成这个体验，就好像有个售货员在一旁指点，如图7–9所示。

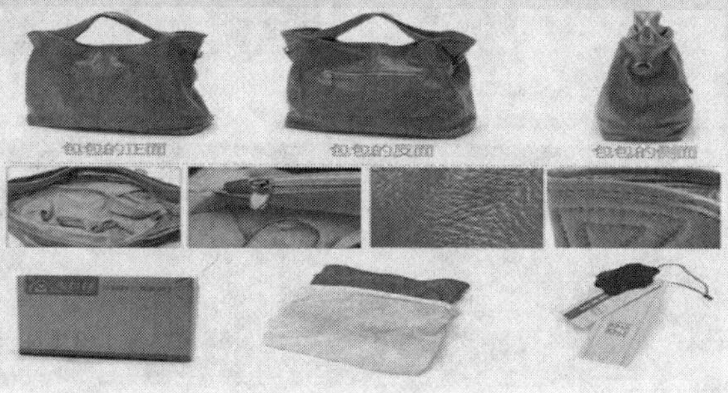

图7–9　多角度展示

只有让图片传递更多的信息给买家，才能赢得买家的信赖。站在买家的角度，把买家关心的信息通过图片传递出来，就是优秀的产品图片。

请思考：在网上做生意，买家看不到、摸不着产品，那么凭借什么来吸引住买家的眼光呢?

任务分析

本项目的主要工作任务是拍摄网上店铺的产品图片，主要包括如下几个步骤：室内拍摄场景布置、营造光环境、拍摄。

相关知识

一、拍摄前准备

1. 相机的使用姿势

产品图片的拍摄使用单反数码相机或卡片相机都可以，一般要求像素高一点，防抖动效果要好。如果您从未有过拍摄商品的经验，手上也没有专业摄影所用的高级相机。使用家用数码相机，再配合一些拍摄技巧，同样也能拍摄出效果很好的商品照片。首先学会手持相机的正确姿势（图7–10）。

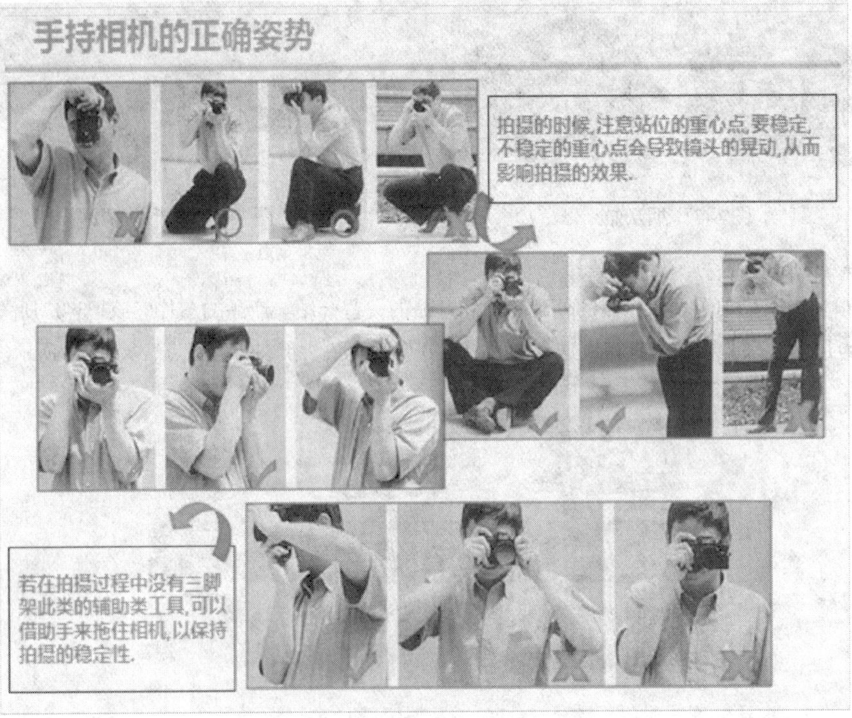

图7-10　手持相机的姿势

2. 三脚架

一支可靠的三脚架给相机提供了一个稳固的平台，可以极大地提高照片的锐度。三脚架（图7-11）的作用主要是固定相机，特别是光线不够好的情况下，可以防止抖动，从而保证拍摄效果更清晰。三脚架用于室内拍摄会更多一些，而且是越重越好；外出拍摄可以携带轻便型的三脚架；如果没有三脚架，可以找一些临时的支撑物，比如桌角、椅背、石头栏杆等，就地取材，如图7-12所示。

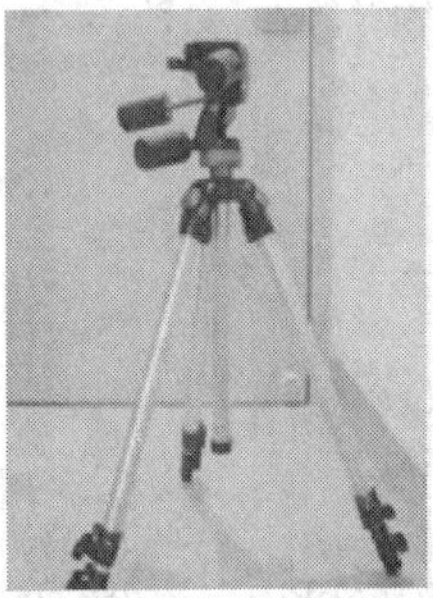

图7-11　三脚架

图7-12　相机固定

3. 背景布 / 背景纸

背景布/背景纸（图7-13）的作用是为产品营造一个干净整洁的拍摄环境，从而能够更好地突出被拍摄主体。选择背景布/背景纸需满足几个要点：不反光、防皱、材质细腻、厚实、大小合适。一般情况下，背景纸都能满足以上几点，但是防水及耐用性不高。而背景布耐用性好，但是易皱，可适当熨烫再使用。对于需要产生倒影的物件拍摄，可采用倒影台，如图7–14所示。当然，前期为了节省成本，也可以使用A4纸，或者单色床单、家中的茶几等作为替代品。

图7–13　背景纸

图7–14　倒影台

4. 布光准备

光线的好坏很大程度上会影响到产品拍摄的效果。所以，营造良好的光线环境在拍摄中显得尤为重要。光线分为室外和室内光线：室外光线一般适用于需要外景的产品，如服装模特在街上展示服装、户外桌椅在草坪上展示。而室内光线，适合需要摆放在背景布上面拍摄的物品。为保证拍摄的光线亮度，应采用相同型号的灯泡，在相同的亮度下拍摄。一般选择色温在5500K~6500K，从而保证光线亮度，如图7–15所示。建议采用专门搭建的室内摄影棚进行拍摄，设备叫做“摄影棚”或者“柔光箱”，如图7–16所示。

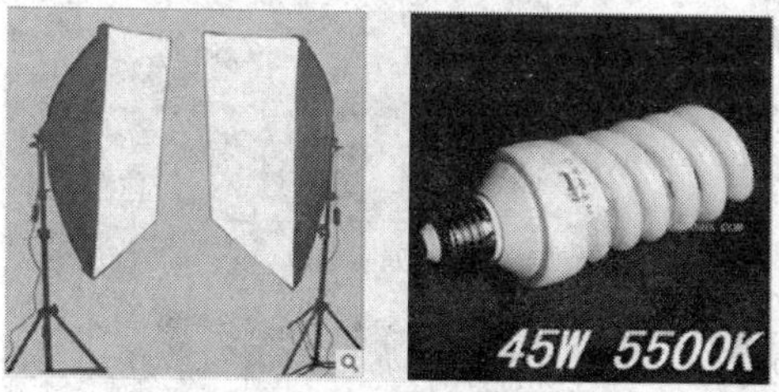

图7–15　灯具准备

图7–16　摄影棚

产品拍摄的所有器材在网上都能买到（图7–17）。如果前期经费不足，也可以模仿制作。

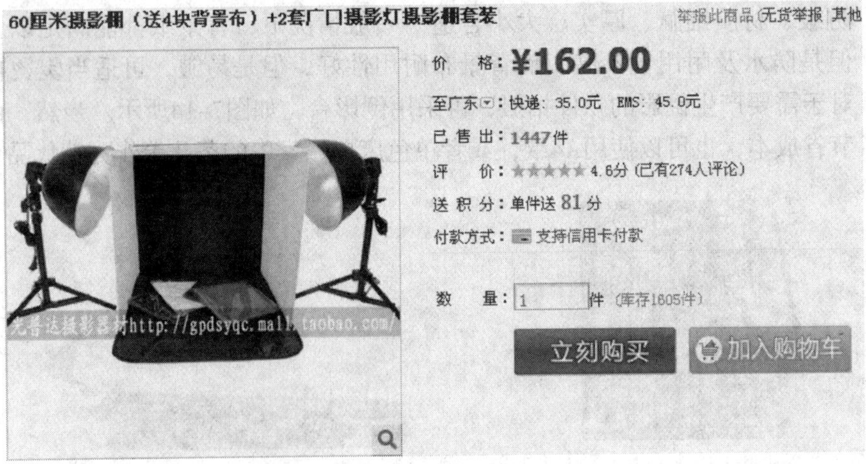

图7-17　网上购买小型摄影棚

二、了解相机的拍摄功能

1. 微距拍摄

通常在数码相机上有一朵小花（图7-18）的按钮，就是微距拍摄的转换按钮。微距摄影的目的是力求将主体的细节表现出来。

图7-18　微距标识

微距功能主要是用于拍摄小物件，如饰品、螺母、电子元器件等。它能够把物件表面细节拍得非常清晰，并且形成突出拍摄主体，虚化背景的效果，显得既专业又有美感。如图7-19所示，微距还可以拍摄大件物品的细节，比如材质、面料、做工，这些都是客户所关心的。

图7-20是相机的微距拍摄效果，图中的皮质、布纹、拉链齿、金属扣的质感非常真实，细节的部分非常清晰。

图7-19　相机微距按钮

图7-20　微距功能拍摄效果

2. 白平衡

在使用数码摄像机拍摄的时候都会遇到这样的问题：在日光灯的房间里拍摄的影像会显得发绿，在室内钨丝灯光下拍摄出来的景物就会偏黄，而在日光阴影处拍摄到的照片则莫名其妙地偏蓝，其原因就在于“白平衡”的设置上。通过白平衡设置可以解决色彩还原和色调处理的一系列问题。

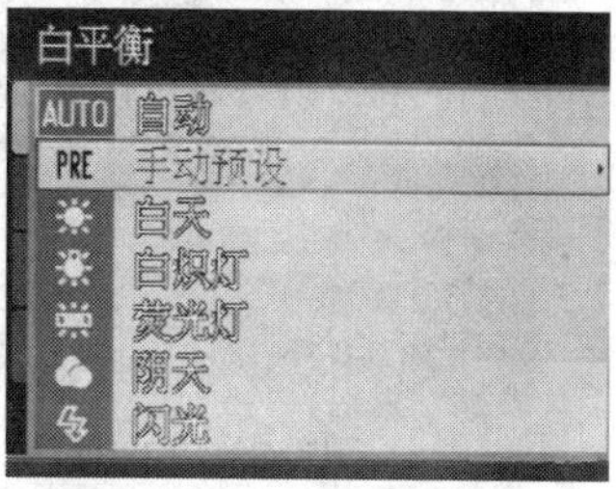

图7–21　白平衡模式设置

一般白平衡有多种模式，适应不同的场景拍摄，如自动白平衡、钨光白平衡、荧光白平衡、室内白平衡和手动调节（图7–21）。

自动白平衡为数码相机的默认设置，这种自动白平衡的准确率是非常高的，但是在光线下拍摄时，效果较差。而在多云天气下，许多自动白平衡系统的效果极差，它可能会导致偏蓝。

钨光白平衡也称为“白炽光”或者“室内光”。设置一般用于灯泡照明的环境中（如家中），当相机的白平衡系统知道将不用闪光灯在这种环境中拍摄时，它就会开始决定白平衡的位置。不使用闪光灯在室内拍照时，一定要使用这个设置。

荧光白平衡：适合在荧光灯下作白平衡调节，因为荧光的类型有很多种，如冷白和暖白，因而有些相机不止一种荧光白平衡调节。摄影师必须确定照明是哪种“荧光”或者进行“试拍”，使相机进行效果最佳的白平衡设置。

室内白平衡：适合把昏暗处的光线调置成原色状态，并不是所有的数码相机都有这种白平衡设置。一般来说，白平衡系统在室外情况时处于最优状态，无需这些设置。

手动调节：一般来说，用户需要给相机指出白平衡的基准点，即在画面中哪一个“白色”物体作为白点。可以携带一张标准的白色纸，拍摄时拿出来比较一下被摄体就行了。操作过程大致如下：把摄像机镜头对准标准白卡或者白纸，让白色充满整个画面，按一下白平衡调整按钮直到寻像器中手动白平衡标志停止闪烁不同的机器，其表示方法有所不同，这时白平衡手动调整完成。

在不同的环境中应用不同的模式，可以帮助拍摄出色彩逼真的照片。图7–22~图7–28是使用canon IXU S300 HS在光线较弱时，使用不同的白平衡模式拍摄的一组图片。

图7–22　自动白平衡

3. 曝光补偿

曝光补偿也是一种曝光控制方式，一

图7-23　白炽灯模式

图7-24　日光模式

图7-25　阴天模式

图7-26　荧光灯模式

图7-27　荧光灯H模式

图7-28　手动调节模式

般常见在±2–3EV左右，如果环境光源偏暗，即可增加曝光值如调整为+1EV、+2EV以突显画面的清晰度（图7–29）。

图7–29　曝光补偿按钮与设置

许多拍出的照片如果偏暗或是偏亮，用曝光补偿的功能就能解决，这个功能在相机里通常显示为“EV”，非专业级别相机的曝光调整的范围通常为-2.0到+2.0曝光补偿（EV），图7-30排列的图例，是用专业相机设置为光圈优先自动曝光模式，并使用曝光补偿功能分级改变照片亮度进行拍摄的。和相机判断为“合适”曝光值的照片（无曝光补偿：±0EV）相比，不管是正向曝光补偿还是负向曝光补偿，补偿值越高，亮度变化就越明显。

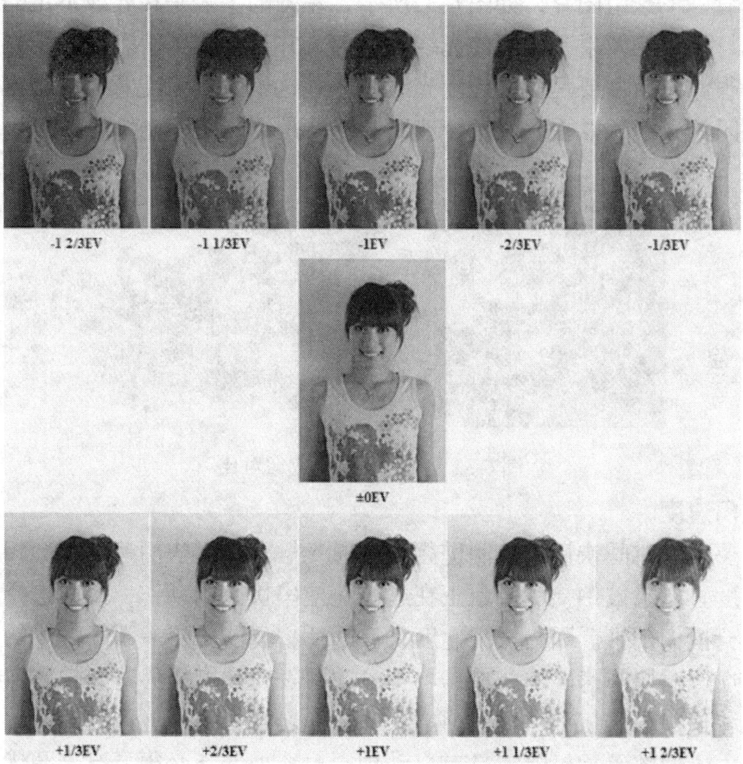

图7-30　曝光补偿的效果

相机计算出的“合适”曝光值和实际见到的效果不一定一致。拍摄者可以根据自己的主观意志判断究竟什么程度的亮度最合适。相机计算出的“合适”曝光参数归根结底只是一个参考标准，最终还是要根据拍摄者的意图来进行补偿。

4. 闪光灯

闪光灯也是加强曝光量的方式之一，尤其在昏暗的地方，打闪光灯有助于让景物更明亮。使用闪光灯也会出现弊端，例如在拍人物时，闪光灯的光线可能会在眼睛的瞳孔发生残留的现象，进而发生“红眼”的情形。因此许多相机商都将“消除红眼”这项功能加入设计，在闪光灯开启前先打出微弱光让瞳孔适应，然后再执行真正的闪光，避免红眼发生。中低档数码相机一般都具备三种闪光灯模式，即自动闪光、消除红眼与关闭闪光灯。再高级一点的产品还提供“强制

图7-31　闪光灯的标识

闪光”，甚至“慢速闪光”功能。闪光灯的标识如图7-31所示。

一般近距离的拍摄商品照片不宜使用闪光灯，通常光线过强会使拍出的画面白茫茫一片，或者局部曝光过度，致使商品照片严重失真，不利于商品销售，所以要慎用闪光灯。

我们看一下这组图片，如图7-32所示，左图的手表是在光线不足的情况下开启了闪光灯拍摄的效果，画面的光线不均匀，并且导致了手表镜面反光；右图的手表拍得很漂亮，主要是借助周围光线来达到这个效果。注意：拍摄容易反光的物体需关闭闪光灯，如手表或者带玻璃的产品是不能用闪光灯的。

图7-32　闪光灯开闭成像对比

5. 快门速度

它主要通过时间快慢来控制进相机的通光量。提高快门速度，会相应提高照片的清晰度。如果被拍摄的对象正在进行一连串快速的动作，您可选择减慢快门的速度进行模糊拍摄。因为快门速度太快的话，只能拍摄一瞬间静止的动作。这样说明了通过对快门速度的调节，可自由选择表现被摄物的动态或静态影像。

通常普通数码相机的快门大多在1/1000秒之内，基本上可以应付大多数的日常拍摄。主流的数码相机除了具有自动拍摄模式外，还必须具有光圈优先模式、快门优先模式。光圈优先模式就是由用户决定光圈的大小，然后相机根据环境光线和曝光设置等情况计算出光进入的多少，这种模式比较适合照静止物体。而快门优先模式，就是由用户决定快门的速度，然后数码相机根据环境计算出合适的光圈大小来。因此，快门优先模式就比较适合拍摄移动的物体，特别是数码相机对震动是很敏感的，在曝光过程中即使轻微地晃动相机都会产生模糊的照片，在使用长焦距时这种情况更明显。

6. 光圈

光圈就是光线能通过的一个圆圈，它主要控制照片的明暗程度。光圈越大进光量就越多，光圈越小进光量就越小。

光圈可以调校聚焦范围和提高镜头的描写力。通过调校光圈，可控制聚焦的范围大小，即光圈的F值越小，光圈就越大，越突出主题，虚化背景。开放光圈度数可分为F2.8、F4、F5.6、F8、F11等数值，数值越小代表光圈越大，数值越大代表光圈越小。

图7-33左边是光圈大的成像，右边是光圈调小时的成像。左图光圈大时前后的影像变得模糊，右图光圈小时则前后的影像都很清晰。

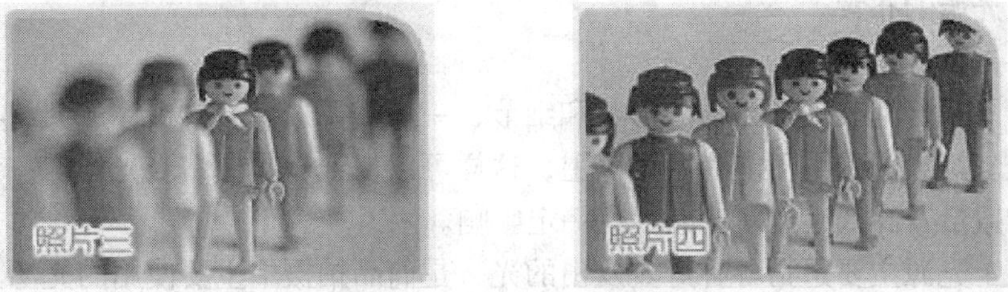

图7-33 光圈大小成像对比

因此在我们拍摄商品的时候，商品越大，需要的景深就越大，我们就需要选择小光圈来拍摄达到清晰的效果。这个时候镜头的进光量小，快门就会变慢，拍摄就会变得非常不容易。相应的我们就需要越充足的光线来进行补充，使快门的减慢达到一个比较正常容易拍摄的范围。

7. ISO 感光度

ISO感光度表示对亮度敏感程度的数值。数值越大表示可以在昏暗环境下进行更明亮的成像。ISO感光度分为100、200和400等。感光度越高，就越适合在光线昏暗的场所拍摄，但同时色彩的鲜艳度和真实性则会受到影响，所以低ISO值适合营造清晰、柔和的图片，而高的ISO值却可以补偿灯光不足的环境。图7-34显示ISO数值越大，图片越明亮。

图7-34 ISO设置效果

比如晴朗天气的拍摄：光圈可以适当缩小，快门速度适当变快。如果是需要拍摄漂亮的外景人像照片，那么光圈最好还是调到最大（因为大光圈才能带来小景深，背景虚化），光圈最大了，那么快门速度肯定要变快，要不然你的照片就会一片白，因为进来的光线太多了。

三、室内拍摄场景布置

（一）光源的布置

1. 光源的角度

为了很好地表现被摄体的形状和细节，一般需要选择同被摄体成大约45° 角的侧光。灯光配置尽可能为两个以上，这样可以保证产品左右受光均匀，注意：灯光的数量及高低远近对产品都有一定影响。

人工光源主要是指各种灯具发出的光，是商品拍摄中主要使用的光源。它的发光强度稳定，光源的位置和灯光的照射角度可以根据自己的需要进行调节。一般来讲，布光至少需要两种类型的光源，一种是主光，一种是辅助光，如图7–35所示。

主光是所有光线中占主导地位的光线，是塑造拍摄主体的主要光线，一般选择主光置于拍摄物顶部有较好效果。而辅助光一般应安排在照相机附近，灯光的照射角度应适当高一些，目的是降低拍摄对象的投影，不致影响到背景的效果，可以选择左右45° 角向内照射，如图7–36所示。

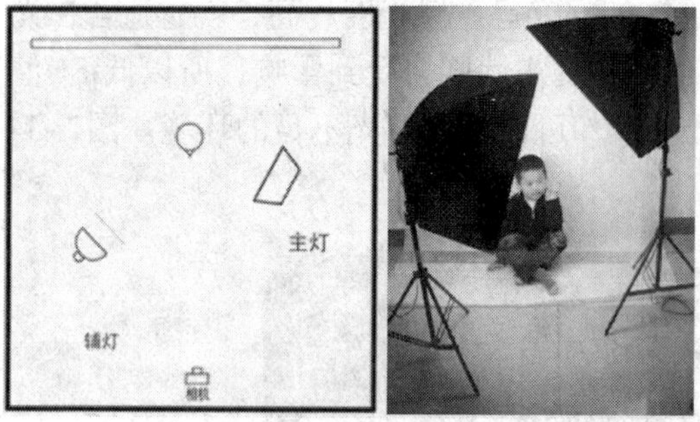

图7–35　布光

图7–36　光源的角度

服装产品拍摄：细腻材料的服装比较适合用柔和的光，而粗糙材料的服装比较适合直接打光。

2. 光线的运用

光线照射的角度和技巧非常重要，同样的产品在不同的照射角度下会有不同的效果。比如图7–37中的茶壶，商品顶部受光，正面没有完全受光，会导致壶盖的下边缘和壶底产生浓重的阴影，不利于看清产品细节。

所以，上述的打光方式，不适合立体感较强且有一定高度的商品，那如何解决这个问题呢？这时，就需要灵活调整我们的光线，产品拍摄时产品的正面一定要受光均匀，因为在网络上买家看到的永远是产品的正面。解决方法，如图7–38所示。

图7–37　光线的运用（1）

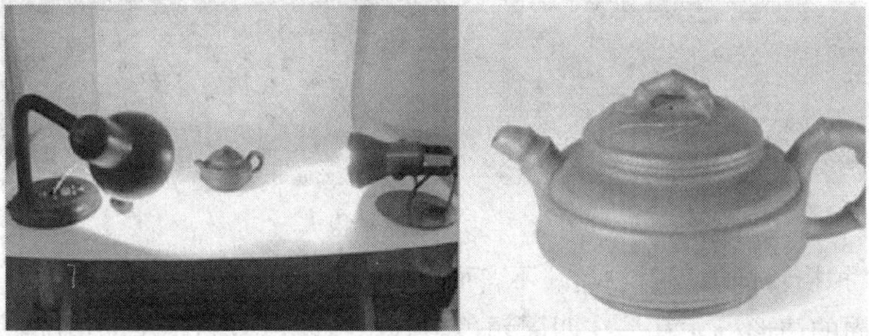

图7–38　光线的运用（2）

服装产品拍摄：细腻材料的服装比较适合用柔和的光，而粗糙材料的服装比较适合直接打光。

（二）背景布置

除了良好的光线条件，拍摄背景也不容忽视，干净整洁的背景能够突出产品。一般常见的是采用背景布/背景纸。

如何选择背景布/背景纸呢？满足几个要点：不反光、防皱、材质细腻、厚实、大小合适。如果卖的是衣服和较大商品，背景纸一定要大一些，至少约要2m × 1.5m的，2m × 2.5m的最合适，而且背景纸的放置方式要恰当，最好成弧形放置，这样能够避免背景上出现接缝和折痕。

一般情况下，专业的背景纸都能满足以上几点，但是背景纸防水及耐用性不高，成本就增加了。背景布耐用性好，但是易皱，建议买厚实一点的布，可适当熨烫再使用。

需要注意的是：背景颜色的选择非常重要，一般选择温和的颜色。有对比，但是对比又不要过于强烈，如选择白色、米色、粉色、暗色系等。

除了这些，还可以配上一些漂亮的假花和小饰品作为装饰物，这样单调的产品就会马上亮起来。

四、不同物品不同拍摄方法

（1）拍摄水晶等透明物品。这类物品本身最大的特点就是透明，因此在拍摄过程中要力求体现它透明的物品特质。背景要干净，否则会反射在物品上。建议大家在拍摄过程中最好戴上白色的手套，以免拍出来的物品上留有指纹。因为透明物品表面很光亮，容易造成反光，所以光线不要直接照射物品。在肉眼看起来明显比较暗的部位打上反光板或者旁边用白纸映衬下，使画面的光达到均匀的效果，增加透明物品的立体感觉，如图7–39所示。

图7–39　饰品拍摄

（2）拍摄首饰等反射物品。不言而喻，这类物品具有反射的特点，非常容易反映出四周的情形，尤其是在四周颜色与其本身颜色截然相反的情况下，更加容易造成这种情形的出现。在拍摄过程中，最好把物品放置到四周颜色都比较单调又与其本身颜色较近的环境里。另外一种解决的方法是事先找地方固定好相机的位置，利用相机自拍功能，避免自己的衣服颜色反射到物品上，如图7–40所示。

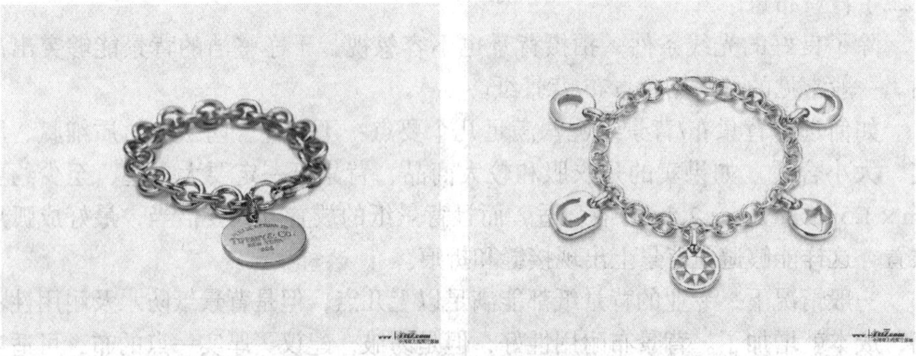

图7–40　首饰拍摄

（3）拍摄食品。通常用“色、香、味”俱全来形容食品的好与坏，“色、香、味”是食品的特点，那么如何用图片来表现食品这个特点呢？熟透了的食品往往偏向于黑色，颜色太深导致图片缺乏美感，调动不了买家的食欲。拍摄食品最好的时机是在半熟的时候，颜色偏向于黄色，让人一看就有吃的冲动。因此，拍摄熟的食品一般是一做完就立马拍摄，保证食品最佳的状态，体现食品“色、香、味”。建议在食品表面涂上一层油，“色”会更加好看，如图7–41所示。

（4）拍摄数码类电子产品。这类产品可以用白色或者黑色来当背景。如果

图7–41　食品拍摄

产品是黑色的，可以考虑利用颜色比较浅的背景；如果产品是白色的，可以考虑利用颜色比较深的背景来衬托。在拍摄时要注意光线分布是否均匀，底部可以打光，颜色搭配要合理。尽量避免镜头和被拍摄物品放在同一垂直线方向，不要使用广角镜头，以免拍出很夸张的透视变形，如图7–42所示。

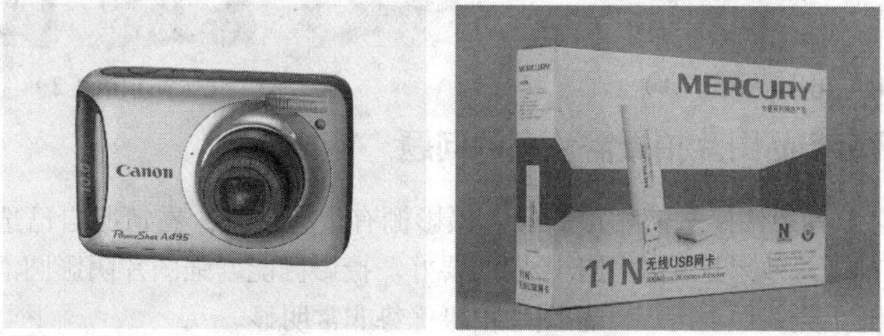

图7–42　数码电子产品拍摄

（5）拍摄衣服。在拍摄过程中，手绝对不能颤抖，否则会抹杀了服装质感的表现。在用光方面，细腻质料的服装比较适合用柔和点的光；粗糙质料的服装比较适合直接打光，以挽回质料差的缺陷。刚进货的衣服由于折叠会比较皱，可以先用熨斗把它烫平整再拍摄，图片的效果会更好，如图7–43所示。

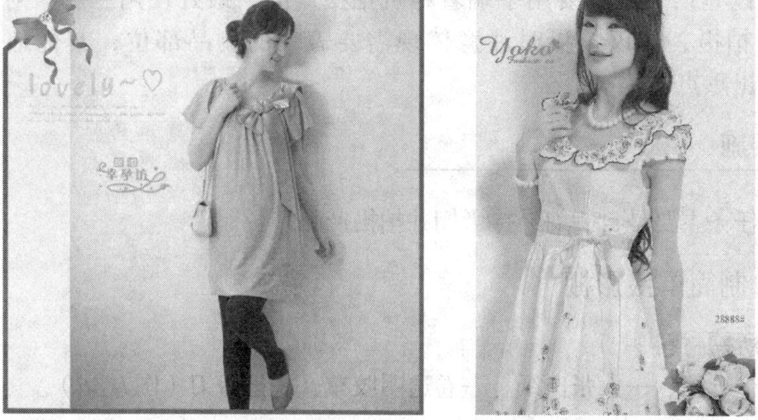

图7–43　衣服拍摄

（6）拍摄化妆品。化妆品消费人群多是女性，对产品的质感和功能非常看重，拍摄化妆品对光线、细节、颜色的要求很高。消费者对化妆品安全性很关注，所以化妆品产品图片需要多角度、多细节去拍摄，如图7–44、图7–45所示。

图7–44　化妆品拍摄（1）

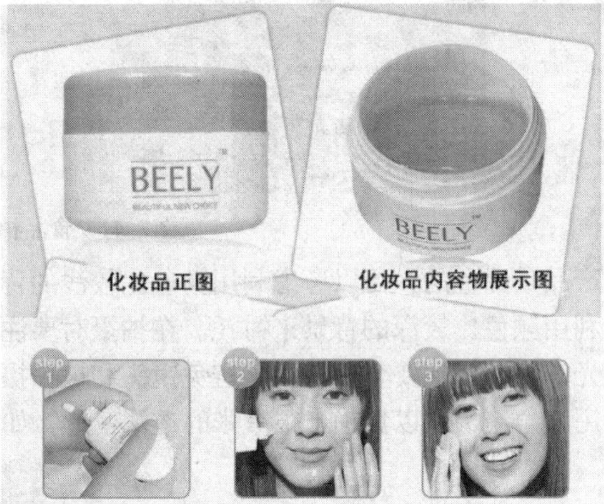

图7–45　化妆品拍摄（2）

五、网店产品图片拍摄需注意的问题

（1）有条件尽量使用摄影棚。摄影棚有贵有便宜，看情况自己选，有摄影棚拍摄的图片效果远比没用摄影棚的要好。摄影棚能增强图片阴影圆滑性、去除反光、充足光线照射等，产品图片拍摄优势非常明显。

（2）尽量避免使用闪光灯。使用闪光灯的技巧非常讲究，一不小心就容易造成曝光过度或者曝光不足的毛病。另外，使用闪光灯就要考虑光线的来源问题，考虑因素增加很多，是普通的拍摄者所掌握不了的。

（3）千万不能晃动相机。在普通拍摄过程中，数码相机稍微一晃动就会造成图片模糊情况的出现，更何况网上创业更多的是需要拍摄近距离的特写。所以建议大家不要用手端着相机拍摄产品，最好使用三脚架对物品进行近距离拍摄，建议拍摄时注意体现需要表现的物品部位，其他地方进行虚化，突出重点。

任务实施

本任务主要是自制简易摄影棚并拍摄产品。

一、自制简单摄影棚

（一）所需材料

一个纸箱、一大张白纸、一卷透明胶布、一把剪刀（图7–46）。

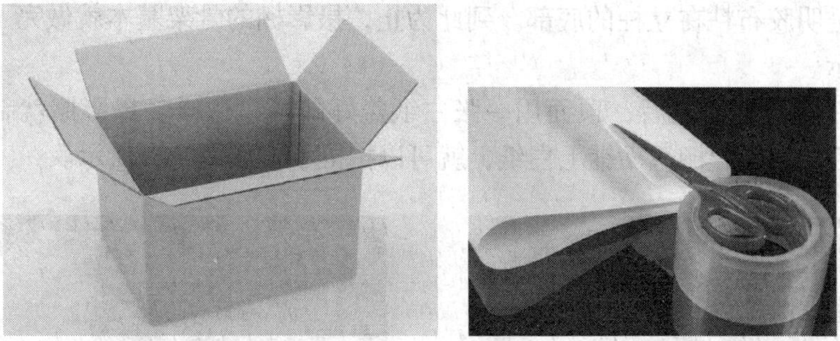

图7-46　材料准备

（二）制作过程

白纸并不是最好的选择，因为它比较厚，透光性并不是太好。相比之下，如果有那种很薄的丝质白布，制作出来的摄影棚效果会更好。下面，我们开始制作。

如图7-47、图7-48所示，将纸箱的一侧放倒在地，用剪刀剪掉纸箱的三面，只留下相互垂直的两面。

剪掉的纸板不要扔掉，这里还有用（图7-49）。剪几片四指宽的纸板，从中线对折，然后用透明胶扎紧，就做成了一根较坚固的立柱（图7-50）。然后将立柱垂直固定在纸箱底面的角上。为了保持垂直不倒，可以剪两片小三角形的纸

图7-47　剪掉纸箱多余的几面图

图7-48　只留下两面即可

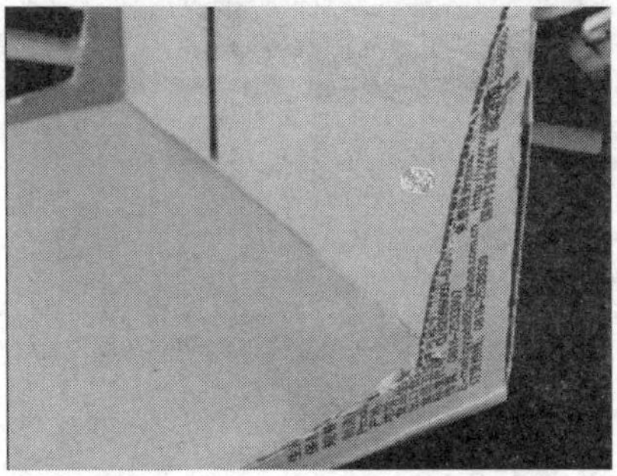

图7-49　留一点边，起固定作用

图7-50　用剪下的纸板做几根立柱

板，用透明胶布粘在立柱的底部。到此为止，摄影棚的骨架基本就做完了，如图7–51所示。

粘好两个侧面之后，顶面用一张白纸盖好即可，这样，摄影棚就制作完成了。最后，在摄影棚里面铺上白纸，就可以拍摄了，如图7–52所示。

图7–51　立柱效果图

图7–52　用白纸覆盖空缺的面

二、用自制摄影棚拍摄产品图片

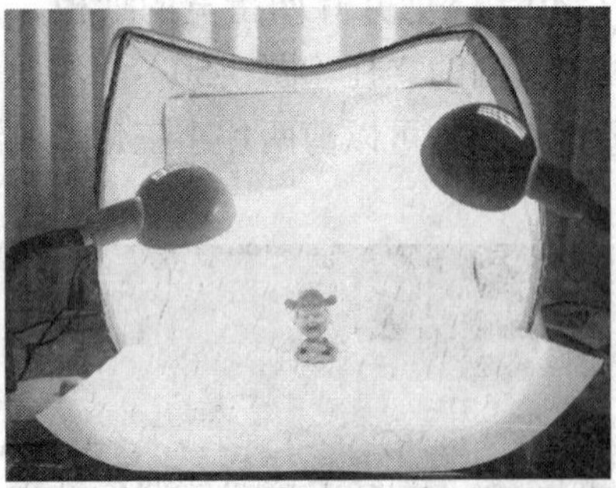

图7–53　布光拍摄

把两盏普通的台灯，分别放置在摄影棚两侧斜上方45°（尝试不同的拍摄角度和光源的高低，肯定可以拍出理想的照片）。将商品放在摄影棚内，就可以进行拍摄了（图7–53、图7–54）。

图7–54　拍摄效果

总结回顾

本项目主要要求掌握拍摄商品照片的场景布置、光线选择和拍摄商品照片的专业技法。

拓展知识

1.景深

使被摄物体产生较为清晰影像的最近点至最远点的距离就是景深，也是被摄物体能清晰成像的空间深度。在景深范围内景物影像的清晰度并不完全一致，其中焦点上的清晰度是最高的，其余的影像清晰度随着它与焦点的距离成正比例下降。景深的控制在摄影技巧中有着举足轻重的地位——它能直接影响照片主题的突出以及画面的整体效果（层次感）。

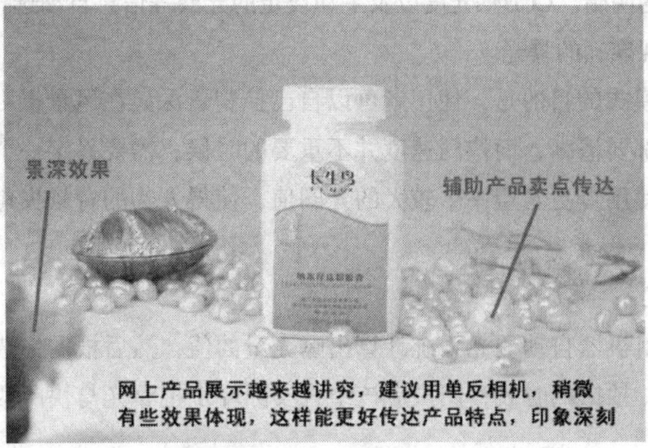

图7–55　景深效果

光圈大小与景深的关系：

光圈在控制景深的作用中，扮演一个非常重要的角色。光圈越大，景深越小；光圈越小，景深越大。

拍摄时，若希望主体的前后景物都非常清晰，可以将光圈尽量向小处调节，比如f / 16、f / 22；反过来，若希望对焦的物体清晰，虚化前后的另外一些景物，那就尽量将光圈开大，比如f / 2.8、f / 2，甚至f / 1.4（图7–55）。

2.焦距

焦距：镜头有各自固有的焦距，焦距不同拍摄范围也相应地有很大变化。镜头焦距越长，景深越小；焦距越短，景深越大。

照相机镜头的焦距是镜头的一个非常重要的指标。镜头焦距的长短决定了被摄物在成像介质（胶片或CCD等）上成像的大小，也就是相当于物和像的比例尺。当对同一距离远的同一个被摄目标拍摄时，镜头焦距长的所成的像大，镜头焦距短的所成的像小。根据用途的不同，照相机镜头的焦距差别非常大，有短到几毫米，十几毫米的，也有长达几米的。较常见的有8mm，15mm，24mm，28mm，35mm，50mm，85mm，105mm，135mm，200mm，400mm，600mm，1200mm等，还有长达2500mm超长焦望远镜头。

一般情况下，焦距越小，视角越大；焦距越大，视角越小。一个焦距为50mm的镜头，它的视角在全幅数码单反相机上大约为46°，和人的眼睛的视角差不多，所以这个镜头叫标准镜头。而一个焦距为24~70mm的变焦镜头，它的视角在全幅数码单反相机上大约为84°~34.2°之间，包含了人的眼睛的视角48° 左右，所以这个变焦镜头我们也可以叫它标准变焦镜头。

焦距小于标准镜头的叫广角镜头，焦距小于标准变焦镜头的叫广角变焦镜头。

焦距大于标准镜头的叫长焦镜头，焦距大于标准变焦镜头的叫长焦变焦镜头。

焦距再小于广角镜头的叫超广角镜头，焦距再大于长焦镜头的叫超长焦镜头。

标准变焦镜头也可以叫中焦变焦镜头。

3.光圈优先模式

光圈优先是一种曝光控制模式，它由拍摄者自行手动设置所需的光圈大小，然后由相机根据拍摄现场光线的明暗、CCD感光度以及手动设定的光圈等信息自动选择一个适合曝光所要求的快门速度，实现准确的曝光。

使用光圈优先模式的目的是，使用者可以自己控制景深。在风景摄影中，当使用者希望近处和远处的画质都要清晰，而快门速度并不重要的时候，需要设定一个较小的光圈值。在人物摄影中，相机使用者更希望一个较大的光圈值，使得人物的背景失焦，用以强调人物主题而淡化背景。

4.快门优先模式

快门优先是指由机器自动测光系统计算出曝光量的值，然后根据你选定的快门速度自动决定用多大的光圈。拍摄的时候，用户应该结合实际环境把曝光与快门两者调节平衡，相得益彰。

快门优先是在手动定义快门的情况下通过相机测光而获取光圈值。举例说明，快门优先多用于拍摄运动的物体上，特别是在体育运动拍摄中最常用。很多朋友在拍摄运动物体时发现，往往拍摄出来的主体是模糊的，这多半就是因为快门的速度不够快。在这种情况下你可以使用快门优先模式，大概确定一个快门值，然后进行拍摄。因为快门快了，进光量可能减少，色彩偏淡，这就需要增加曝光来加强图片亮度。物体的运行一般都是有规律的，那么快门的数值也可以大概估计，例如拍摄行人，快门速度只需要1/125秒就差不多了，而拍摄下落的水滴则需要1/1000秒。

5.手动曝光模式

手控曝光模式是指每次拍摄时都需手动完成光圈和快门速度的调节，这样的好处是方便摄影师制造不同的图片效果，如需要运动轨迹的图片，可以加长曝光时间，把快门加快，曝光增大；如需要制造暗淡的效果，快门要加快，曝光要减少。虽然这样的自主性很高，但是很不方便，对于抓拍瞬息即逝的景象，时间更不允许。

复习思考题

1. 下列哪个表述是错误的？（　　）

A. 光圈越小，景深越大，而光圈越大，景深越小

B. 镜头焦距越长，景深越小；焦距越短，景深越大

C. 距离越远，景深越大；距离越近，景深越小

D. 景深与拍摄距离无关

2. 如何拍摄清晰的照片？（　）

A. 使用三脚架　　B. 提高快门速度拍摄静止物体

C. 减低快门速度拍摄静止物体　　D. 使用光圈优先模式拍摄移动物体

3. 如何展示产品的细节？（　）

A. 使用微距功能　　B. 使用闪光灯

C. 提高曝光补偿值　　D. 减低曝光补偿值

4. 关于白平衡说法正确的是（　）。

A. 如果在室内进行拍摄，一定要使用室内白平衡模式

B. 一般来说，手动调节白平衡模式最能还原物体原本的色彩

C. 在多云天气下，许多自动白平衡系统的效果极差，它可能会导致偏蓝

D. 以上说法均不对

5. 关于曝光补偿说法正确的是？（　）

A. 如果环境光源偏暗，可增加曝光值(如调整为+1EV、+2EV)以凸显画面的清晰度

B. 进行曝光补偿的时候，如果照片过暗，要减少曝光值

C. 用户一定要多比较不同曝光补偿下的图片质量，清晰度、还原度和噪点的大小，才能拍出最好的图片

D. 以上说法均不对

6. 关于ISO感光度法正确的是（　）。

A. 感光度越高，就越适合在光线昏暗的场所拍摄，但同时色彩的鲜艳度和真实性则会受到影响

B. 感光度越高，就越适合在光线昏暗的场所拍摄，而色彩的鲜艳度和真实性不会受到影响。

C. ISO感光度是传统相机中经常碰到的术语，表示胶卷对光线的敏感度

D. 以上说法均不对

7. 网店产品图片拍摄需注意的问题有（　）。

A. 有条件尽量使用摄影棚　　B. 三脚架可有可无

C. 尽量避免使用闪光灯　　D. 拍摄时避免相机晃动

技能训练

技能训练任务书

实践任务	产品图片拍摄
训练目标	掌握拍摄产品图片技巧
实践内容	1. 拍摄技法学习 2. 自制简易摄影棚 3. 产品拍摄
实践成果	拍摄产品图片

项目8 产品图片美化

学习目标

目标类型	项目目标
知识目标	1. 调整图片大小 2. 调整图片色彩与亮度 3. 给图片增加边框 4. 给图片增加水印
技能目标	能对数码照片画质进行改善及效果处理

技能知识

1. 了解图片处理的基本工具
2. 使用光影魔术手软件对图片进行处理
3. 使用Photoshop软件对图片进行处理

项目背景

商品图片在淘宝店铺中起着至关重要的作用。它就像一个商店橱窗摆放的商品，当人们经过时，它能够吸引人们的眼球，走进店铺，从而开展我们的营销活动。

在淘宝中，买家通过搜索对自己所需要的商品进行筛选。这时候，一张美观的照片就能增加商品被潜在客户发现的概率，从而点击进入店铺查看整体信息，影响买家的购买决策。而竞争力的提高，销量的提升，有可能引起供货商的重视，以便拿到更好的产品价格，更好的优惠条件及服务。

引导案例

处理前后产品图片的对比

不是所有的人都可以拍摄出专业的商品照片，当拍摄的照片出现不同程度的缺陷时，后期的图片处理就成了必不可少的环节。

图8-1中，使用了抠图的方法，为衬衣更换了背景，干净明亮的背景让衣服看起来更整洁，也会引起买家的购买欲。

图8-2中，为图片增加与店铺装修风格一致的边框，可使图片更生动。

图8-3中，鞋子拍摄时细节不够明显，经过锐化后更能展示鞋子的细节。

图8-4中，为鞋子添加了人物模特，同样在修饰衣服、首饰、化妆品图片时可以增加人物模特，增加图片美感。

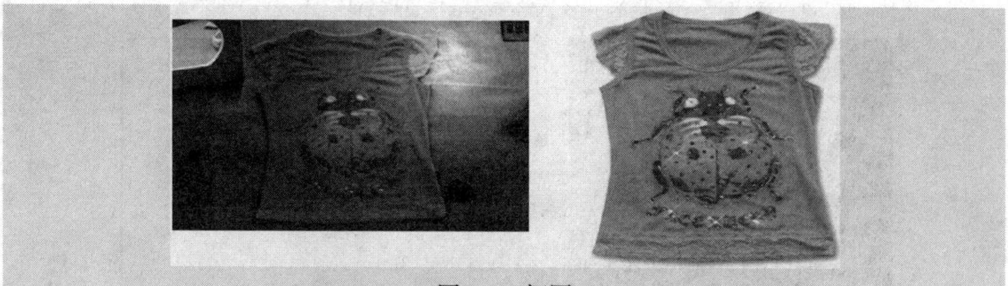

图8-1　抠图

图8-2　加边框

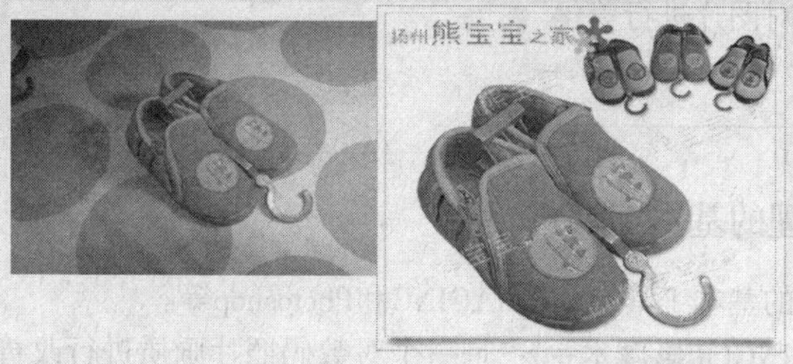

图8-3　锐化

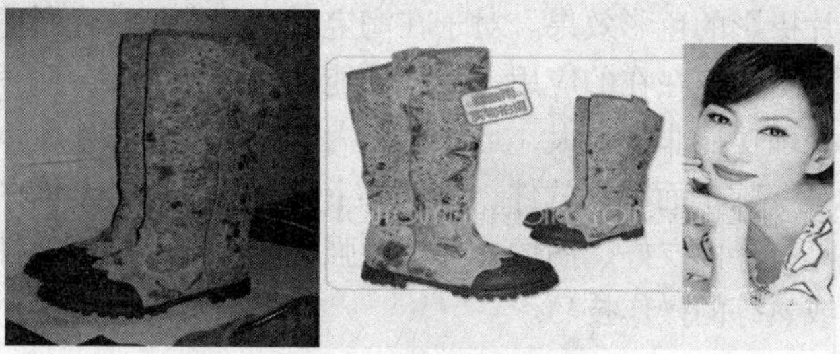

图8-4　增加人物模特

图8-5中，为图片增加了水印，避免同类商品图片的盗取。你的图片风格就可以别具一格了。

有时候拍摄的图片往往不尽如人意，通过图片的美化修饰，可以制作漂亮又精致的图片，这样更能吸引消费者的眼球。

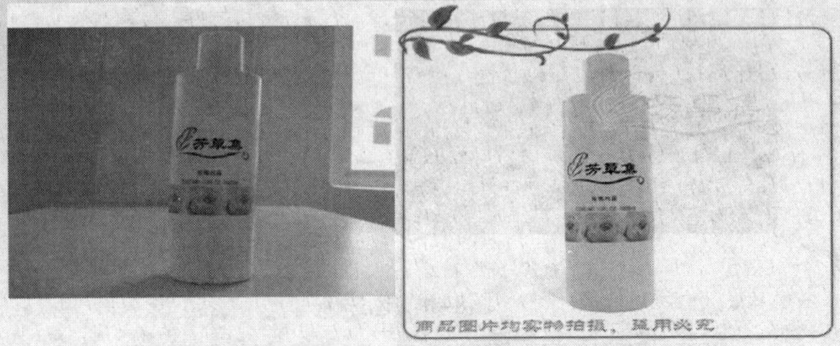

图8-5　加水印

请思考：

1.如果不能掌握拍摄图片的专业技法，还可以通过什么方法美化图片？

2.你所了解的图片处理软件有哪些？

任务分析

本项目的主要工作任务是产品图片美化，主要学习用nEoiMAGING和Photoshop软件对图片进行美化。

相关知识

一、图片处理的基本工具

图像处理的基本工具有nEoiMAGING和Photoshop等。

nEoiMAGING(光影魔术手)：是一个对数码照片画质进行改善及效果处理的工具软件。光影魔术手软件简单易用，不需要任何专业的图像处理技术，就可以制作出专业胶片摄影的色彩效果。对于在淘宝开店的掌柜，光影魔术手给商品图片的美化提供了更实实在在的应用。该软件能够满足绝大部分照片后期处理的需要，而且批量处理功能非常强大，足够胜任淘宝商品图片的处理。

Photoshop是一款平面设计软件，是世界上公认的最好最全面的图片平面设计软件，该软件具有界面友好、图像处理功能强大等优点，但该软件操作较复杂，需要比较专业或熟练的操作技巧。

二、图片处理步骤

图片处理包括前期美化与后期美化。前期主要调整图片大小与色彩亮度等，后期主要为图片增加边框、水印等，详细内容如图8-6所示。

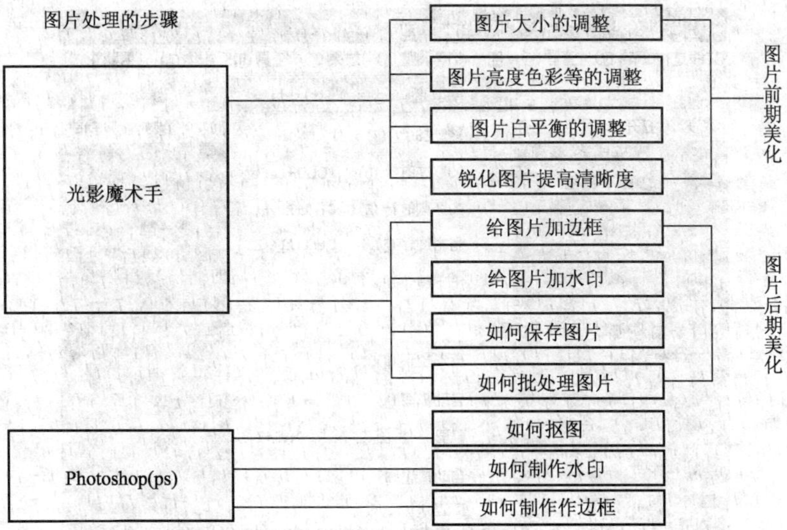

图8-6　图片处理步骤

任务实施

一、使用光影魔术手软件对图片进行处理

（一）安装软件

此软件的下载可以到百度或google里面搜索即可找到，安装简单，如图8-7所示。

图8-7　安装光影魔术手

（二）调整图片的大小

目前显示器主流设置在1024×768的情况下，如果图片过大，显示时会缺损一部分。图片建议在500×700px左右的宽度。同时要依据淘宝网站对商品图片限制进行设置，图片大小要限制在120k内。

打开安装好的软件，进入界面。选择工具栏的“打开”按钮，打开一幅图片。再点击选项条的“图像”—“缩放”按钮，如图8-8所示。

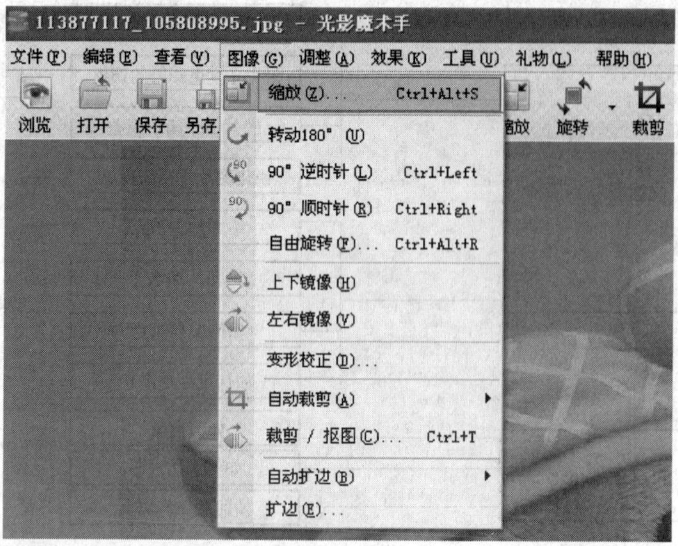

图8-8 打开图片

勾选“维持原图片长宽比例”，设置图片大小，如图8-9所示。

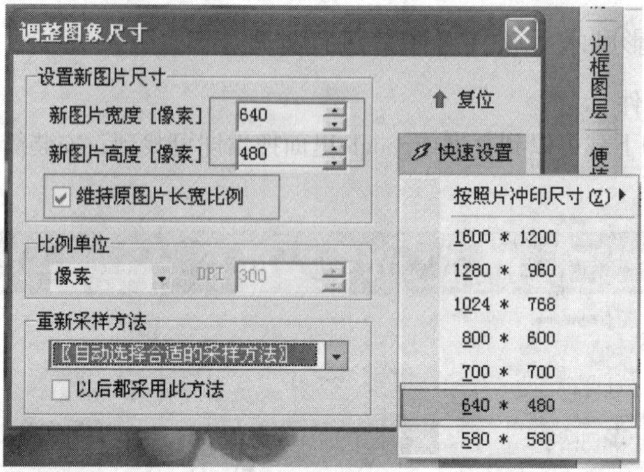

图8-9 调整图片大小

（三）图片亮度色彩等的调整

点击选项栏的“调整”—“曲线”按钮，如图8-10所示。

拉动曲线，调整图片亮度与色彩，如图8-11所示。

单击选项栏的“调整”—“色阶”按钮。对图片色阶作调整，如图8-12所示。

单击选项栏的“调整”—“亮度/对比度”按钮。对图片亮度与对比度作调整，如图8-13所示。

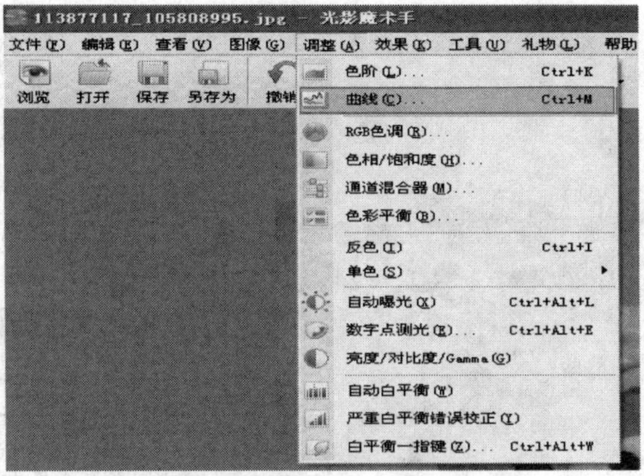

图8-10 调整图片亮度与色彩

图8-11 曲线调整

图8-12 色阶调整

图8-13　亮度/对比度调整

（四）图片白平衡的调整

如果遇到照片的颜色偏色就使用白平衡调整，如图8-14和图8-15所示。

图8-14　照片偏色

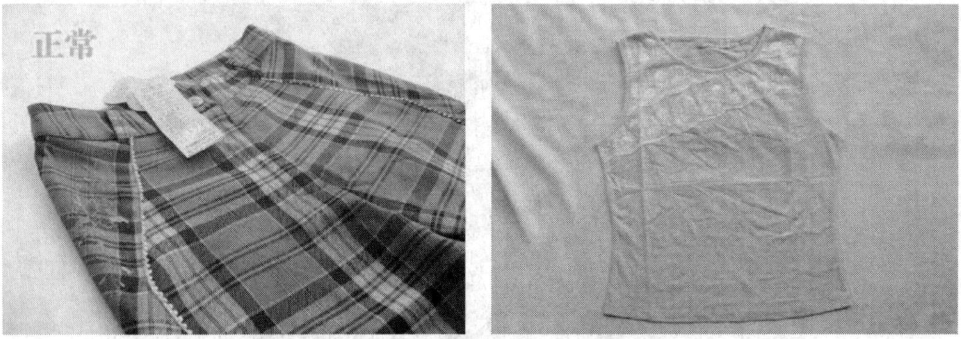

图8-15　照片原色

单击选项栏的“调整”—“白平衡一指键”按钮，如图8-16和图8-17所示。

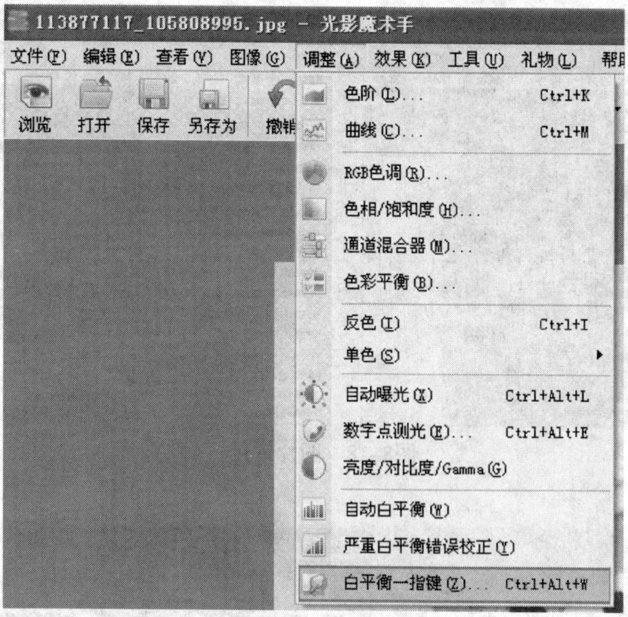

图8-16　白平衡调整

图8-17　白平衡一指键调整

（五）锐化图片提高清晰度

如果图片细节模糊，要提高图片的清晰度，可以使用锐化功能。单击选项栏的“调整”—“模糊与锐化”—“精细锐化”，如图8-18和图8-19所示。

图片调整前后对比，如图8-20所示。

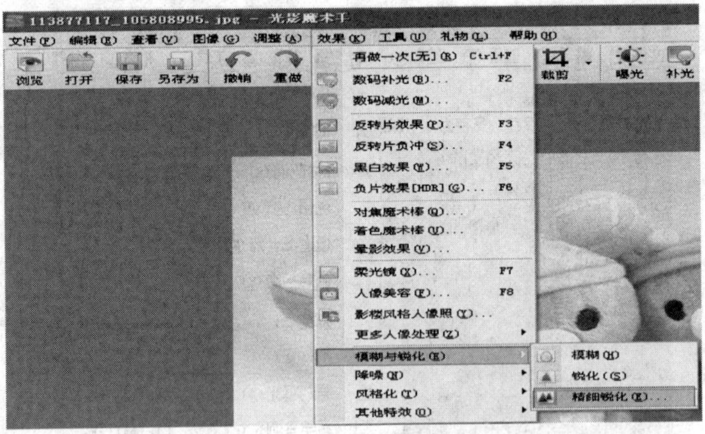

图8-18　图片锐化

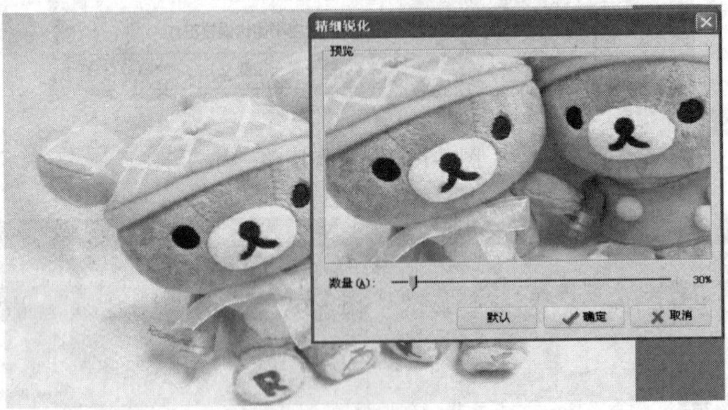

图8-19　精细锐化

图8-20　图片调整前后对比

（六）给图片加边框

单击选项栏的“工具”—“轻松边框”。选择各种类型的边框，如图8-21、图8-22、图8-23所示。

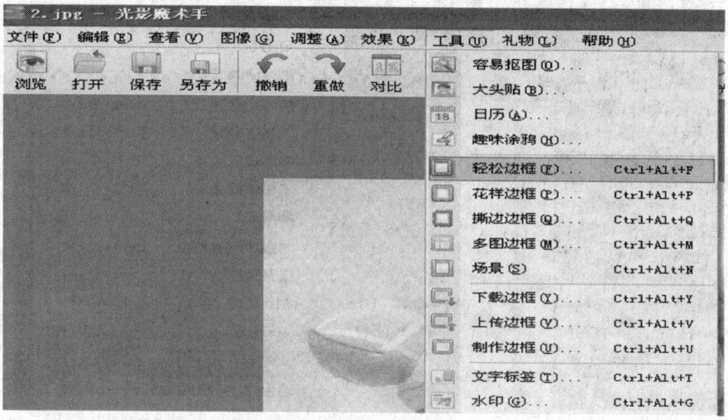

图8-21 添加边框

图8-22 添加边框

图8-23 添加边框效果

（七）加水印及文字标签

水印不仅美观还能防止图片被盗。选择“工具”菜单栏下的“水印”选项，如图8-24所示。

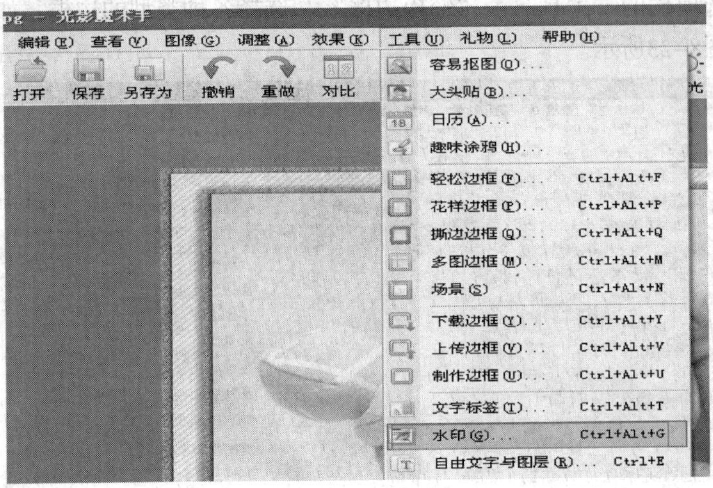

图8-24　添加水印

在弹出的窗口中，在“插入水印标签”处可以选择下载的水印素材（注意素材文件格式选gif或者png时才有透明效果），再对水印的透明度、大小和位置进行设置，如图8-25、图8-26、图8-27所示。

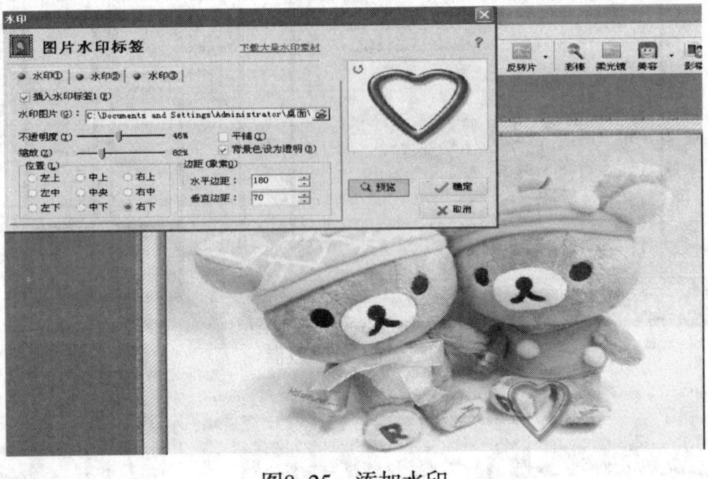

图8-25　添加水印

（八）批处理图片

当同时处理大量图片时，使用批处理功能可以大大减少使用者的工作量，如图8-28所示。

点击“照片列表”按钮，增加需要批处理的图片，如图8-29所示。

点击“自动处理”按钮，增加需要的动作，如水印和文字标签等，如图8-30所示。

点击“输出设置”按钮，指定图片输出路径与覆盖类型等，如图8-31所示。

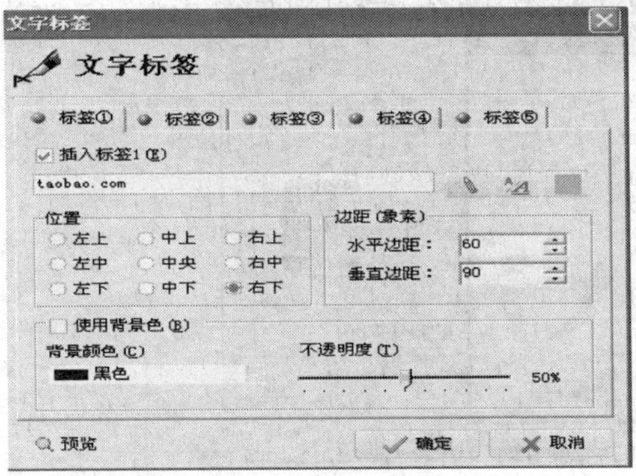

图8-26 添加文字标签

图8-27 添加水印效果

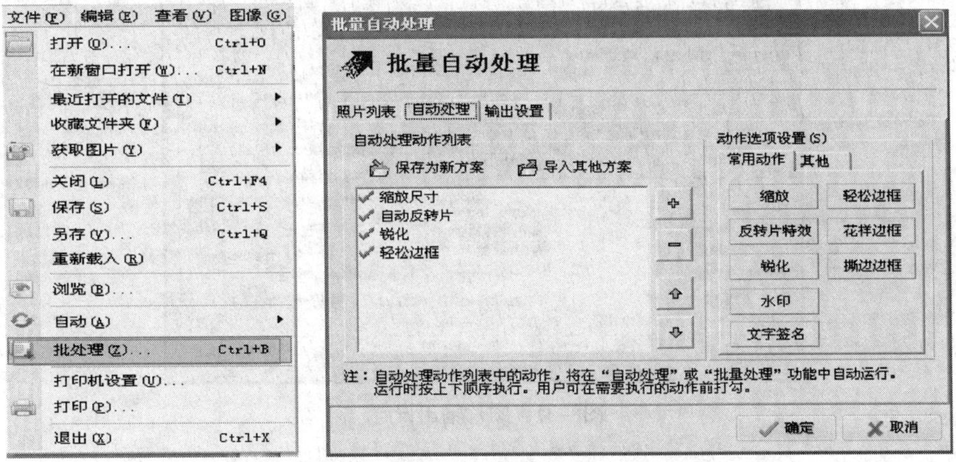

图8-28 批处理选项

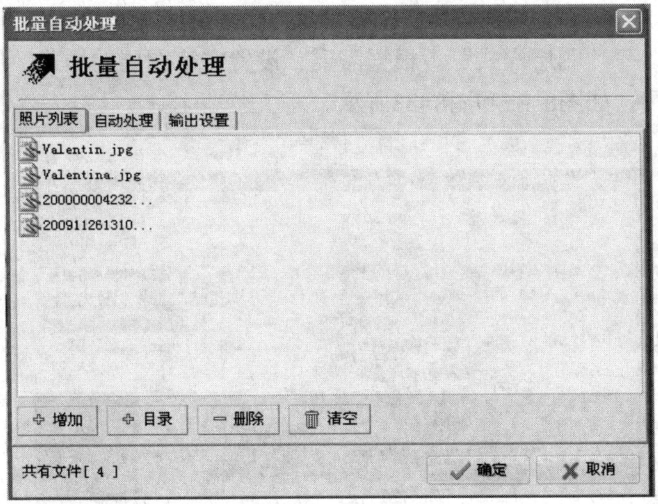

图8-29 添加照片

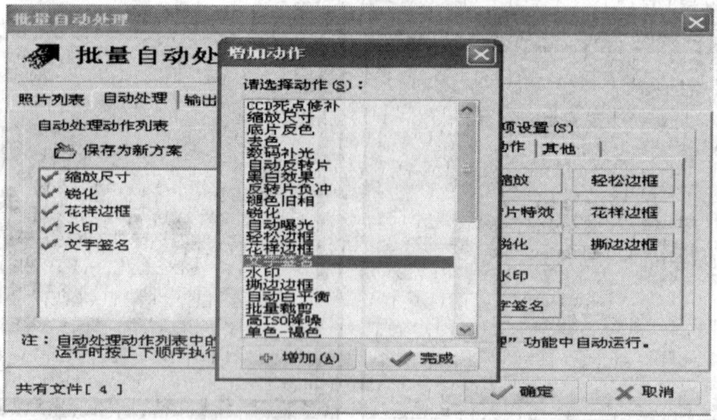

图8-30　增加动作

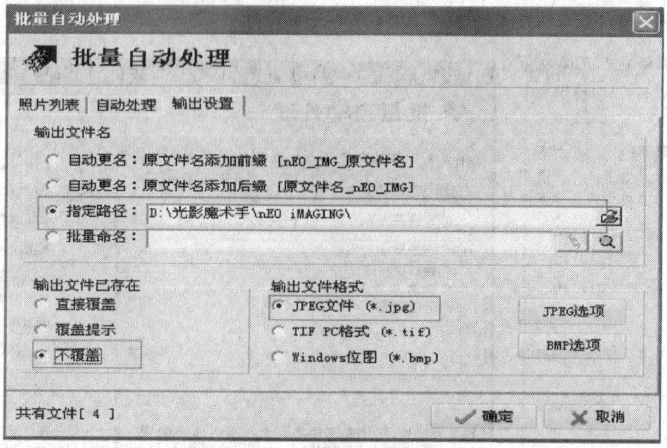

图8-31　图片输出设置

二、利用Photoshop软件制作水印和边框

（1）打开一幅图像。在工具栏里选择文字工具T，输入文字。在工具选项栏点击“图层”—“图层样式”。根据需要，设置文字图层的样式。最后移动文字到合适的位置，如图8-32和图8-33所示。

图8-32　输入文字

图8-33　设置文字图层样式

（2）打开水印素材，点击工具箱的魔术棒工具，选中白色背景，再按快捷键Ctrl+Shift+I进行反向选择，如图8-34所示。

（3）把选中的小猪用移动工具移动到小猪图片中，再按快捷键Ctrl+T键变换小猪大小，如图8-35所示。

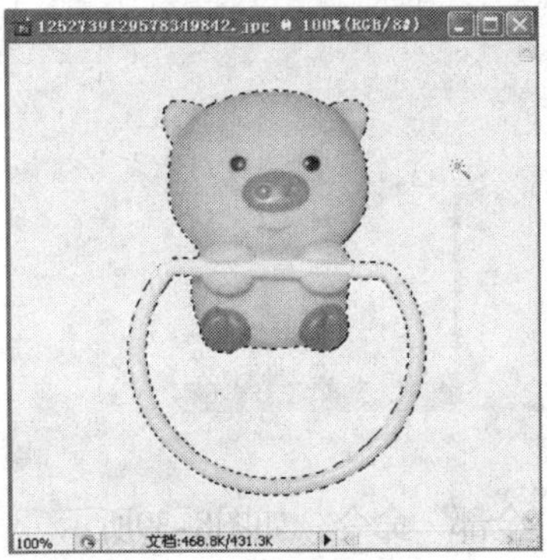

图8-34　用魔棒选中小猪

图8-35　变换小猪大小

（4）加上店铺地址，让水印看起来更专业。把地址、图标和文字移动到合适位置，如图8-36所示。

（5）在图层面板按Shift键选中地址、图标和文字三个图层。点击工具选项栏的“图层”—“合并图层”命令，如图8-37所示。

（6）设置合并图层的不透明度，如图8-38所示。

图8-36　加上店铺地址

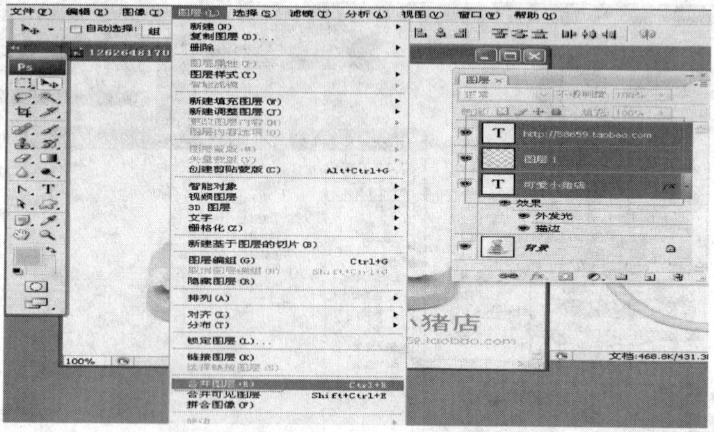

图8-37 合并图层

图8-38 设置不透明度

（7）制作边框。点击工具选项栏的“选择”—“全部”命令，如图8-39所示。

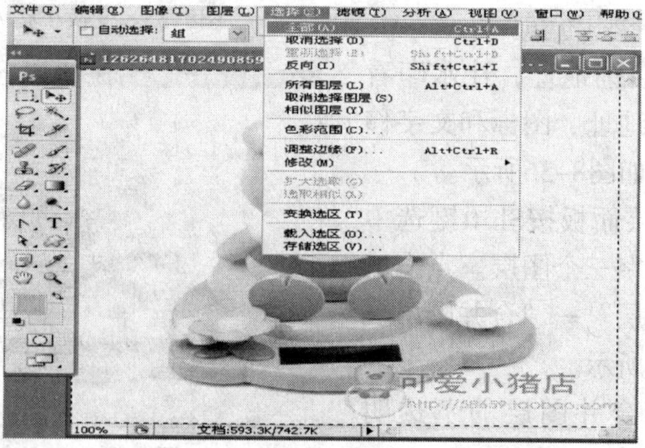

图8-39 全部

（8）点击工具选项栏的“编辑”—“描边”命令。弹出描边对话框，设置描边颜色和宽度，如图8-40和图8-41所示。

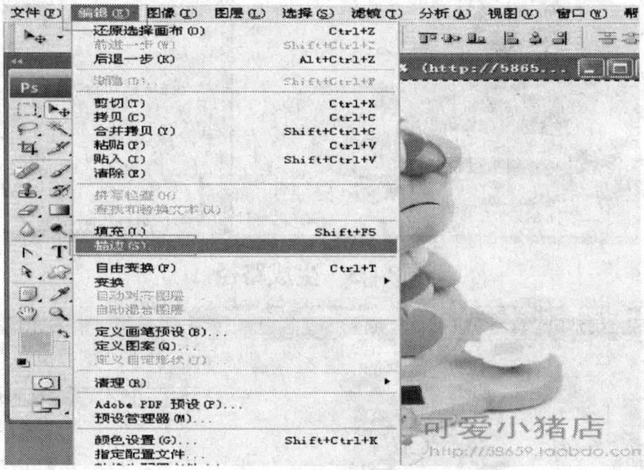

图8-40　描边

图8-41　设置描边宽度和颜色

（9）完成效果，如图8-42所示。

（10）也可以使用路径画笔描边命令，点击工具选项栏的“选择”—“全部”命令，进入路径调板，点击从选区生成路径按钮，如图8-43所示。

（11）设置画笔模式。进入路径调板，点击从选区生成路径按钮，如图8-44所示。

（12）完成效果，如图8-45所示。

图8-42　完成效果

三、利用Photoshop软件更换产品背景

（1）打开一幅香水图片，如图8-46所示。

（2）选择钢笔工具，点击工具选项条的路径按钮。使用钢笔工具绘制香水路径，如图8-47所示。

图8-43　生成路径

图8-44　画笔描边路径

图8-45　完成效果

图8-46　打开香水图片

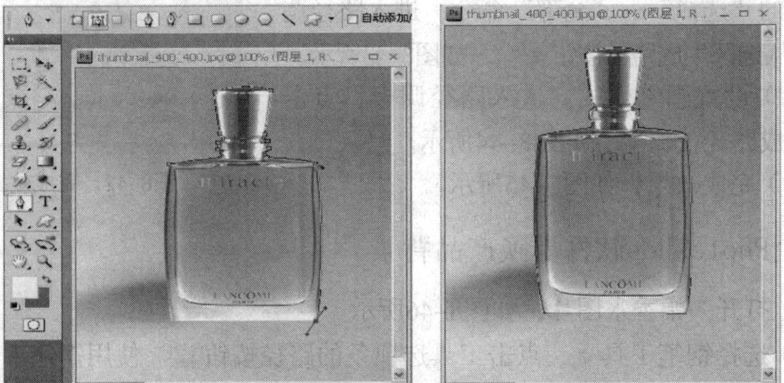

图8-47　使用钢笔工具

（3）绘制路径完毕后，进入路径面板，点击将路径作为选区按钮，把香水载入选区，如图8-48所示。

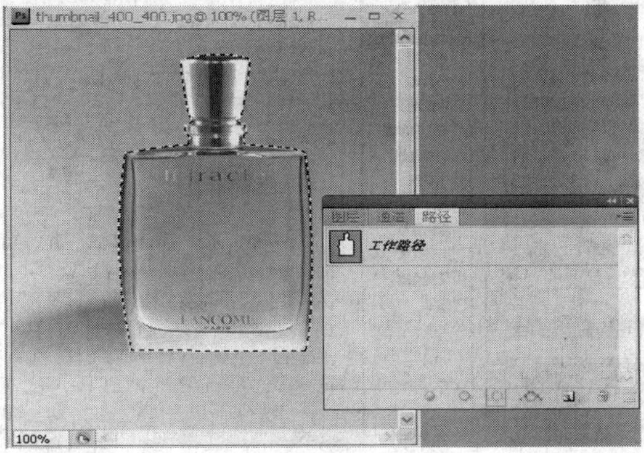

图8-48 生成选区

（4）新建一个文件，选择渐变工具，点击渐变编辑器。根据香水的颜色，设置渐变背景，如图8-49所示。

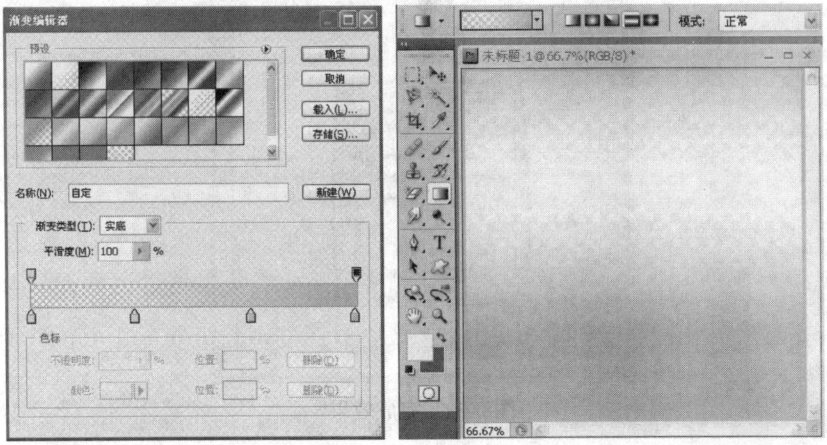

图8-49 设置渐变背景

（5）用移动工具把香水移动到背景图当中，如图8-50所示。

（6）点击工具选项栏的“图层”—“图层样式”，给香水图层设置投影效果，如图8-51所示。

（7）香水图片的美化效果，如图8-52所示。

图8-50 更换香水背景

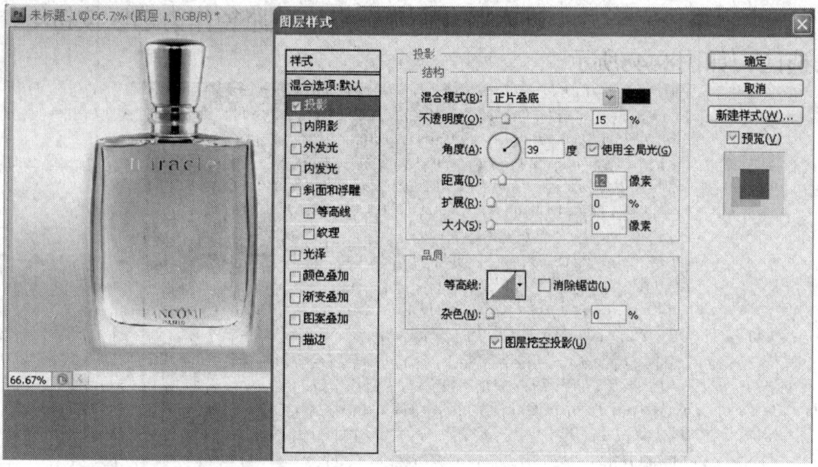

图8-51　设置投影效果

图8-52　完成效果

总结回顾

本项目主要要求掌握使用光影魔术手软件和Photoshop软件对图片进行美化。

拓展知识

图片处理技巧

1.一种简单的数码照片后期润饰

（1）打开图片，执行色相/饱和度（–40）降低饱和度。

（2）新建一图层，将图层模式改为柔光，用画笔工具将需要润饰的部分画几下，这里可以利用色板方便地提取颜色。

（3）图片色彩过渡不够柔和，再执行一下滤镜下面的高斯模糊（+85）。

2.简单处理照片曝光不足

（1）打开图片，复制背景层，对背景层的模式改为滤色。

（2）对背景层的色阶进行调整。

3.图像错位效果

（1）打开图片，新建一图层，选择“视图”——“标尺”，选择移动工具，分别从上方和下方拖曳出两条蓝色标线（9格）。

（2）利用矩形选取工具，填充方格（1，9暗灰；5，7黑；3亮灰），以psd格式储存，然后关闭文件。

（3）执行“滤镜”——“扭曲”——“置换”，选择刚才储存的psd文件。备注：“置换滤镜”是利用置换图的颜色值使选区发生位移：白色（色调值=0）是最大负位移，即将要处理图像相应的像素向左和向上移动；黑色（色调值=255）是最大正位移，即把图像中相应的像素向右和向下移动；灰色（色调值=128）不产生位移。

4.照片底纹效果

（1）打开图片，执行选择——全选，然后编辑——复制，建一新通道，编辑——粘贴，将拷贝图像贴入新建通道中。

（2）执行图像——调整——反像，回到RGB通道，编辑——清除，删除原图像。

（3）执行选择——载入选区，调用新通道，执行编辑——填充（所需颜色）。

5.PS渲染照片气氛（风景）

（1）图像——调整——色阶（RGB+29，1.0，+234）。

（2）执行色相/饱和度命令（全图-14，+41，-1）。

（3）继续执行色相/饱和度（红色，色相值降低，饱和度增加）。

（4）继续执行色相/饱和度（黄色，-22，+45，-1）。

（5）继续执行色相/饱和度（绿色，+15，0，0）。

（6）调节亮度/对比度（亮度降低/对比度增加）。

复习思考题

图8-53、图8-54两幅产品图片，你认为要如何进行美化处理?

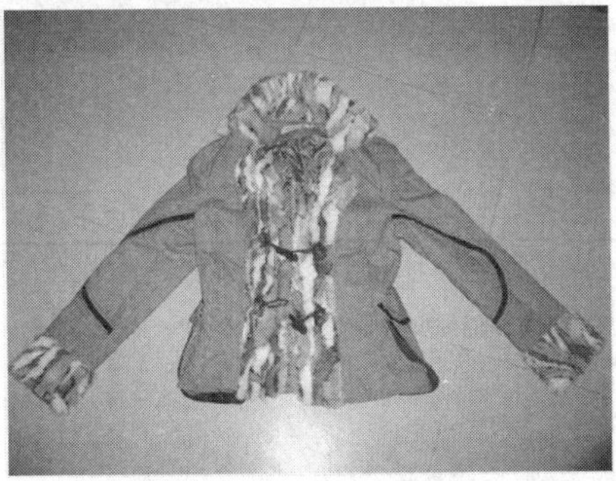

图8-53

图8-54

技能训练

技能训练任务书

实践任务	产品图片拍摄
训练目标	掌握产品图片美化技巧
实践内容	1. 图片裁剪 2. 图片提亮 3. 更换背景 4. 制作水印
实践成果	产品图片美化

项目9 产品发布

学习目标

目标类型	项目目标
知识目标	知道常见的网店平台产品录入规则 知道一口价发布与拍卖价以及团购发布的特点 知道产品发布的流程 知道网上开店的规则
技能目标	商品发布的时间技巧 掌握产品标题的命名技巧 能选择恰当的网店平台 能利用某一产品录入工具上传产品
工作态度目标	诚信经商 仔细做事 团队合作 与人顺畅沟通

技能知识

1. 淘宝助理的安装
2. 淘宝助理的使用方法

3. 商品上传

项目背景

在淘宝网、拍拍网、阿里校园等这些大大小小C2C网站开店已经是许多人的工作内容和生存之道了，在前面的项目学习中，我们掌握了产品描述以及图片拍摄与美化的相关技能，这些都是产品发布的前期准备工作，有了前面的准备，就可以将自己所要出售的产品发布到网站上，发布产品是网上开店的关键一步，所有的前期工作都只有通过产品发布来体现，那么到底如何发布自己的产品？有没有什么技巧？如何合理地使用产品上传工具录入商品，从而达到事半功倍的效果？这是本项目学习和训练的重点。

引导案例

"淘宝网"的C2C网上交易平台

阿丽是南京交通职业技术学院电子商务专业毕业生，毕业后半年多一直没有找到合适的工作，眼看同学都就业了，自己至今工作没个着落，闲在家里，很着急，无奈之下，想到上学的时候学习的《网上零售与创业》选修课老师讲的思路。现在自己天天闲在家，与其每天不断在网上投简历等消息，还不如花点时间在网上开店。

说干就干，网上一搜，网上开店创业机会太多了，"淘宝开店，拍拍开店，一件也代发"，操作也很简单，只要在本机安装上淘宝助理、拍拍助理，就能迅速在几分钟建成一个自己的店铺开张做生意，按照操作，阿丽选了一个适合自己的代理，做了内衣专卖，半个小时搞好了自己的淘宝店铺，阿丽非常高兴，开店原来这么容易，刚开始没有生意，一直无人问津，后来朋友给她建议，按照系统默认的价格，店铺偏高，新开店应该整体都要便宜一点才有竞争力，先赚信誉和人气，阿丽一琢磨，是啊，自己是系统默认价格，整体都比较贵，新开店肯定要优惠一点，但是这个店铺一共100多个商品，要一个一个调价格，很费时间，供应商给他建议，淘宝助理经过设置可以一次性将产品进行价格下调，按照操作方法阿丽一试，果然方便，价格迅速整体修改过来。

就这样，阿丽对淘宝助理这个工具如痴如醉，从此每天都在琢磨淘宝助理和拍拍助理的使用技巧，半个月过去，开店的各项技能越来越熟练，生意也慢慢有点起色，有时候每天能卖两三件内衣出去，半年过去，阿丽网店的生意每月能赚到四千多块钱，她后来又联系一些相关的好的货源，成了一名职业网商。阿丽从一个商品上传工具的学习开始，从此爱上网上开店的工作，辛苦、忙碌但很开心！后来，她的几个好姐妹也跟着她学习一起开了网店。

案例思考

1.文中提到的淘宝助理、拍拍助理是一种什么工具？到底是做什么用的？

2.如何安装和使用产品上传工具？

任务分析

本项目的主要工作任务是学会商品的上传，并学会利用上传工具，如淘宝助理进行商品上传与商品管理，主要包括如下五个步骤：下载淘宝助理软件、安装淘宝助理、账号登陆、上传与下载产品、产品管理。

相关知识

一、产品发布的概念

本文所用到产品发布的概念是将要销售的商品录入到网店上并通过互联网向外展示的过程，产品发布有多种形式，有一口价发布，拍卖价发布，秒杀、团购、展示性等很多形式，其目的都是为了销售或宣传展示自己的产品。

二、产品发布的规则

产品发布的规则各个网站都不一样，淘宝网、拍拍网、有啊等都有各自的规则，产品发布的规则制定的目的是为了维护网络市场与交易的规范、公平，保障网络用户合法权益，维护网络市场的正常经营秩序以及网站市场平台方的管理。

三、产品发布软件

随着网上开店参与人员的增加，网店的店主们都将面临一个问题就是要付出大量的时间去维护产品信息，如上传、下载商品，修改价格等，特别是有些店产品数百个，修改一次工作量很大，店主们迫切需要一个快速高效的商品上传与管理工具，于是就有了淘宝助理、拍拍助理、易趣助理、有啊助理等针对不同平台的开店工具软件，下面简要介绍一下这些软件。

1. 淘宝助理

淘宝助理V4.3 Beta1全新体验：支持本地图片。上传产品时自动将本地图片上传到图片空间，让本地图片在产品描述中尽情展现，同时支持视频、Flash，让产品展示更加生动。批量编辑商品对产品描述、类目、属性全新改版，节省了大量的时间。批量编辑物流公司和运单号，减少了手工操作。

淘宝助理的主要功能：快速创建新产品、产品模板、下载产品、编辑产品、批量上传和编辑产品、导出和导入到CSV文件以及备份和恢复产品信息等。

2. 拍拍助理

拍拍助理是免费提供给卖家的一款功能强大的客户端工具软件，让卖家能够方便地管理本地电脑上的商品、拍拍店内的在线商品、拍拍店的订单，具有快捷的批量上传本地商品、导入/导出商品、批量编辑在线商品、批量上架/下架商品、批量打印订单、批量标记发货、批量评价等功能，可以极大地提高工作效率。

拍拍助理的主要功能：网上商品下载、商品批量上传、商品批量编辑及快速导入其他C2C网站的商品数据等。拍拍助理的登录名和密码与申请开店的QQ登录名和密码一致。拍拍助理目前只支持身份认证卖家，非身份认证卖家不能使用。拍拍助理目前不支持代理服务器。

3. 易趣助理

易趣助理是一种免费易用的离线登录物品软件，适合大批量销售物品的卖家。易趣助理的用户可以在节省大量时间和人力的同时创建具有吸引力的物品，是在易趣开店事半功倍的重要工具。

易趣助理的主要功能：简单易用的栏目编辑，可以快速更改产品信息，创建和编辑流程进一步简化，并提供用户自定义选项，轻松填入付款条件、运费以及希望添加的任何信息，轻松预售，开始登录物品的时间自由选择，只需点击一下，就能同时将多个物品上传到易趣上等。

任务实施

根据上述的介绍，我们以淘宝助理为例，介绍产品上传软件的使用方法与技巧。

一、下载淘宝助理

在浏览器的地址栏内输入http://www.taobao.com/tbassistant/index.php，点击“下载淘宝助理”按钮（图9–1），点击保存，将执行文件下载到本地机器上。

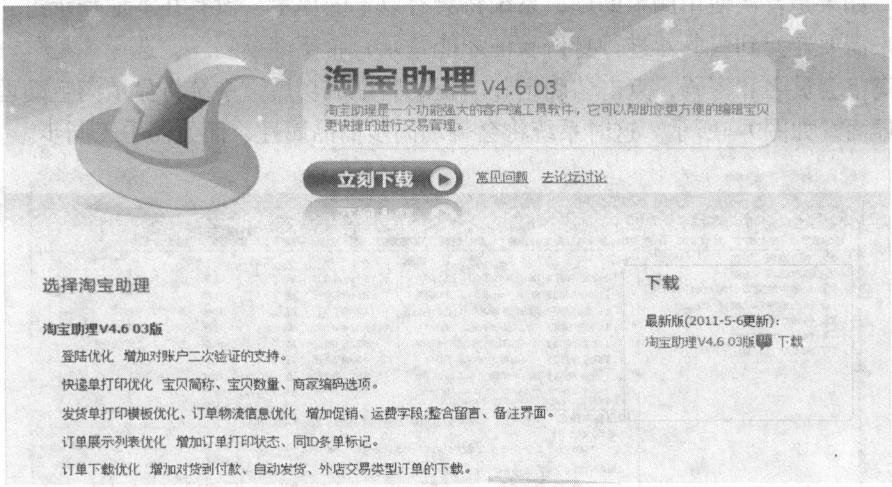

图9–1　淘宝助理下载

二、淘宝助理的安装

双击下载成功的安装文件，并点击运行（这里需要提醒一下的是，淘宝助理请尽量从淘宝网上下载，因为在其他网站下载，不排除带有病毒或者木马的风险），开始进入安装向导，点击“下一步”：点击“同意”许可协议，按照安装的引导依次点击下一步操作下去，开始进入程序安装过程，耐心等待几秒钟，程序安装完毕，点击“完成”，整个安装过程结束，最后会在桌面上生成图标（图9–2），像一顶神奇的魔法帽。

图9–2　淘宝助理图标

三、登录淘宝助理

在桌面双击淘宝助理的图标，或者选择“开始”–>所有程序–>淘宝网–>淘宝助理3，系统将显示淘宝助理的登录界面，如图9–3所示。

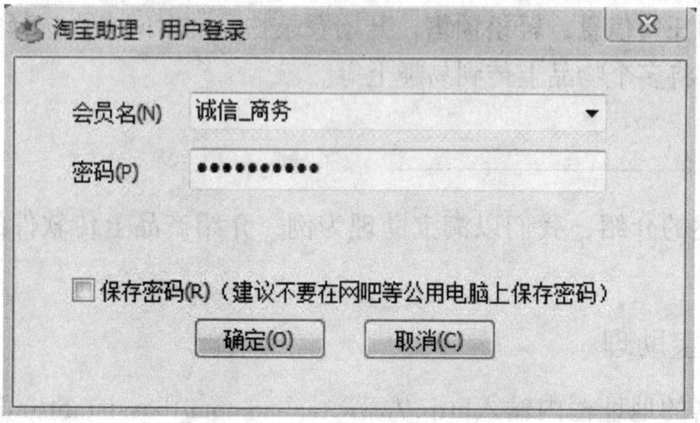

图9–3　淘宝助理登录界面

如果是首次使用淘宝助理，系统将会有以下的提示“没有在本地登录过，接下来需要连接到服务器进行身份验证才能登录，希望继续吗”，选择“是”，输入淘宝会员名和密码，点击“确定”。密码验证成功后，系统将显示淘宝助理的主界面，如图9–4所示。这时系统将会自动同步商品属性，而无需手工同步。

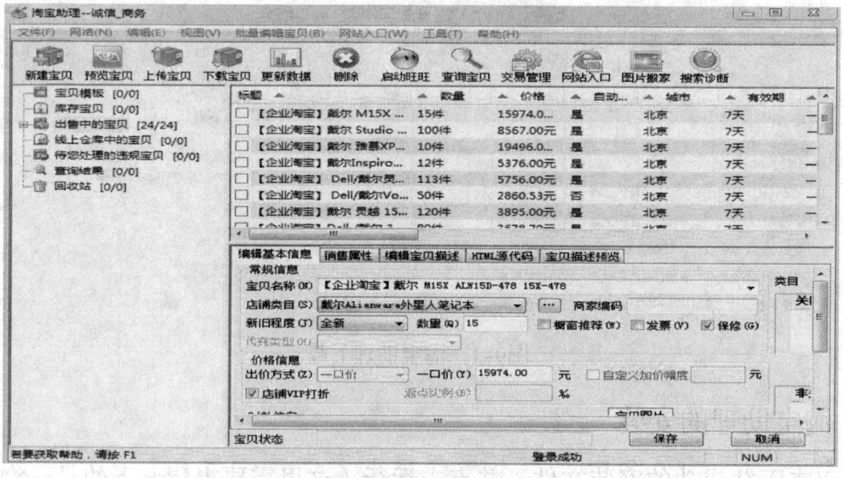

图9–4　登陆成功界面

四、运用淘宝助理的主要功能

（一）新建商品

使用淘宝助理本地新建商品，点击新建商品（可以使用原有的模板），如图9–5所示。

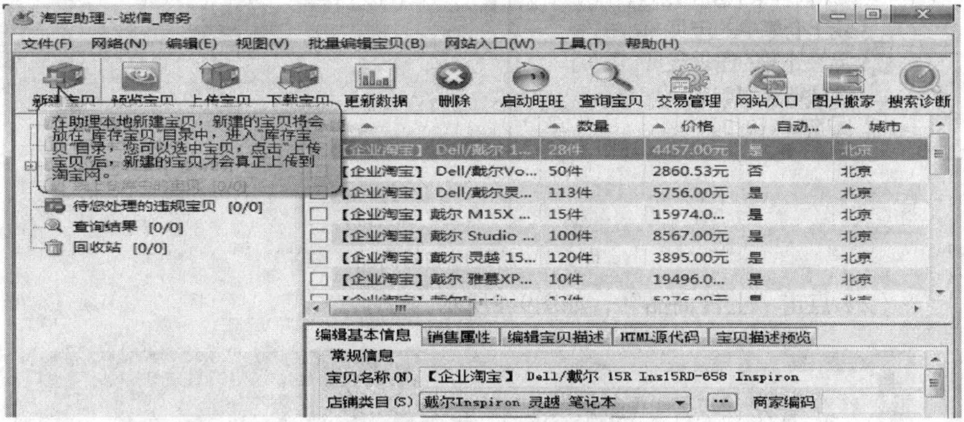

图9–5 新建商品

（二）预览商品

首先在右侧选中要预览的商品，点击“预览商品”按钮就可以预览在淘宝网的实际展现页面，如图9–6所示。

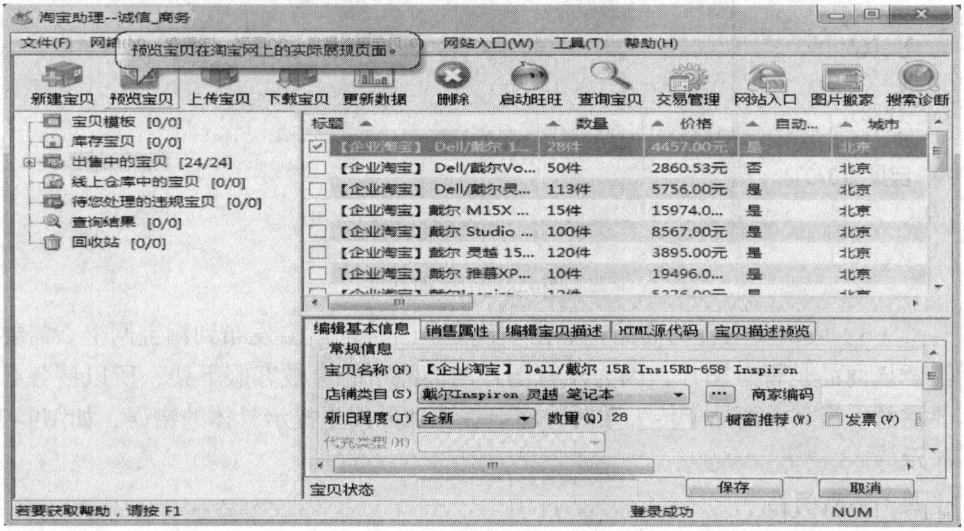

图9–6 预览商品

（三）上传商品

（1）新建成功的商品将会放在“库存商品”目录中，如果想发布这件商品，请在“库存商品”目录中选中商品，如图9–7所示。

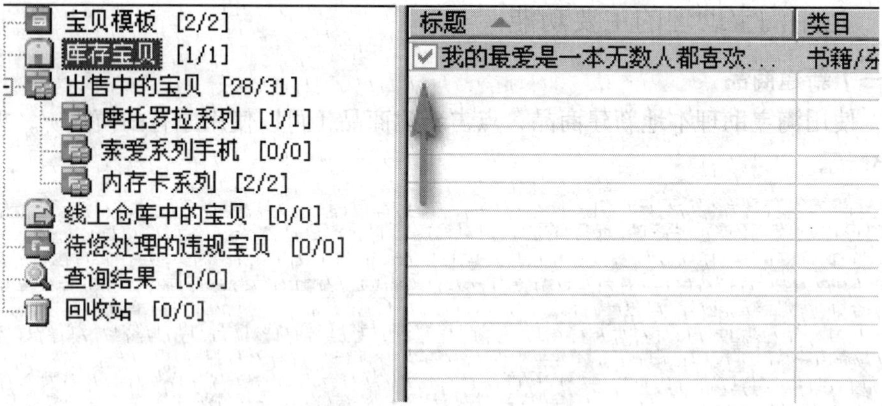

图9-7　新建成功的商品

（2）点击“上传商品”，如图9-8所示。

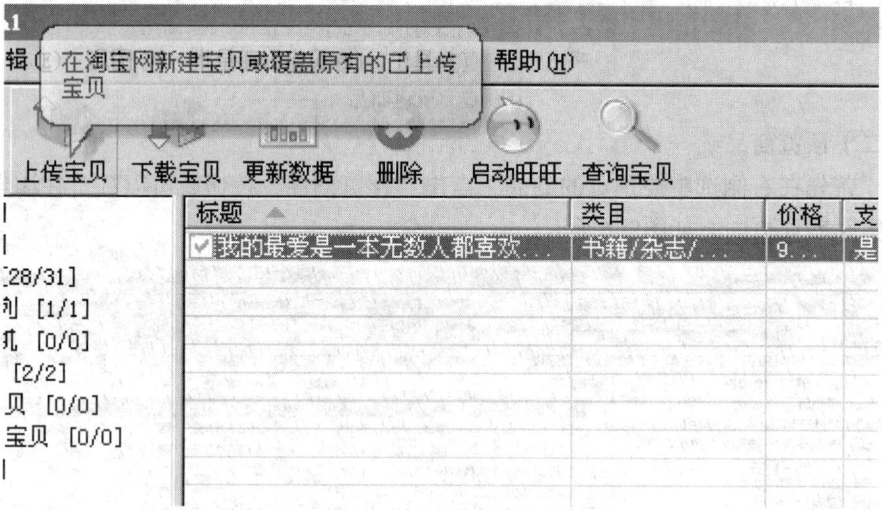

图9-8　上传商品

（3）确认要上传的商品，点击“确定”，商品就会发布到淘宝网上。需要注意该商品是否有图片，因为没有图片的商品可能会被客服下架，所以请务必要注意。当某个商品上传失败时，将会在失败原因里提示具体的错误，如图9-9所示。

（四）下载商品

点击“下载商品”按钮，如图9-10所示。

在弹出的对话框中提供按商品类目、店内类目、商品状态、关键字、时间范围等条件下载淘宝网线上出售中和仓库中的商品，下载后的商品将同步覆盖助理本地“出售中的商品”、“线上仓库里的商品”、“待处理的违规商品”目录下的所有商品，如图9-11所示。

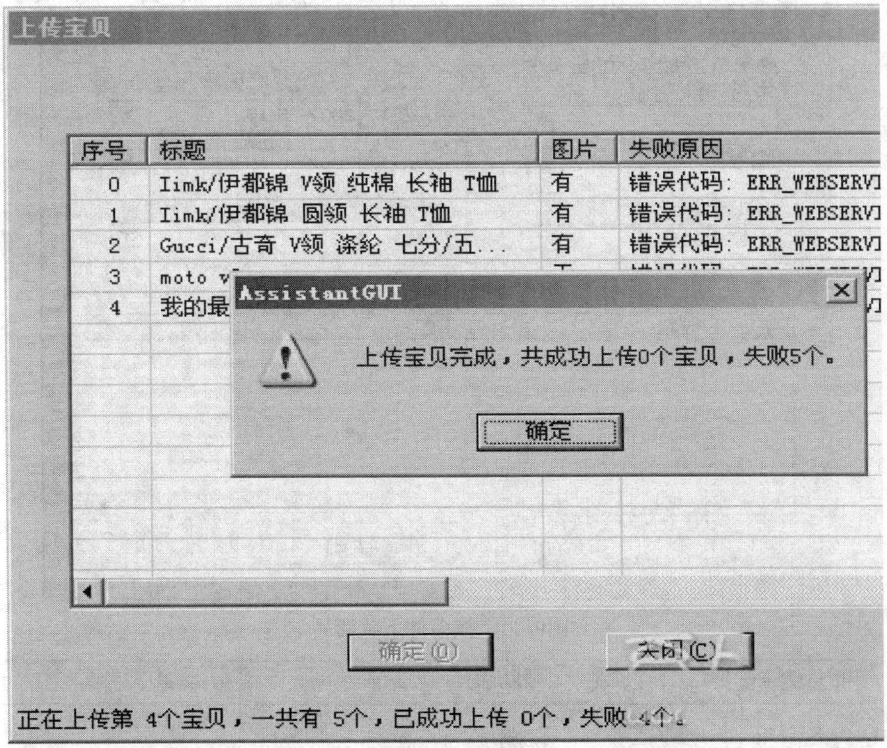

图9-9　错误提示

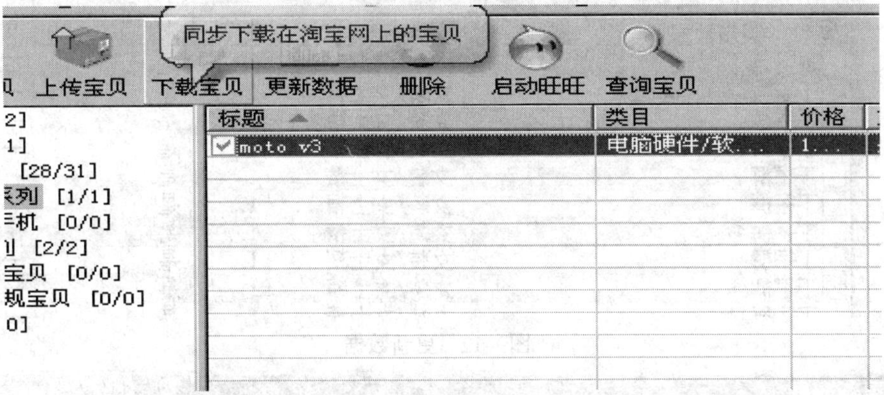

图9-10　下载商品

（五）更新数据

点击“更新数据”按钮，如图9-12所示。

弹出的进度条会显示当前的更新进度，如图9-13所示。

“更新数据”具有同步更新淘宝网线上的类目、属性和店内类目等信息的功能，请及时、阶段性地更新这些信息，以保证助理本地的信息与淘宝网线上保持

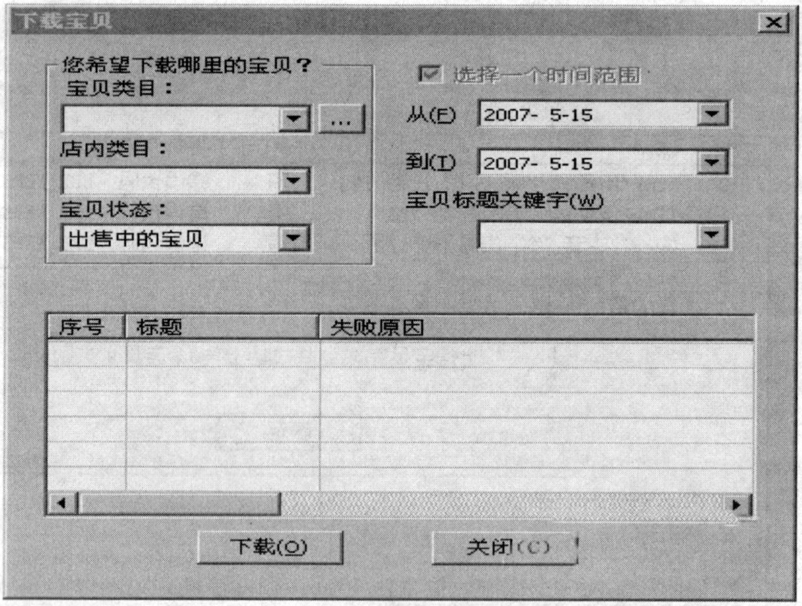

图9–11　按条件下载商品

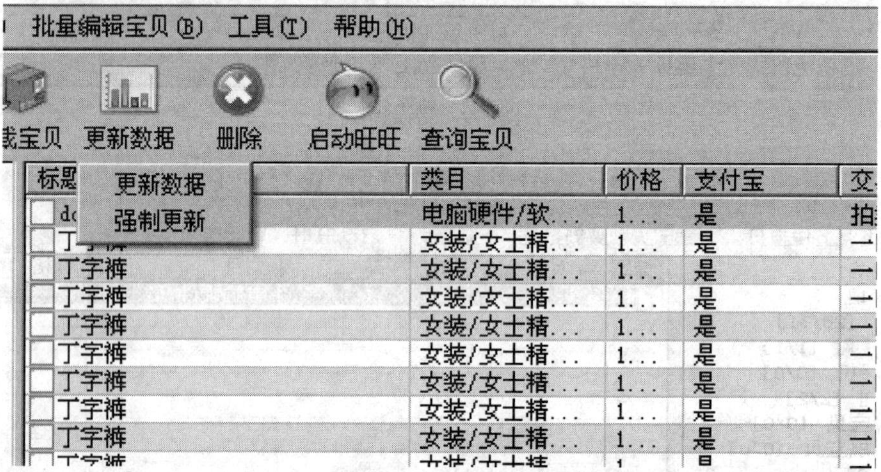

图9–12　更新数据

图9–13　数据更新进度条

一致，避免助理发布的商品出现问题。

（六）删除商品

在助理中删除的商品，不会直接影响到淘宝网线上的商品状态，如果要真正删除商品，请直接到“淘宝网”>>“我的淘宝”中删除商品。

（七）查找商品

提供按商品关键字、商品类目、店内类目、商品状态等条件查询商品信息，如图9-14所示。

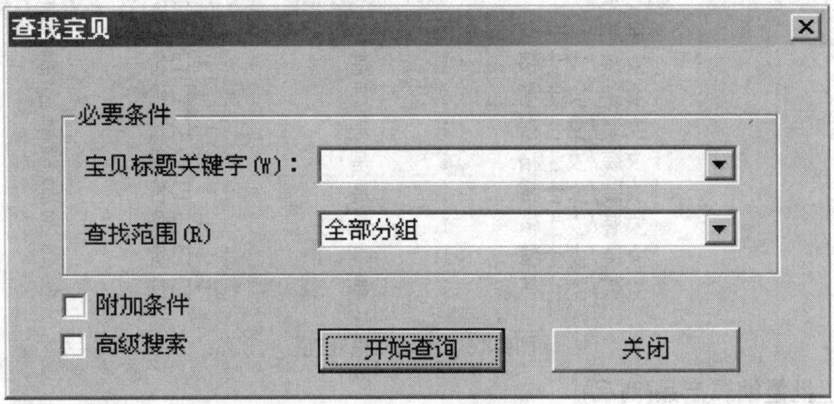

图9-14　查询商品信息

我们还可以点击“附加条件”以及“高级查询”复选框，通过商品类目、上传状态等更精确地查找商品，如图9-15所示。

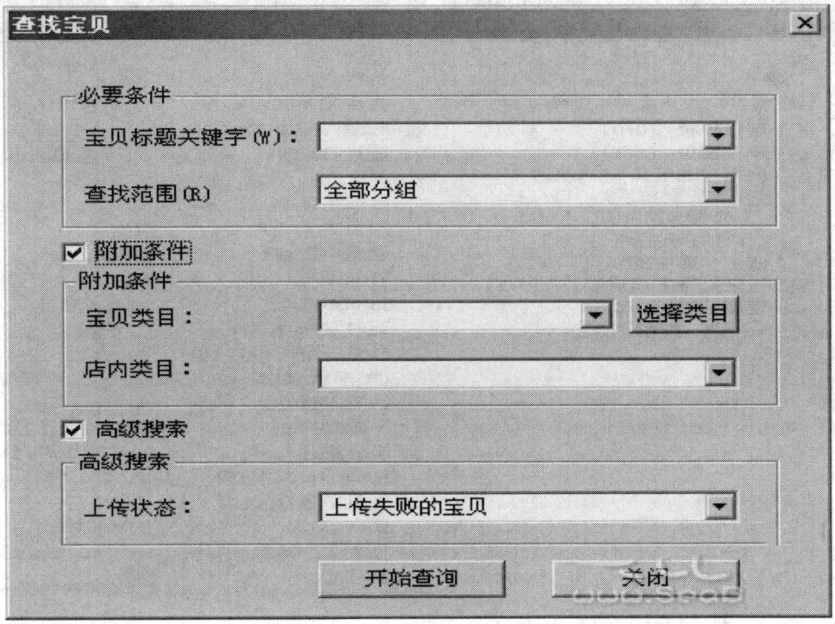

图9-15　按条件查询商品信息

（八）启动旺旺

一键启动旺旺聊天工具，方便与买家谈生意，如图9-16所示。

图9-16　启动阿里旺旺

（九）批量编辑产品(商品)

选中要编辑的多个商品，点击“批量编辑商品”，即可批量编辑商品的名称、价格、类目、地区等信息，如图9-17所示。

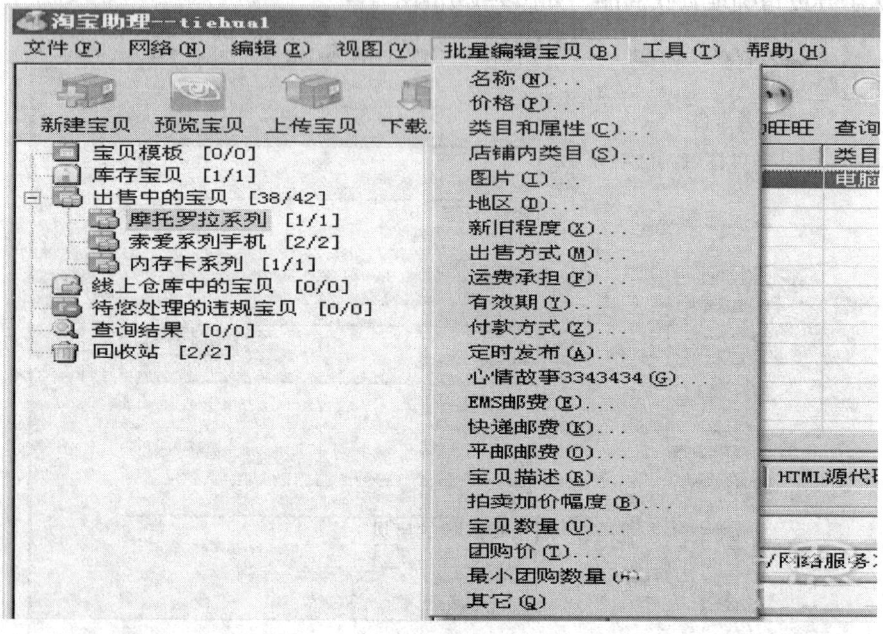

图9-17　批量编辑商品

（十）导出导入产品(商品)

在列表里选择需要导出成CSV文件的商品记录，右击选择“导出到CSV文件”，如图9-18所示。

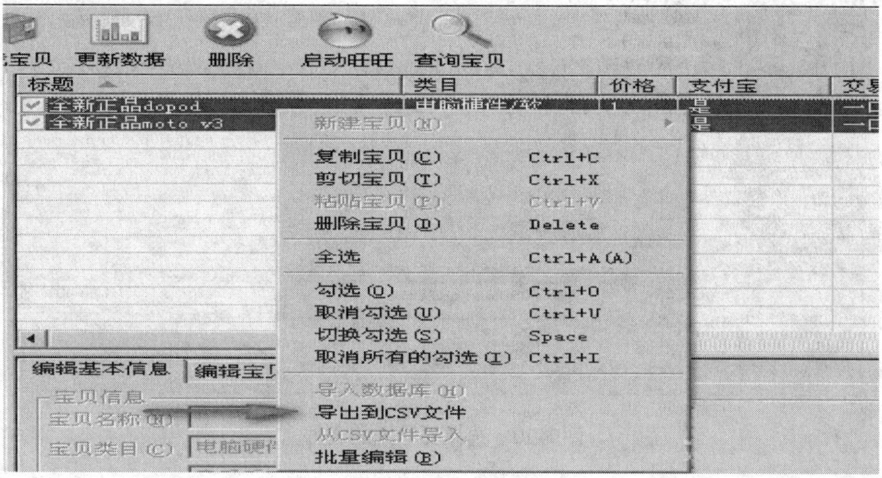

图9-18　导出商品

在保存窗口，选择保存CSV的位置（并建议使用有含义的文件名），点击“保存”，系统将选择的记录保存到指定的CSV文件。这样，文件就备份好了。

当想使用备份的文件，只需要将CSV文件转化成商品数据即可。具体操作如下：

选择商品后，点击右键的“从CVS文件导入”，如图9-19所示。

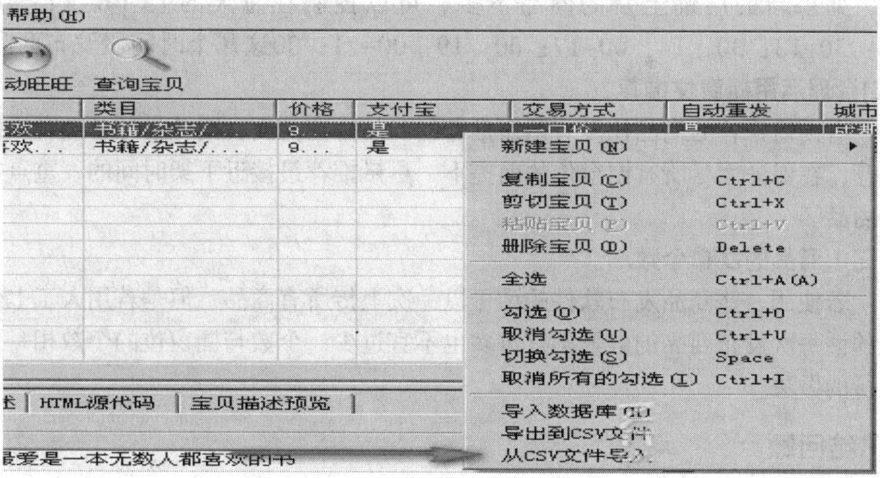

图9-19　导入商品

选择备份过的csv文件，然后点击“打开”，如图9-20所示。

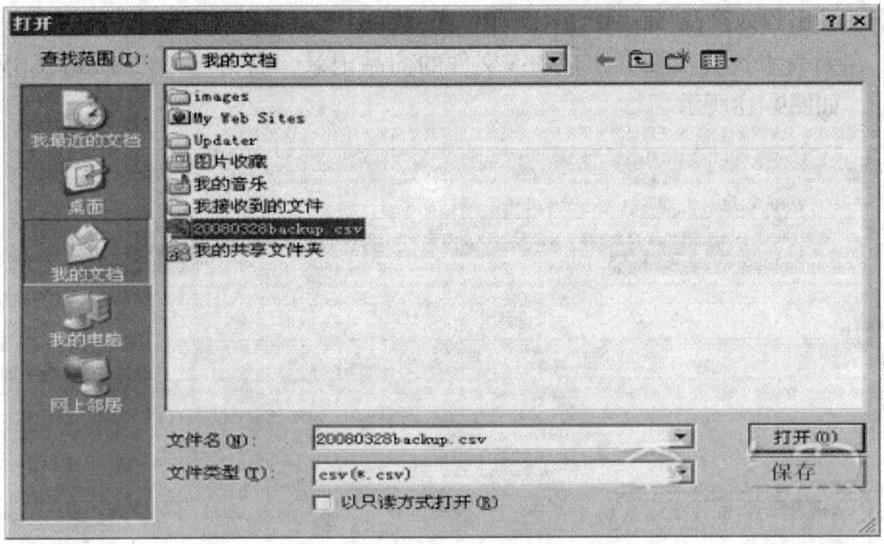

图9-20　选择要导入的文件

五、商品发布技巧

（一）商品发布时间技巧

因为淘宝的搜索引擎会把接近下架时间的商品优先排在前面，所以为了保证在上网高峰时间有更多的商品排名尽量靠前，就要在高峰时间段（如9：00~13：00，15：00~18：00，20：00~23：00）发布一定数量的商品，增加商品被搜索到的机会。

如果新的店铺上货的商品不多，可以控制在每天的9：00~11：00，11：30~13：30，14：00~17：00，19：00~21：00这几个时间段发布商品。

(二)合理运用橱窗位推荐

有橱窗推荐的商品比没有橱窗推荐的商品排在前面，因此必须合理利用橱窗推荐，在保证用尽所有橱窗位的前提下，尽量推荐最接近下架时间的、重点推介的商品。

（三）商品的发布个数

若使用一些商品发布软件的话可以一次上传所有商品，但是若用人工上传方式的话每次发布商品的数量不宜过多也不宜过少，个数与橱窗位的个数相一致是通行的做法。

总结回顾

本项目主要要求掌握利用产品发布工具成功发布产品到淘宝、拍拍等电子商务平台，并掌握基本的商品发布技巧。

复习思考题

1. 网上开店产品上传软件有哪些？各有什么特点？
2. 如何利用淘宝助理将淘宝账户A店铺的产品导到账户B下店铺里？
3. 如何利用淘宝助理给产品描述进行批量修改？

技能训练

技能训练任务书

实践任务	产品发布
训练目标	网店产品发布（淘宝助理使用技巧与方法）
实践内容	1. 下载并安装淘宝助理 2. 准备所要发布的产品图片、介绍、价格及其他相关信息 3. 运行淘宝助理并登录 4. 将所要发布的产品发布到店铺上 5. 编辑修改产品相关信息 6. 用淘宝助理将网店产品数据进行备份 7. 用淘宝助理将备份的产品信息发布到一个新的店铺里
实践成果	成功地利用淘宝助理发布商品到自己的店铺上

模块四

网店日常经营与管理

项目10 物流服务

学习目标

目标类型	项目目标
知识目标	了解物流的基本内容 了解物流与电子商务的关系 知道电子商务环境下物流的模式 知道电子商务物流配送的注意事项
技能目标	能选择恰当的物流模式 能合理利用现有物流资源
工作态度目标	踏实做事 诚信做人 团队合作 与人顺畅沟通

技能知识

1. 物流与电子商务的关系
2. 电子商务环境下物流模式
3. 物品包装
4. 运费模板的设置

项目背景

现在C2C电子商务在中国发展得如火如荼，淘宝网CFO张勇说："现在淘宝上因为巨大交易而每天产生的包裹数量非常巨大，以双11（指2010年11月11日）大促销活动为例，当天淘宝商城给整个中国快递业贡献1500万个包裹。而过去一年里，淘宝网每分钟平均售出48000件商品，其中包括864件服装、36部手机、880件化妆品、85本书、53包纸尿裤、13件灯具……”可见电子商务与物流是密不可分的。

引导案例

“淘宝网”的C2C网上交易平台

海珠区的周小姐上周末才收到了年前购买的两件毛衣。过年前一周的时候，周小姐在淘宝上购买了两件毛衣，付款后才发现卖家已经停止发货了。

网友“@搞怪魔童”在新浪微博平台上对新快报记者投诉：“东莞发往海口的网购快递，2010年12月20日19时43分发出，2010年12月29日12时送达，历时10天。”最近一段时间，很多网友通过微博、QQ、电邮及电话等渠道，反馈了同一件事———快递太慢了！而记者向各快递了解，均表示最近一段时间“爆仓”问题十分严重，业务人员及车辆均超负荷运转。有快递公司甚至建议：“现在至2月10日期间，最好不要网购了，免得不能及时收货而烦恼。”

受到影响，网店也纷纷打出由于快递原因，最近发货不能及时到达的“安民告示”。一位店主对新快报记者诉苦说：“其实，这不是今年春节才出现的问题；早在去年春节、五一、十一等长假期间均出现过快递‘爆仓’的问题；只是今年春节情况特别严重而已。”

作为经营着国内最大网购平台淘宝网的阿里巴巴集团，对于这样的局面也看不下去。1月19日，该公司宣布与合作伙伴共同集资超过1000亿人民币，建设为电子商务配套的现代物流体系。记者了解到，初期将投资200亿~300亿人民币，逐步在全国建立起一个立体式的仓储网络体系。中期以后，与电子商务生态圈中的其他合作伙伴共同集资超过1000亿人民币来进一步发展社会化物流平台。

阿里巴巴集团董事局主席兼首席执行官马云坦言：“希望十年以后，在中国任何一个地方，人们只要在网上下订单，最多八个小时货物就能送到家，形成真正的农村都市化。上一个十年，电子商务的三座大山是信用、支付和物流；未来的十年，我们将会在制度、物流、数据上面做文章，向社会分享我们的资源，鼓励大家建立共荣的生态圈。”

资料来源：金羊网—新快报http://www.jmnews.com.cn 2011-1-21 17:00

案例思考

1.物流为什么能成为电子商务发展的瓶颈?

2.如何解决物流瓶颈问题?

任务分析

本项目的主要工作任务是认识和实践物流，主要包括物流方案设计、物流模板设置等工作。

相关知识

一、物流的概念

"Distribution"最早出现于美国，1921年阿奇·萧在《市场流通中的若干问题》（Some Problem in Market Distribution）一书中提出物流是与创造需要不同的一个问题，并提到物资经过时间或空间的转移，会产生附加价值。这里，Market Distribution指的是商流；时间和空间的转移指的是销售过程的物流。

1935年，美国销售协会最早对物流进行了定义：物流（Physical Distribution）是包含于销售之中的物质资料和服务，与从生产地到消费地点流动过程中伴随的种种活动。

日本在1964年开始使用物流这一概念。在使用物流这个术语以前，日本把与商品实体有关的各项业务，统称为流通技术。1956年日本派出流通技术专门考察团，由早稻田大学教授宇野正雄等一行7人去美国考察，弄清楚了日本以往叫做流通技术的内容，相当于美国叫做Physical Distribution（实物分配）的内容，从此便把流通技术按照美国的简称，叫做P·D·，P·D·这个术语得到了广泛的使用。1964年，日本池田内阁中五年计划制定小组平原谈到P·D·这一术语时说，比起来，叫做"P·D·"不如叫做"物的流通"更好。1965年，日本在政府文件中正式采用物的流通这个术语，简称为物流。

我国开始使用物流一词始于1979年。

物流的定义有多种，我国2001年8月1日起实施的国家标准《物流术语》中定义：

物流（Logistics）是指物品从供应地向接收地的实体流动过程。根据实际需要，将运输、储存、装卸、搬运、包装、流通加工、配送、信息处理等基本功能实施有机结合。

二、电子商务与物流的关系

电子商务与物流的关系如图10-1所示。图中的"发货、仓储、运输、加工、配送、收货"表明物流是实现电子商务的重要环节和基本保证。

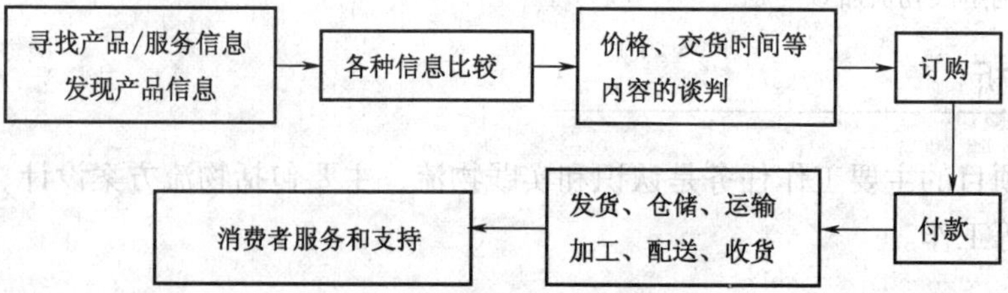

图10-1 电子商务与物流的关系

1. 物流保障生产

无论在传统的贸易方式下，还是在电子商务下，生产都是商品流通之本，而生产的顺利进行需要各类物流活动支持。生产的全过程从原材料的采购开始，便要求有相应的供应物流活动，将所采购的材料到位，否则，生产就难以进行；在生产的各工艺流程之间，也需要原材料、半成品的物流过程，即所谓的生产物流，以实现生产的流动性；部分余料、可重复利用的物资的回收，就需要所谓的回收物流；废弃物的处理则需要废弃物物流。可见，整个生产过程实际上就是系列化的物流活动。

合理化、现代化的物流，通过降低费用从而降低成本、优化库存结构、减少资金占压、缩短生产周期，保障了现代化生产的高效进行。相反，缺少了现代化的物流，生产将难以顺利进行，那么，无论电子商务是怎样便捷的贸易形式，仍将是无米之炊。

2. 物流服务于商流

在商流活动中，商品所有权在购销合同签订的那一刻起，便由供方转移到需方，而商品实体并没有因此而移动。在传统的交易过程中，除了非实物交割的期货交易，一般的商流都必须伴随相应的物流活动，即按照需方(购方)的需求将商品实体由供方(卖方)以适当的方式、途径向需方(购方)转移。而在电子商务下，消费者通过上网购物，成了商品所有权的交割过程，即商流过程。但电子商务的活动并未结束，只有商品和服务真正转移到消费者手中，商务活动才告以终结。

在整个电子商务的交易过程中，物流实际上是以商流的后续者和服务者的姿态出现的。没有现代化的物流，无论多么轻松的商流活动都仍会退化为一纸空文。

3. 物流是实现“以顾客为中心”理念的根本保证

电子商务的出现，在最大程度上方便了最终消费者。他们不必再跑到拥挤的商业街，一家又一家地挑选自己所需的商品，而只要坐在家里，在Internet上搜索、查看、挑选，就可以完成购物过程。但试想，他们所购的商品迟迟不能送到，或者商家所送的并非自己所购，那消费者还会选择网上购物吗?

物流是电子商务中实现“以顾客为中心”理念的最终保证，缺少了现代化的物流技术，电子商务给消费者带来的购物便捷则等于零，消费者必然会转向他们认为更为安全的传统购物方式，那网上购物还有什么存在的必要?

三、电子商务环境下的物流

电子商务物流是一整套的电子物流解决方案，即ERP系统，电子上的物流显示及相关操作，物流还是需要机器和人搬运的。要求整体生态环境要完善，要求打破原有物流行业的传统格局，建设和发展以商品代理和配送为主要特征，物流、商流、信息流有机结合的社会化物流配送中心，建立电子商务物流体系，使各种物流畅通无阻，才是真正意义上的电子商务物流。电子商务物流具有如下特点。

1. 信息化

电子商务时代，物流信息化是电子商务的必然要求。物流信息化表现为物流信息的商品化、物流信息收集的数据库化和代码化、物流信息处理的电子化和计算机化、物流信息传递的标准化和实时化、物流信息存储的数字化等。

2. 自动化

物流自动化的设施非常多，如条码／语音／射频自动识别系统、自动分拣系统、自动存取系统、自动导向车、货物自动跟踪系统等。

3. 网络化

物流领域网络化的基础也是信息化，这里指的网络化有两层含义：一是物流配送系统的计算机通信网络，包括物流配送中心与供应商或制造商的联系要通过计算机网络，另外与下游顾客之间的联系也要通过计算机网络通信；二是组织的网络化，即所谓的组织内部网(Intranet)。物流的网络化是物流信息化的必然，是电子商务下物流活动的主要特征之一。

4. 智能化

这是物流自动化、信息化的一种高层次应用，物流作业过程中大量的运筹和决策，如库存水平的确定、运输（搬运）路径的选择、自动导向车的运行轨迹和作业控制、自动分拣机的运行、物流配送中心经营管理的决策支持等问题都需要借助于大量的知识才能解决。在物流自动化的进程中，物流智能化是不可回避的技术难题。好在专家系统、机器人等相关技术在国际上已经有比较成熟的研究成果。为了提高物流现代化的水平，物流的智能化已成为电子商务下物流发展的一个新趋势。

5. 柔性化

能根据消费者需求的变化来灵活调节生产工艺，没有配套的柔性化的物流系统是不可能达到目的的。20世纪90年代，国际生产领域纷纷推出弹性制造系统(FMS)、计算机集成制造系统(CIMS)、制造资源系统(MRPⅡ)、企业资源计划(ERP)以及供应链管理的概念和技术，这些概念和技术的实质是要将生产、流通进行集成，根据需求端的要求组织生产，安排物流活动。因此，柔性化的物流正是适应生产、流通与消费的需求而发展起来的一种新型物流模式。

四、电子商务环境下物流模式

1. 自营物流

企业自身经营物流，称为自营物流。自营物流是在电子商务刚刚萌芽的时期，那时的电子商务企业规模不大，从事电子商务的企业多选用自营物流的方式。企业自营物流模式意味着电子商务企业自行组建物流配送系统，经营管理企业的整个物流运作过程。在这种方式下，企业也会向仓储企业购买仓储服务，向运输企业购买运输服务，但是这些服务都只限于一次或一系列分散的物流功能，而且是临时性的纯市场交易的服务，物流公司并不按照企业独特的业务流程提供独特的服务，即物流服务与企业价值链松散的联系。如果企业有很高的顾客服务需求标准，物流成本占总成本的比重较大，而企业自身的物流管理能力较强时，企业一般不应采用外购物流，而应采用自营方式。由于我国物流公司大多是由传统的储运公司转变而来的，还不能满足电子商务的物流需求，因此，很多企业借助于他们开展电子商务的经验也开展物流业务，即电子商务企业自身经营物流。目前，在我国，采取自营模式的电子商务企业主要有两类:一类是资金实力雄厚且业务规模较大的电子商务公司，电子商务在我国兴起的时候，国内第三方物流的服务水平远不能满足电子商务公司的要求。第二类是传统的大型制造企业或批发企业经营的电子商务网站，由于其自身在长期的传统商务中已经建立起初具规模的营销网络和物流配送体系，在开展电子商务时只需将其加以改进、完善，可满足电子商务条件下对物流配送的要求。选用自营物流，可以使企业对物流环节有较强的控制能力，易于与其他环节密切配合，全力专门地服务于本企业的运营管理，使企业的供应链更好地保持协调、简洁与稳定。此外，自营物流能够保证供货的准确和及时，保证顾客服务的质量，维护了企业和顾客间的长期关系。但自营物流所需的投入非常大，建成后对规模的要求很高，大规模才能降低成本，否则将会长期处于不盈利的境地，而且投资成本较大、时间较长，对于企业柔性有不利影响，另外，自建庞大的物流体系，需要占用大量的流动资金。更重要的是，自营物流需要较强的物流管理能力，建成之后需要工作人员具有专业化的物流管理能力。所以B2B电子商务企业普遍采用自营物流。B2C企业亚马逊公司建有自己的物流系统，目前，阿里巴巴等电子商务公司开始介入物流体系的营建。

2. 物流联盟

物流联盟是制造业、销售企业、物流企业基于正式的相互协议而建立的一种物流合作关系，参加联盟的企业汇集、交换或统一物流资源以谋取共同利益；同时，合作企业仍保持各自的独立性。物流联盟为了达到比单独从事物流活动取得更好的效果，在企业间形成了相互信任、共担风险、共享收益的物流伙伴关系。企业间不完全采取导致自身利益最大化的行为，也不完全采取导致共同利益最大化的行为，只是在物流方面通过契约形成优势互补、要素双向或多向流动的中间组织。联盟是动态的，只要合同结束，双方又变成追求自身利益最大化的单独个体。选择物流联盟伙伴时，要注意物流服务提供商的种类及其经营策略。一般可以根据物流企业服务的范围大小和物流功能的整合程度这两个标准，确定物流企业的类型。物流服务的范围主要是指业务服务区域的广度、运送方式的多样性、保管和流通加工等附加服务的广度。物流功能的整合程度是指企业自身所拥有的提供物流服务所必要的物流功能的多少，必要的物流功能是指包括基本的运输功能在内的经营管理、集配、配送、流通加工、信息、企划、战术、战略等各种功能。一般来说，组成物流联盟的企业之间具有很强的依赖性，物流联盟的各个组成企业明确自身在整个物流联盟中的优势及担当的角色，内部的对抗和冲突减少，分工明晰，使供应商把注意力集中在提供客户指定的服务上，最终提高了企业的竞争能力和竞争效率，满足企业跨地区、全方位物流服务的要求。

3. 第三方物流

第三方物流（Third-Party Logistics，简称3PL或TPL)是指独立于买卖之外的专业化物流公司，长期以合同或契约的形式承接供应链上相邻组织委托的部分或全部物流功能，因地制宜地为特定企业提供个性化的全方位物流解决方案，实现特定企业的产品或劳务快捷地向市场移动，在信息共享的基础上，实现优势互补，从而降低物流成本，提高经济效益。它是由相对“第一方”发货人和“第二方”收货人而言的第三方专业企业来承担企业物流活动的一种物流形态。第三方物流公司通过与第一方或第二方的合作来提供其专业化的物流服务，它不拥有商品，不参与商品买卖，而是为顾客提供以合同约束、以结盟为基础的、系列化、个性化、信息化的物流代理服务。服务内容包括设计物流系统、EDI能力、报表管理、货物集运、选择承运人、货代人、海关代理、信息管理、仓储、咨询、运费支付和谈判等。第三方物流企业一般都是具有一定规模的物流设施设备(库房、站台、车辆等)及专业经验、技能的批发、储运或其他物流业务经营企业。第三方物流是物流专业化的重要形式，它的发展程序体现了一个国家物流产业发展的整体水平。第三方物流是一个新兴的领域，企业采用第三方物流模式对于提高企业经营效率具有重要作用。首先，企业将自己的非核心业务外包给从事该业务的专业公司去做；其次，第三方物流企业作为专门从事物流工作的企业，有丰富的专门从事物流运作的专家，有利于确保企业的专业化生产，降低费用，提高企业的物流水平。目前，第三方物流的发展十分迅速，有几方面是值得我们关注的：第一，物流业务的范围不断扩大。商业机构和各大公司面对日趋激烈的竞争，不得不将主要精力放在核心业务，将运输、仓储等相关业务环节交由更专业的物流企业进行操作，以求节约和高效；另一方面，物流企业为提高服务质量，也在不断拓宽业务范围，提供配套服务。第二，很多成功的物流企业根据第一方、第二方的谈判条款，分析比较自理的操作成本和代理费用，灵活运用自理和代理两种方式，提供客户定制的物流服务。第三，物流产业的发展潜力巨大，具有广阔的发展前景。C2C电子商务主要采用第三方物流公司。

任务实施

一、网店运营模式下的物流配送方案

（一）商品的包装

狭义的包装为在流通过程中保护产品，方便储运，促进销售，按一定的技术方法所用的容器、材料和辅助物等的总体名称；也指为达到上述目的在采用容

器、材料和辅助物的过程中施加一定技术方法等的操作活动。

广义指一切事物的外部形式都是包装。

我国国家标准GB/T4122.1-1996中规定，包装的定义是："为在流通过程中保护产品、方便贮运、促进销售，按一定技术方法而采用的容器、材料及辅助物等的总体名称。也指为了达到上述目的而采用容器、材料和辅助物的过程中施加一定技术方法等的操作活动。"其他国家或组织对包装的含义有不同的表述和理解，但基本意思是一致的，都以包装功能和作用为其核心内容，一般有两重含义：

（1）关于盛装商品的容器、材料及辅助物品，即包装物。

（2）关于实施盛装和封缄、包扎等的技术活动。

（二）包装的作用

作为网上零售商品的包装首先可以保护商品，免受日晒、风吹、雨淋、灰尘沾染等自然因素的侵袭，防止挥发、渗漏、溶化、沾污、碰撞、挤压、散失以及盗窃等损失，使得商品在到达买家手中时尽可能地和在卖家手中是一致的。

其次包装可以实现商品自身的价值，还能增强它的附加值。精美的包装可以给顾客以视觉上的刺激，同时让顾客认同卖家的服务态度，从而更好地提高顾客的回头率。

（三）商品的基本包装

1. 包装材料的选择

对于一般怕挤怕压的物品，如鞋子、玻璃饰品、茶具等都可以用纸盒来包装。采用纸盒包装，在物品底部和四周都要有填充物，保护物品防止受损，如图10-2所示。填充物可以选择废报纸、泡沫、充气塑料袋等。

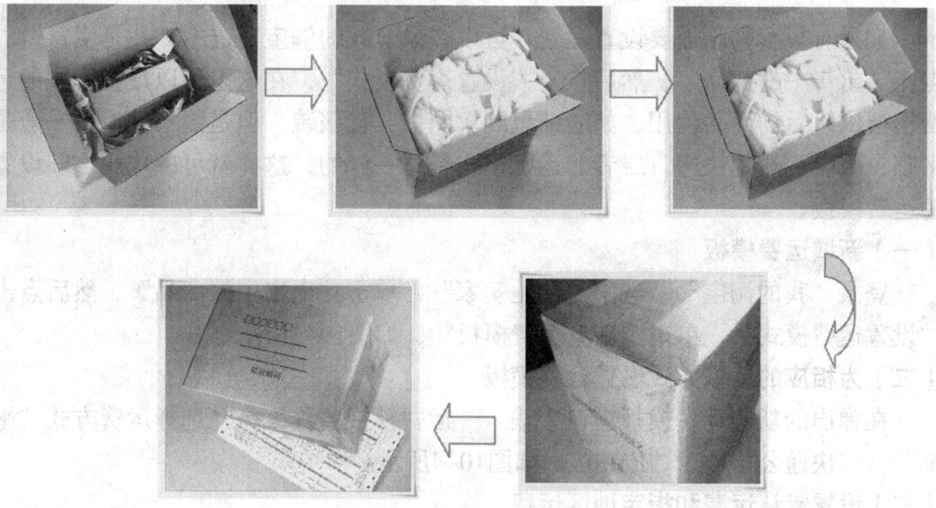

图10-2　商品基本包装步骤

对于比较柔软的物品，可以采用布袋或者塑料袋进行包装，可以降低成本，如服装、床上用品等。采用该种外包装时，为防止外包装受损时损毁物品，可在里面加层软纸或软塑料袋密封。

对于书籍、杂志、海报等可以采用牛皮纸包装，如果怕折的字画和海报则可以选择卷起来装入圆管内，如PVC管。

总之包装材料一定要针对不同的物品进行选择，既可以有效地保护商品，又可以降低成本。

2. 物流公司的选择

现在对于C2C电子商务的卖家大部分都是依靠物流公司送货，那么选择适合自己的物流公司就是至关重要的。

我们可以按照商品重量尺寸来选择，大且重的就走铁路和货运等，小且轻的可以考虑快递公司。大件商品，比如桌椅等，选择货运相对便宜，因为货运多是按件收费，而快递公司多是按重量来收费的。

同时至少选择两家以上的快递物流，外地送货范围使用大的快递公司，因为大快递公司网点多并且一般都有电话和网站可以随时查询货品到货数量。如果是同城的则找小的私人快递公司，优点就是同城速度极快，而且价格有很大优惠空间。

依照快递公司的特性来选择快递，例如申通走江沪浙效率高，那如果自己的商品都是发到那个范围就可以考虑。EMS全国网点最多，对于偏远的地区，保证送到，最好选择EMS。

选定快递公司之后，最好长期合作，这样可以争取到比较优惠的价格。

二、运费模板设置

如果有很多物品需要设置运费，可以登录“我的淘宝”选中“我是卖家”，点击“出售中的商品”，然后点击“设置运费模式”，在这里可以设置不同的运费模板供以后的商品使用，如店铺里既卖图书又卖服装，但是图书的运费一般是平邮，服装一般是快递，二者的运费模式是不一样的，这样就可以应用之前设置的运费模板。

（一）新增运费模板

登录“我的淘宝”，选中“我是卖家”，单击“出售中的商品”，然后点击“设置运费模式”，单击“新增运费模板”，如图10–3所示。

（二）为相应的运输方式设置运费模板

在弹出的新增运费模板窗口中输入“运费模板名称”，并选择运费方式“平邮”、“快递公司”、“EMS”，如图10–4所示。

（三）设置默认运费和指定地区运费

选择好运费方式，填好默认运费和指定地区运费，然后单击“确定”，如图

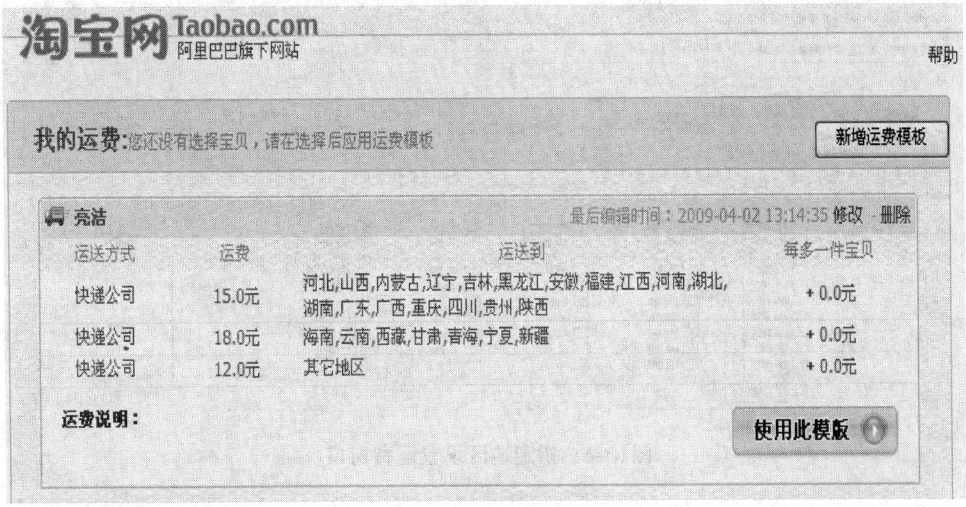

图10-3　新增运费模板窗口

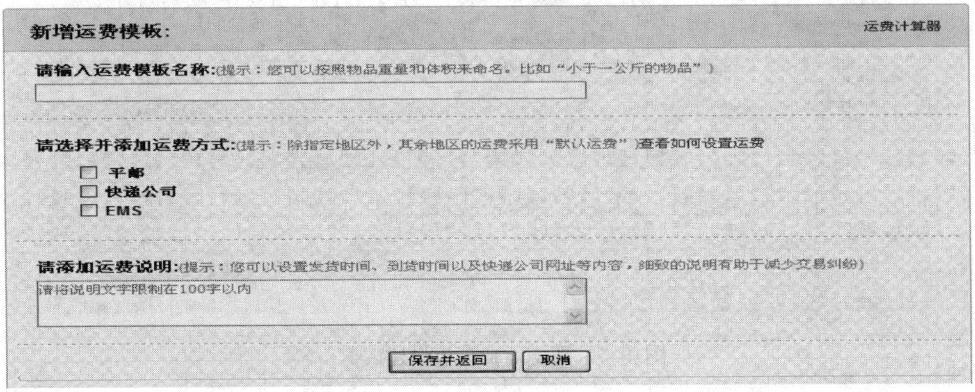

图10-4　设置运费模板运输方式

10–5、图10–6以及图10–7所示。

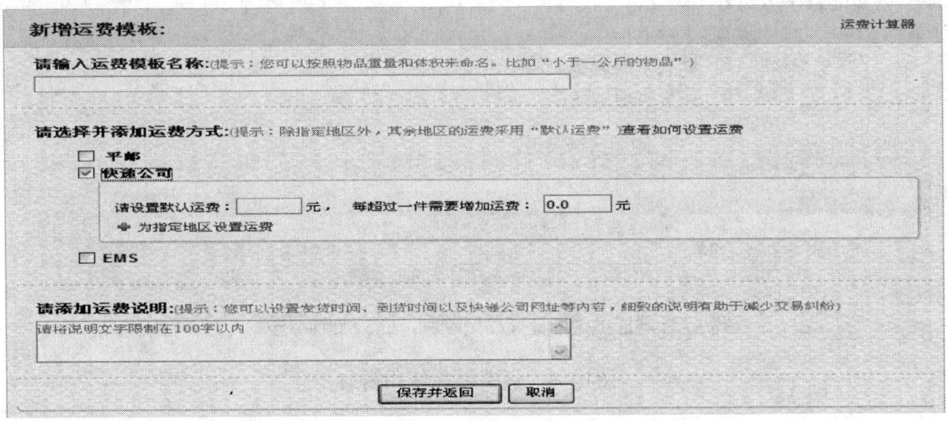

图10–5　设置默认运费

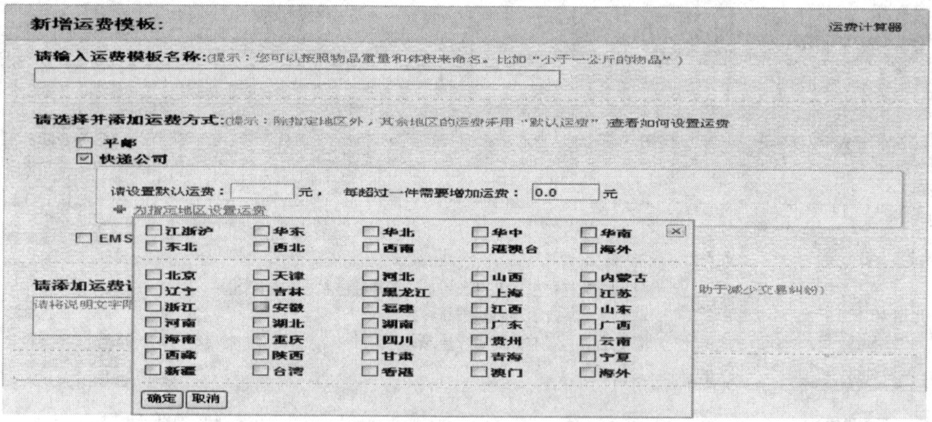

图10-6 指定地区设置运费窗口

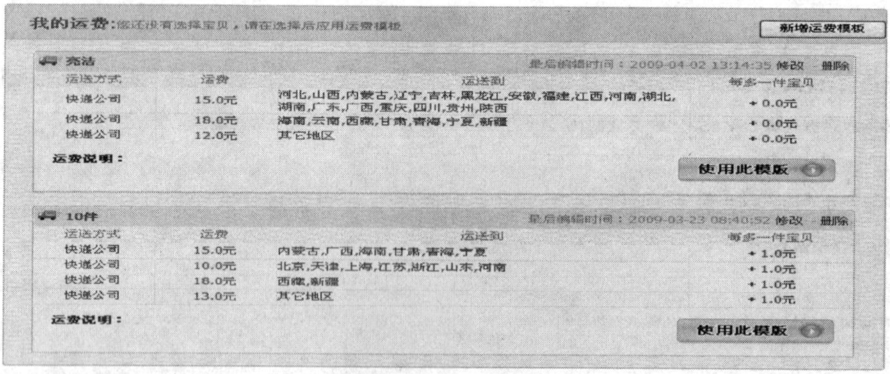

图10-7 新增运费模板设建成窗口

（四）运费模板的使用

运费模板设置完成之后，以后发布商品时就可以在运费设置部分选择运费模板了，如图10-8所示。

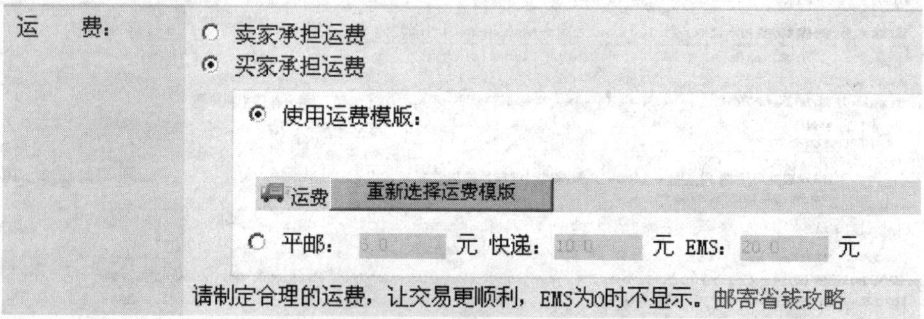

图10-8 运费模板使用窗口

总结回顾

本项目主要要求掌握网上开店的基础物流知识，了解物流的基本概念、知道物流与电子商务的关系，并能选择适合自己网店的物流模式，能成功设置运费模板。

拓展知识

如何与物流公司砍价

1. 上网多了解其他卖家拿到的优惠价格，知道行情有利于砍价

2. 表现出成为大客户的潜力，发货量大，价格可以从优

3. 选择月结，省时省力，积少成多也能享受快递公司的优惠价格

4. 联合附近的淘友，共同委托一家快递公司，取得较低的价格

5. 介绍公司或朋友的业务给快递员

6. 砍价要有理有节，一家不成多试几家

复习思考题

一、判断题

1. 物流为网上交易的最后一个环节，其执行结果的好坏将对电子交易的成败起着十分重要的作用。（ ）

2. 电子商务的任何一笔交易都由信息流、商流、资金流、物流四个基本部分组成。（ ）

3. 电子商务的流程体现不了物流的重要性。（ ）

4. 商流的结果由物流完成。（ ）

5. 在电子商务环境下，物流企业是介于买卖双方之间的第三方，以服务作为第一宗旨。（ ）

6. 电子商务必须有现代化的物流技术支持。（ ）

二、选择题

1.1999年9月，有关媒体组织了一次“72小时的网上生存实验”，结果暴露了不少问题，其中物流配送是最大的问题之一。根据这段话，以下观点不正确的是（ ）。

A. 物流是电子商务的重要组成部分

B. 我国物流业起步较晚，水平较低

C. 电子商务的任何一笔交易都必须涉及信息流、商流、资金流和物流四个基本部分

D. 物流是所有电子商务活动的纽带

2. 下列按系统性质分类，物流不包括（ ）。

A. 社会物流　　　　B. 行业物流

C. 地域物流　　　　D. 企业物流

3. 下列关于物流的概念不正确的是（ ）。

A. 要求最低成本　　　　B. 对象是原材料、半成品、成品及相关信息

C. 由运输保管和配送的方式　　　　D. 物流不包括计划、实施和管理的全过程

4. 电子商务环境下物流业的发展趋势有（　　）。

A. 信息化　　　　B. 全球化

C. 多功能化　　　　D. 多元化

技能训练

技能训练任务书

实践任务	淘宝运费模板的设置
训练目标	能合理设置淘宝运费模板
实践内容	1. 熟悉物流模式 2. 知道物流各种资费 3. 登录我的淘宝 4. 设置运费模板 5. 应用运费模板
实践成果	成功设置运费模板并应用

项目11 客户服务

学习目标

目标类型	项目目标
知识目标	掌握与客户沟通的基本工具 理解客户服务的原理和方法 树立客户第一的服务理念
技能目标	能运用阿里旺旺等在线沟通工具 能在店铺中添加E客服
工作态度目标	客户第一 灵活应变 热忱工作 用心沟通

技能知识

1. 网上沟通平台的运用

2. 在线客服的添加

3. 客户关系的维护

项目背景

随着C2C电子商务的发展，在这个平台上开设店铺的个人与企业越来越多，竞争也越来越激烈。特别是众多中小企业进驻淘宝等C2C平台，产生淘宝商城后，个人卖家在淘宝上生存和发展的难度越来越大，只有找寻出自身的优势，提升客户服务的质量才有生存的空间。因此越来越多的网店开始注重对客户的及时应答和热情服务，网店间的竞争不仅仅是商品质量的竞争，更多的是服务质量的竞争。如何做好对客户的服务是每个网店必须要考虑的问题。

引导案例

大学生创业典范："淘安居"掌柜李潇

在2008年揭晓的"淘宝网个人零售十大网商"名单中，就有一名自主创业的大学生，他的名字叫李潇，27岁，现任淘宝网保健品第一店"淘安居"掌柜。

2005年3月，距离李潇大学毕业还有4个月的时候，他在淘宝网上开了一家自己的小店——"淘安居"。当时只是把淘宝网店作为自己代销的一些产品的展示平台和一种辅助工具，直到2005年6月有一个网友给他打来电话彻底改变了他对淘宝网店的看法。这个网友就是看中了网店里的一款保健品有意购买，当时的李潇在对寄快递、支付宝付款这些交易流程一点都不熟悉的情况下完成了第一笔网上交易，从而使他将注意力集中到了淘宝网店上，开始了网上创业。

创业的初期是艰难的，李潇做网页、上传产品忙活了2个多月，却没有一单生意，但他没有放弃，不断地完善产品和美化店铺。他常常逛淘宝到深夜，参观别人的店铺，修改自己的店铺，编辑产品，连续奋战几个小时后，看着自己编辑好的漂亮页面和比以前大气得多的店铺，心里的成就感无法言喻。

从一笔生意都没有到后来的一个星期做几千笔生意，李潇熬过了近一年半是零利润的状况。从开始做网店的那一刻起，他就一直坚信，一定可以将网店做大，一定可以在淘宝网上有所作为。

能将网店从零利润做到后来的成果，李潇总结店铺里的生意六成来自回头客，店铺非常注重对客户的贴心服务，做到真正为客户着想，而不只是一味地赚钱。他举了一个例子：曾经有一个客户逛完店铺后咨询，表示自己的免疫力比较低，经常容易感冒，要求购买多样保健品。通过了解，李潇认为这个客户仅需要补充一两种维生素就可以了，最后推荐了一些维生素产品。"虽然我们也可以按他的需求，让他花更多的钱买对他没有太大帮助的保健品，但这样没意思。”李潇就是一直这样诚心对待客户，从而赢得了很多回头客。

“淘安居”的生意越做越大，团队成员也不断壮大，李潇表示接下来要继续做大做强，争取拿到国际知名保健品牌的全国总代理。“念大学时我做过梦，我说我要在30岁前赚到1000万。现在看来，这个梦并不遥远！”而他的生活也将面向西湖，春暖花开。

请思考：

1.大学生网上创业的优劣势是什么?

2.李潇创业成功的关键是什么?

任务分析

本项目的主要工作任务是通过运用阿里旺旺、消费者保障服务等客服工具，提升网店的客户服务质量，为网店开拓更多的新客户，维系好现有客户的关系。

相关知识

一、网店客户服务的概念

网店客户服务指在网店平台中，运用各种通信工具并以网上及时通信卫星工具（如旺旺）为主，为网店客户提供的各种服务，包括：客户答疑、促成订单、店铺推广、完成销售、售后服务等几个方面。

二、网店客户服务的作用

好的服务是企业成功的关键。从经济学的角度来说，现代市场所需要的不再是一味打价格战，服务占了越来越大的比例，不管是企业还是网店，好的客户服务就是成功的一半。网店客户服务在网店的推广、产品销售以及售后的客户维护方面都起到极其重要的作用。

（1）塑造店铺形象。对于一个网店而言，客户了解商品都是通过一张张图片以及文字介绍，既看不到掌柜本人，也看不到商品，往往容易产生距离感和怀疑感。好的客户服务通过掌柜或客服人员在线与客户交流，让客户逐步了解网店的服务和态度。客服亲切的问候，让客户真实感受到并不是跟冷冰冰的网络打交道，从而慢慢放弃当初的戒备心理，接受店铺以及商品，通过好的客户服务为网店树立起良好的形象。

（2）提高成交率。现在很多客户都会在购买前针对不清楚的内容咨询卖家，或询问优惠措施，如果客服在线能够及时回复客户的疑问，让客户及时了解所需要的内容，有助于其作出购买决策，从而促成交易。有时候客户并不是对产品有什么疑问，仅仅想确认网店的真实性和商品是否与事实相符，这时在线客服通过与客户交流，可以打消客户的很多疑虑，促成交易。对于犹豫不决的客户，一个有着专业知识和良好销售技巧的客服人员，可以帮助买家选择合适的商品，促成客户的购买行为，提高成交率。

（3）提高客户回头率。当买家在客服的良好服务下，完成了一次良好的交易后，买家不仅了解卖家的服务态度，也对卖家的商品、物流等有了切身的感受，当买家再次购买同样商品时，就会倾向于选择他所熟悉的卖家，从而提高客户再次购买几率。

（4）更好的客户服务。如果把网店客服仅仅定位于和客户的网上交流，那么我们说这仅仅是服务客户的第一步。一个有着专业知识和良好沟通技巧的客服，可以给客户提供更多的购物建议，更完善地解答客户的疑问，更快速地对买家售后问题进行解答与反馈，从而更好地服务于客户，获得更多的交易机会。

三、网店客户类型

了解网店客户的特点，了解网店客户的基本类型，对于提高网店客服的服务效率和服务质量具有极其重要的作用。根据不同客户的购物心理以及个性特征，可以将客户分为以下几种类型。

1. 疑心病重型顾客

个性特质：

（1）本性好疑，可能曾有过失败的经历。

（2）不能接受我们的服务说明，无法信任我们。

（3）缺乏商品知识，担心产品是否适合自己及会不会买贵。

应对策略：

（1）有耐心地将产品说明、介绍清楚，针对重点内容详细介绍。

（2）找出自己无法被对方采纳的原因，设法消除对方心理上的障碍。

（3）让自己成为这个顾客咨询的对象，以博取好感。

2. 懒惰型顾客（要求帮其物色，自己却不看一眼的顾客）

个性特质：

（1）依赖心重，想考验我们的能力（两种可能，一种是已经对我们的能力充分信任，另一种就是真的是很懒，不过这样的顾客却最容易成为我们的老顾客，也最不喜欢讨价还价）。

（2）毫无购买的意向，纯属消磨时间。

应对策略：

（1）了解清楚顾客的需求，再针对其真实需求交换意见。

（2）可寻求与销售无关的共同话题使彼此融洽，留下好印象。

3. 健忘型顾客（一再发问同样问题）

个性特质：

（1）心中疑虑无法获得解决，缺乏决断力。

（2）没有注意听我们介绍，心不在焉，或者不相信我们，在找我们说话的漏洞。

（3）还可能真的很健忘，还好淘宝是有据可查的，不然到货后，他们否认自己买过东西就麻烦了。

应对策略：

（1）面带微笑不厌其烦地回答顾客的同样问题。

（2）帮助顾客在最短时间内下单，给出我们自己的意见。

4. 自主型顾客（不肯采纳意见）

个性特质：

（1）意志坚定(本位主义)，相信自己的眼光，要自己挑选。

（2）我们介绍的说明不合乎需求，认为一旦采纳我们的意见就是受到了强制推销。

应对策略：

（1）夸奖对方的眼光，并简约地回答任何疑问。

（2）将自身的专业知识提供给对方参考以博得信任，并注意谈话内容，发掘其真实需要。

5. 犹豫型顾客（犹豫不决，不知所从）

个性特质：

（1）眼花缭乱，担心是否适合自己，却找不到合意的商品。

（2）价格不满意，认为我们不能成为可以商量的对象。

应对策略：

问清顾客的预算，根据其需要鼓励其选择适当相近的产品，并保证一定合乎其需要。

6. 含糊型顾客（不能明确表示需要什么）

个性特质：

意志薄弱，眼花缭乱，不知道哪个较好，没有想象中的商品，只要有好的商品就先收藏，事先逛逛而已。

应对策略：

从谈话中判断对方的生活背景，让顾客对店铺整体服务和商品留有良好印象。从大的角度给他好的印象，你的商品就不愁他会不喜欢了。

7. 转身就跑型

个性特质：

（1）你的产品介绍过于急促，给予其无形的压迫感，他也可能曾有过被强迫推销的痛苦经验。

（2）价格比预算高，想仔细考虑过后再做决定。又不好意思说贵，反正先溜之大吉，把掌柜扔在那里，让我们莫名其妙，很惆怅。

应对策略:

（1）制造柔和温馨的气氛，先谈一些容易回答的问题。

（2）制造交谈的机会，保证对方预约后不会后悔。

（3）如果看出对方有点不爱回答的意思，想办法找到突破口，然后让他自己说出原因。

8. 斤斤计较型顾客（爱讨价还价）

个性特质:

以杀价为乐，与预算不合，觉得按照标价购买会吃亏上当，斤斤计较。

应对策略:

提供折扣以外的服务，使对方满意。

9. 打听型顾客（只问价钱而不购买）

个性特质:

在认定一款商品以后，有购买的欲望，但是总以为会有更便宜的价格，想货比三家，于是就提了很多问题和咨询了很多产品，但最终也没有进行购买，让卖家空欢喜一场。

应对策略:

（1）可以说出你商品的独特性，绝对独一无二，省得他再去费劲。

（2）如果其他地方也有你的东西，你可以先考察市场，然后主动告诉他，在淘宝上，还有与其款式相同的产品，主动提供让他做比较。

10. 理智型顾客（毫无反应默不作声）

个性特质:

（1）本性沉默寡言，或与掌柜的思路不合，茫茫然缺乏决断力，无视我们的存在。

（2）我们提供的内容不合要求，想要自己自由选购。

应对策略:

（1）尽量避免受到当时气氛的影响，得不到该有的回应时先暂时退下，等待下一次进言的机会。

（2）找出顾客的喜好与意向，以提高与对方的默契。

11. 反悔型顾客（经常要求退件的）

个性特质:

商品本身确有瑕疵或该商品原是赠品，带回家发现不适用或买回家后亲戚朋友认为不妥（前者是我们商家的不对，我们可以改正，但若是后面的因素造成的，就要另当别论）。

应对策略:

（1）很有礼貌地表示道歉，并保证今后注意成品的品质管理。

（2）重新制作，缺货可推荐其他代替品，直至对方满意。

（3）给对方良好的建议，增强对方的自信心。

12. 迷糊型顾客（不明确说明自己的喜好的）

个性特质:

（1）没有特殊爱好，拿不定主意，不知道什么适合自己。

（2）不善言辞，怕一开口就会遭受我们紧迫盯人的攻势。

应对策略:

察言观色，以便试探顾客的喜好，再进攻。

13. 自恋型顾客（表现得好像万事通）

个性特质:

（1）过于自信，自视清高，表现欲过强或爱摆架子。

（2）商品知识情报来源充足，不希望被商家看轻。

应对策略:

（1）尊重对方，让对方畅所欲言后再针对所需给予帮助。

（2）重视顾客的谈话，婉转地提供意见。

14. 吝啬型顾客

个性特质:

（1）有钱但是舍不得，要求给予折扣优待，以购买到比别人便宜的商品为乐，不想冲动购买。

（2）以商品本身的优劣为重，事先看好，等打折时再买。

应对策略:

（1）将产品的内容及优惠条件解释清楚。

（2）不要只将重点放在价格方面，要放在对方的利益上。

15. 东张西望型客人

个性特质:

客人本身能确定自己的需求，想多看看，类似的商品太多了，自己慢慢选择。

应对策略:

注意对方的动态，以便尽早掌握顾客的需要，继而耐心地站在顾客的立场上为顾客提供意见。

16. 比较型顾客（喜欢拿别家做比较）

个性特质:

（1）希望预定更好的货品，慎重小心，不希望订购后再后悔。

（2）不冲动预约，时间有的是，想试探我们的商品知识情报及应对能力。

应对策略:

（1）查明对方来店动机，努力使对方满意店内的气氛与品质。

（2）绝不批评其他同行，强调与其他同行差异之处，恳切接待直至对方满意。

17. 健谈型顾客（一直与商家攀谈毫无去意）

个性特质:

（1）希望肯定自我，希望受到亲切招待，想要找人商量。

（2）自我中心主观太强，有表现欲望，喜欢与商家交谈。

（3）实在没事情做，想找人聊天，商家态度一般又都很好，所以，说起来没完没了。

应对策略:

（1）让顾客有被重视的感觉，不要将话题远离以期尽早接待完毕；绝不说没有用的事情，速战速决。

（2）绝不露出厌烦情绪，不要忘了自己的身份是商家。

18. 喜欢挑毛病的客人

个性特质：

（1）不挑毛病就不顺心，缺乏诚意，无意中脱口而出，或以前曾经有过不愉快的经验，自信商品知识比我们丰富。

（2）有兴趣但不想买，或商家推荐的商品不合顾客的要求。

应对策略:

（1）通常客人都要谨慎选择，因此不要认为客人是在挑毛病。

（2）针对其内心的感受，设计一套应对的方式加以解决。

四、网店客服沟通技巧

网购因为看不到实物，给人感觉比较虚幻，为了促成交易，客服必将扮演重要角色，因此客服沟通交谈技巧的运用对促成订单非常重要。

（一）树立端正的态度

1. 微笑是对顾客最好的欢迎

微笑是生命的一种呈现，也是工作成功的象征。所以当迎接顾客时，哪怕只是一声轻轻的问候也要送上一个真诚的微笑的表情，虽然说网上与客户交流是看不见对方的，但言语之间是可以感受到你的诚意与服务的。多用些旺旺表情。无论旺旺的哪一种表情都会将自己的情感信号传达给对方。即便说："欢迎光临""感谢您的惠顾"都要轻轻地送上一个微笑。加与不加给人的感受完全是不同的。不要让冰冷的字体语言遮住你的微笑。

2. 保持积极态度，打造优质的售后服务

当售出的商品，有了问题的时候，不管是顾客的错，还是快递公司出的问题，都应该及时解决，而不是回避、推脱之类的解决办法。要积极主动与客户进行沟通。对顾客的不满要反应敏感积极；尽量让顾客觉得自己是备受重视的；尽快处理顾客的反馈意见，让顾客感受到尊敬与重视。能补最好尽快再给顾客补发货过去。我们在除了与顾客之间的金钱交易之外，更应该让顾客感觉到购物的乐趣和满足。

3. 礼貌待客、多说"谢谢"

礼貌待客，让顾客真正感受到"上帝"的尊重。顾客进门先来一句："欢迎光临，请多多关照。"或者："欢迎光临，请问有什么可以帮忙吗"。诚心致意，会让人有一种亲切感。并且可以先培养一下感情，这样顾客心里抵抗力就会减弱或者消失。有时顾客只是随便到店里看看，我们也要诚心地感谢人家说声："感谢光临本店"。对于彬彬有礼、礼貌非凡的店主，谁都不会把他拒之门外的。诚心致谢是一种心理投资，不需要很大代价，可以收到非常好的效果。

4. 坚守诚信

网络购物虽然方便快捷，但唯一的缺陷就是看不到、摸不着。顾客面对网上商品难免会有疑虑和戒心，所以我们对顾客必须要用一颗诚挚的心像对待朋友一样对待。包括诚实地解答顾客的疑问，诚实地告诉顾客商品的优缺点，诚实地向顾客推荐适合他的商品。

坚守诚信还表现在一旦答应顾客的要求，就应该切实地履行自己的承诺。哪怕自己吃点亏，也不能出尔反尔。

5. 凡事留有余地

在与顾客交流中，不要用"肯定，保证，绝对"等字样，这不等于你售出的产品是次品，也不表示你对买家不负责任，而是不让顾客有失望的感觉。因为我们每个人在购买商品的时候都会有一种期望，如果你保证不了顾客的期望最后就会变成顾客的失望。比如卖化妆品的，本身每个人的肤质就不同，你敢百分百保证你售出的产品在几天或一个月内一定能达到顾客的想象吗？还有出售出去的货品在路程中，我们能保证快递公司不误期吗？不会被丢失吗？不会被损坏吗？为了不要顾客失望最好不要轻易说保证。如果用尽量、努力、争取等，效果会更好。多给顾客一点真诚，也给自己留有一点余地。

6. 处处为顾客着想，用诚心打动顾客

让顾客满意，重要一点体现在真正为顾客着想。处处站在对方的立场想顾客所想，把自己变成一个买家助手。在网络购物不同的是顾客还要另外多付一份邮费。卖家就要尽量为对方争取到最低运费，顾客在购买时，可以帮助顾客所购的商品化整为零，建议顾客多样化采购即节省运费。以诚感人，以心引导人，这是最成功的引导"上帝"的方法。

7. 多虚心请教、多听顾客的声音

当顾客上门的时候我们并不能马上判断顾客来意与所需求什么物品，所以需要先问清楚顾客的意图，需要具体什么样的商品，是送人还是自用，是送给什么样的人等。了解清楚顾客的情况，才能仔细对顾客定位，了解客户属于哪一类消费者，如学生、白领等。尽量了解顾客的需求与期待，努力做到只介绍对的不介绍贵的商品给顾客。做到以客为尊，满足顾客需求才能走向成功。

当顾客表现出犹豫不决或者不明白的时候，我们也应该先问清楚顾客困惑的内容是什么，是哪个问题不清楚。如果顾客表述也不清楚，我们可以把自己的理解告诉顾客，问问是不是理解对了，然后针对顾客的疑惑给予解答。

8. 要有足够的耐心与热情

我们常常会遇到一些顾客，喜欢打破沙锅问到底。这时候我们就需要耐心热情的细心回复，能给顾客信任感。要知道爱挑剔的买家才是好买家。有些顾客当所有问题问完了也不一定会立刻购买，但我们不能表现出不耐烦。就算不买也要说声“欢迎下次光临”。如果你服务好这次不成下次有可能他还会回头找你购买的。砍价的客户也常遇到，砍价是买家的天性，可以理解。在彼此能够接受的范围可以适当地让一点，如果确实不行也应该婉转地回绝。比如说“真的很抱歉，没能让您满意，我会争取努力改进”或者引导买家换个角度来看这件商品让他感觉货有所值，就不会太在意价格了，也可以建议顾客先货比三家。总之要让顾客感觉你是热情真诚的。千万不可以说“我这里不还价”“没有”等伤害顾客自尊的话语。

9. 做个专业卖家，给顾客准确的推介

不是所有的顾客对你的产品都是了解和熟悉的。当有的顾客对你的产品不了解的时候，在咨询过程中，我们就要了解自己产品的专业知识。这样才可以更好地为顾客解答。帮助顾客找到适合她们的产品。不能顾客一问三不知，这样会让顾客感觉没有信任感，谁也不会在这样的店里买东西的。

10. 坦诚介绍商品优缺点

我们在介绍商品的时候，必须要针对产品本身的特点。虽然商品缺点本来是应该尽量避免触及，但如果因此而造成事后客户抱怨，反而会失去信用，得到差评也就在所难免了。在网店里也看到过其他卖家因为商品质量问题得到差评，有些是特价商品造成的。所以，在卖这类商品时首先要坦诚地让顾客了解到商品的缺点，努力让顾客知道商品的其他优点，先说缺点再说优点，这样会更容易被客户接受。在介绍商品时切莫夸大其词地来介绍自己的商品，介绍与事实不符，最后失去信用也失去顾客。其实介绍自己产品时，就像个媒婆一样把产品嫁出去。如果你介绍：“这个女孩脾气不错，就是脸蛋差了些”和“这个女孩虽然脸蛋差了些，但是脾气好，善良温柔”，虽然表达的意思是一样，但听起来感受可就大不相同了。所以，介绍自己产品时，可以强调一下：“东西虽然是次了些，但是东西功能俱全，或者说，这件商品拥有其他产品没有的特色”等。这样介绍收到的效果是完全不同的。

（二）谨记与客户沟通的原则

1. 勿逞一时的口舌之能

与客户沟通最忌讳的就是逞一时的口舌之能。虽然会获得短暂的胜利的快感，但你绝对不可能说服客户，只会给以后的工作增加难度。在与客户沟通时，不要摆出一副说教的样子，不要好像若无其事的样子，这样都会引起客户的反感，反而适得其反。真正的沟通高手，不是与客户争辩，而是引导客户接受你的观点或向你的观点“倾斜”，晓之以理，动之以情。

2. 顾全客户的面子

要想说服客户，就应该顾全他的面子，要给客户有下台阶的机会。顾全客户的面子，客户才能会给你面子；顾全客户的面子，对我们来说并不是一件难事，只要稍微注意一下态度和措辞就行。

3. 不要太“卖弄”你的专业术语

千万要记住，平时接触的人当中，他们可能对你的专业根本不懂；在与客户沟通时，不要老以为自己高人一等、什么都知道，拿出愿为人师的姿态。在向客户说明专业性用语时，最好的办法就是用简单的例子、浅显的方法来说明，让客户容易了解和接受，解释时还要不厌其烦，否则客户会失去听你解释的耐心，使得你根本达不到目的。

4. 维护公司的利益

维护公司的合法利益是每一位员工应该做的，也是我们与客户沟通的出发点和基本原则。在与客户沟通时，不能以损失公司的利益为代价来博取客户的欢心，更不能以损失公司或他人的利益来换取客户对个人的感谢或谋取私利。

（三）阿里旺旺的灵活使用

1. 注意旺旺沟通的语气及表情的活用

在旺旺上和顾客对话，应该尽量使用活泼生动的语气，不要让顾客感觉到你在怠慢他。虽然很多顾客会想“哦，他很忙，所以不理我”，但是顾客心里还是觉得被疏忽了。这个时候如果实在很忙，不妨客气地告诉顾客“对不起，我现在比较忙，我可能会回复地慢一点，请理解”，这样，顾客才会理解你并且体谅你。

尽量使用完整客气的句子来表达，比如说告诉顾客不讲价，应该尽量避免直截了当地说“不讲价”，而是礼貌而客气地表达这个意思“对不起，我们店商品不讲价”，可以的话，还可以稍微解释一下原因。

如果我们遇到没有合适语言来回复顾客留言的时候，或者与其用“呵呵”“哈哈”等语气词，不妨使用一下旺旺的表情。一个生动的表情能让顾客直接体会到你的心情。

2. 旺旺使用技巧

我们可以通过设置快速回复来提前把常用的句子保存起来，这样在忙乱的时候可以快速地回复顾客，如欢迎词、不讲价的解释、“请稍等”等，可以给我们节约大量的时间。在日常回复中，发现哪些问题是顾客问得比较多的，也可以把回答内容保存起来，达到事半功倍的效果。

通过旺旺的状态设置，可以给店铺做宣传，如在状态设置中写一些优惠措施、节假日提醒、推荐商品等。

如果暂时不在座位上，可以设置“自动回复”，不至于让顾客觉得自己好像没人搭理，也可以在自动回复中加上一些自己的话语，都能起到不同的效果。

3.基本客户沟通技巧

（1）使用礼貌有活力的沟通语言。态度是个非常有力的武器，当你真诚地、确实地把客户的最佳利益放在心上时，他自然会以积极的购买决定来回应你的行动和态度，而良好的沟通能力是非常重要的。沟通过程中其实最关键的不是你说的话，而是你如何说话。

让我们看下面小细节的例子，来感受一下不同说法的效果：

“您”和“MM您”比较，前者正规客气，后者比较亲切。

“不行”和“真的不好意思哦”；“恩”和“好的没问题：（）”都是前者生硬，后者比较有人情味。

“不接受见面交易”和“不好意思我平时很忙，可能没有时间和您见面交易，请您理解哦”，相信大家都会认为后一种语气更能让人接受。

多采用礼貌的态度、谦和的语气，就能顺利地与顾客建立起良好的沟通。

（2）遇到问题多检讨自己少责怪对方。遇到问题的时候，先想想自己有什么做的不到的地方，诚恳地向顾客检讨自己的不足，不要先指责顾客，如顾客有些内容明明写了可是他没有看到，这个时候不要光指责顾客不好好看商品说明，而是应该反省没有及时提醒顾客。

（3）多换位思考有利于理解顾客的意愿。当我们遇到不理解顾客想法的时候，不妨多问问顾客是怎么想的，然后把自己放在顾客的角度去体会他的心境。

（4）少用“我”字，多使用“您”或者“咱们”。这样的字眼，让顾客感觉我们在全心全意地为他考虑问题。

（5）表达不同意见时尊重对方立场。

当顾客表达不同的意见时，要力求体谅和理解顾客，表现出“我理解您现在的心情，目前……”或者“我也是这么想的，不过……”来表达，这样顾客能觉得你在体会他的想法，能够站在他的角度思考问题，同样，他也会试图站在你的角度来考虑。

（6）认真倾听，先了解客户的情况和想法，再做判断和推荐。有的时候顾客常常会用一个没头没尾的问题来开头，比如“我送朋友送哪个好”，或者“这个好不好”，不要着急去回复他的问题，而是先问问顾客是什么情况，需要什么样的商品，如果他自己也不是很清楚，就要你来帮他分析他的情况，然后站在他的角度来帮他推荐。

（7）保持相同的谈话方式。对于不同的顾客，我们应该尽量用和他们相同的谈话方式来交谈。如果对方是个年轻的妈妈给孩子选商品，我们应该站在母亲的立场，考虑孩子的需要，用比较成熟的语气来表述，这样更能得到顾客的信赖。如果你自己表现得更像个孩子，顾客会对你的推荐表示怀疑。

如果你常常使用网络语言，但是在和顾客交流的时候，有可能他对你使用的网络语言不理解，会感觉和你交流有障碍，有的人也不太喜欢太年轻态的语言，所以建议大家在和顾客交流的时候，尽量不要使用太多的网络语言。

（8）经常对顾客表示感谢。当顾客及时地完成付款，或者很痛快地达成交易，我们都应该衷心地对顾客表示感谢，谢谢他这么配合我们的工作，谢谢他为我们节约了时间，谢谢他给了我们一个愉快的交易过程。

（9）坚持自己的原则。在销售过程中，我们会经常遇到讨价还价的顾客，这个时候我们应当坚持自己的原则。

如果作为商家在制定价格的时候已经决定不再议价，那么我们就应该向要求议价的顾客明确表示这个原则。

比如说邮费，如果顾客没有达到包邮的优惠条件，而给某位顾客包了邮，钱是小事，但后果严重：①其他顾客会觉得不公平，使店铺失去纪律性；②给顾客留下经营管理不正规的印象，从而小看你的店铺；③给顾客留下价格产品不成正比的感觉，否则为什么你还有包邮的利润空间呢？④顾客下次来购物还会要求和这次一样的特殊待遇，或进行更多的议价，这样你需要投入更多的时间成本来应对。在现在快节奏的社会，时间就是金钱，珍惜顾客的时间也珍惜自己的时间，才是负责的态度。

（10）努力摸清顾客的心理。摸透对方的心理，是与人沟通良好的前提。只有了解掌握对方的心理和需求，才可以在沟通过程中有的放矢，可以适当地投其所好，对方可能会视你为知己，接下来问题就相对容易解决得多。

（11）记住顾客的名字。记住客人的名字，可以让人感到愉快，且能有一种受重视的满足感，这在沟通交往中是一项非常有用的法宝，记住客人的名字，比任何亲切的言语都更能打动对方。

（12）不要吝啬你的“赞美的语言”。人性最深切的渴望就是拥有他人的赞赏，这就是人类有别于其他动物的地方，经常给客人戴一戴“高帽”，也许你就会改变一个人的态度。用这种办法，可以进一步发挥人的潜能，使戴“高帽”的人有被重视的感觉。

（13）付出你的真诚与热情。人总是以心换心的，你只有对客户真诚，客户才可能对你真诚；在真诚对待客户的同时，还要拥有热情，只有拿出你的真诚与热情，沟通才有可能成功。“真诚”是沟通能否取得成功的必要条件。

任务实施

一、阿里旺旺使用准备

（1）硬件：计算机1台（须连入互联网）、手机1部、数码相机1台（也可用较高像素手机）。

（2）软件：阿里旺旺。

二、阿里旺旺使用流程

（1）登录淘宝网（www.taobao.com），点击“阿里旺旺”，如图11-1所示。

图11-1　进入阿里旺旺下载页面

（2）选择阿里旺旺版本（本例选择阿里巴巴卖家版），如图11-2所示。

图11-2　选择下载的版本

（3）找到保存的文件，双击后按照提示安装完毕，输入会员登录名及密码即可登录使用，如图11-3所示。

（4）登录阿里旺旺后，点击添加联系人，直接输入要添加的商友登录名，或使用关键字查找：输入感兴趣的产品名字，来查找合适的商友，如图11-4所示。

（5）点击鼠标右键，选择添加组，如图11-5所示。

（6）输入组的名称，例如“我的采购商”，点击确认，如图11-6所示。

（7）将已经添加的商友进行分类，鼠标右键点击要转移的商友，将联系人移动到其他组，如图11-7所示。

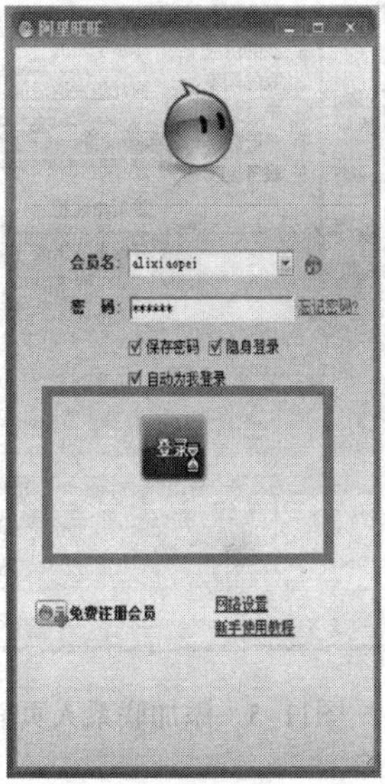

图11-3　阿里旺旺登录页面

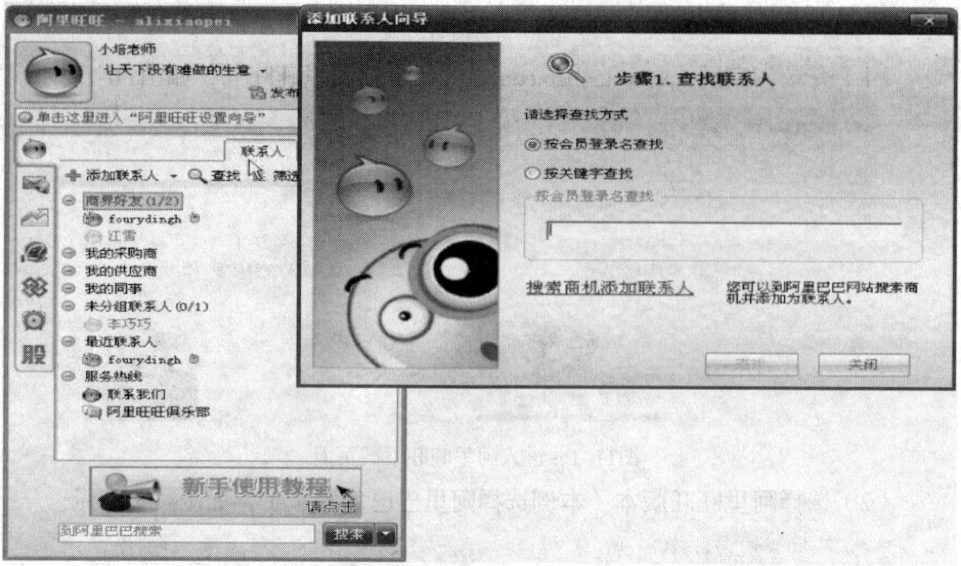

图11-4　添加联系人页面（1）

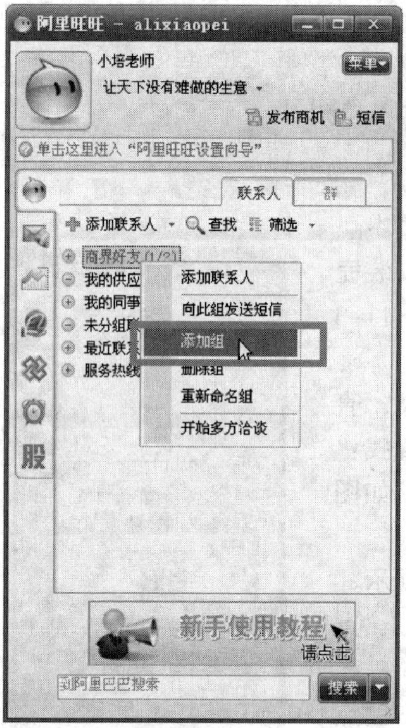

图11-5　添加联系人页面（2）

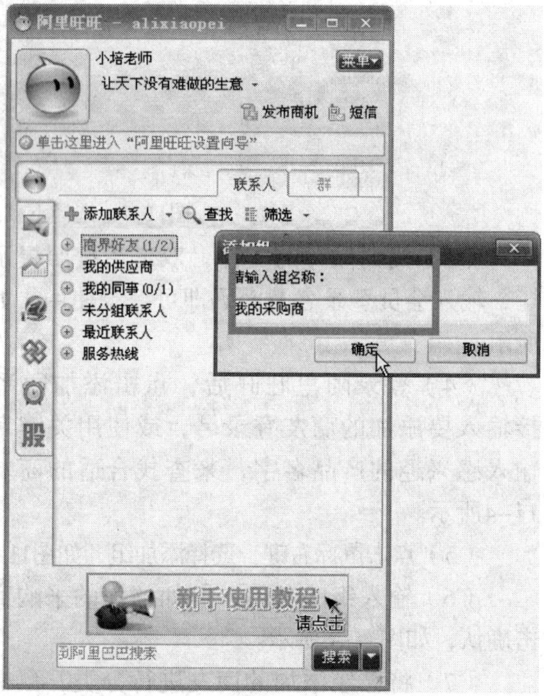

图11-6　添加联系人页面（3）

三、阿里旺旺关键功能使用

（1）Excel导入、导出快捷短语。

可以支持导入、导出csv格式的快捷短语，方便管理维护，导入时可以设置导入的快捷短语的统一格式，无需一条一条编辑，如图11-8所示。

（2）增加快捷编码，如图11-9所示，方便聊天时使用快捷短语。

（3）可通过快捷编码和快捷短语内容直接搜索快捷短语，使用查找更方便，聊天窗口输入“/”可开始搜索快捷短语，如图11-10所示。

（4）阿里旺旺中设置自动回复。打开阿里旺旺主界面，在阿里旺旺菜单中找到系统设置——客服设置——自动回复设置，在自动回复内容中设置好内容后即可启动自动回复，如图11-11所示。

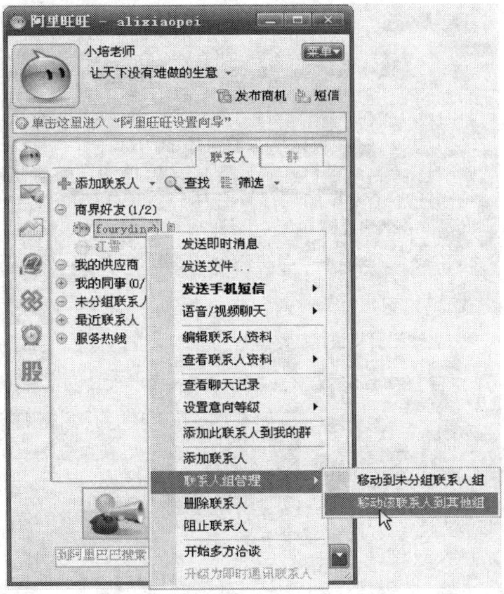

图11-7　添加联系人页面（4）

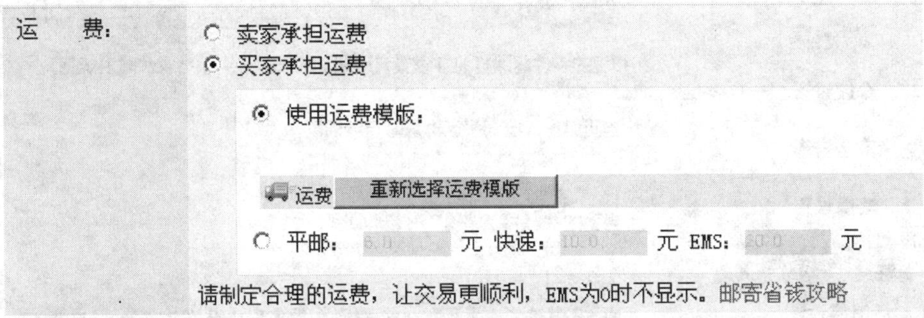

图11-8　批量导入短语

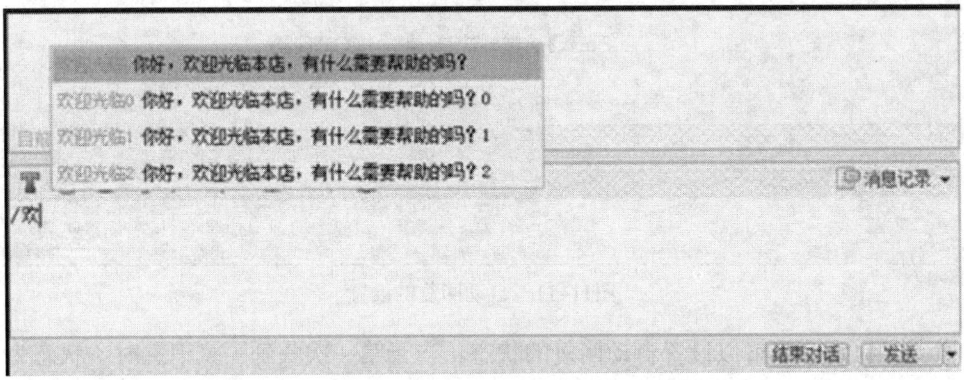

图11-9　快捷短语的设置

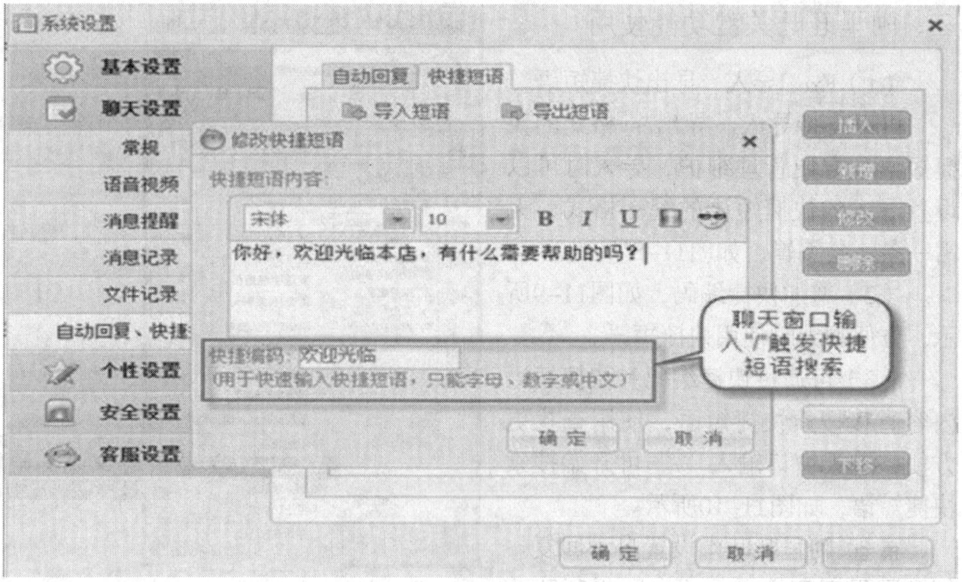

图11-10　快捷短语的使用

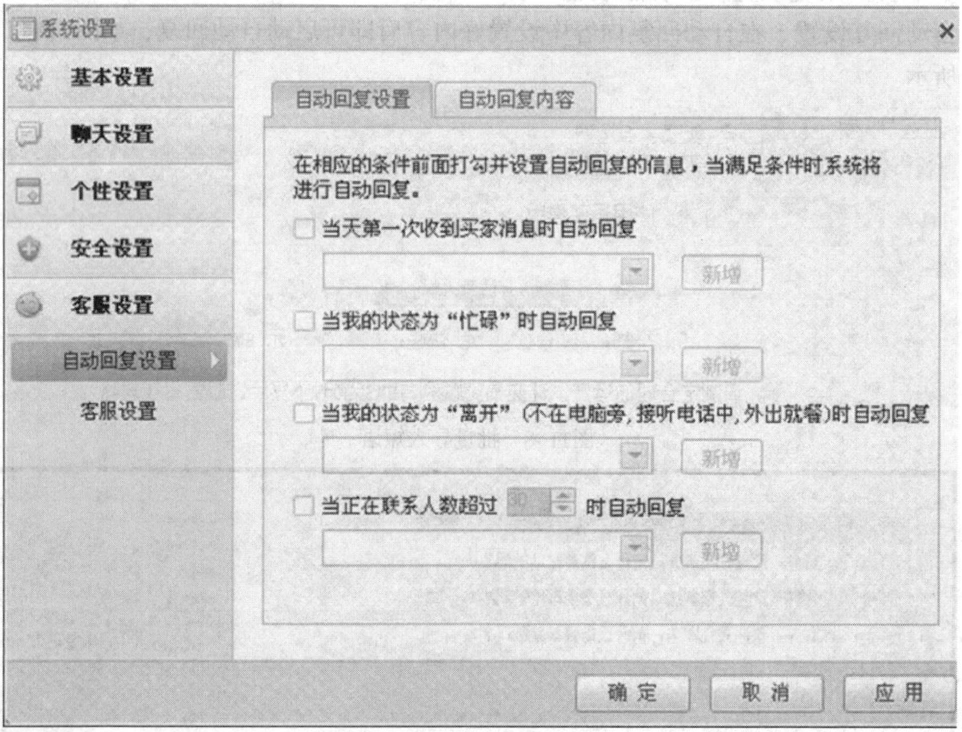

图11-11　自动回复的设置

2011卖家版可以设置自动回复的状态：当天第一次收到买家消息时、状态为“忙碌”时、状态为“离开”时、当正在联系人超过设置的人数时。

（5）阿里旺旺防骚扰设置。打开阿里旺旺主界面，找到菜单——系统设置——安全设置——防骚扰，在不接收陌生人消息前打勾，同时在过滤骚扰信息中设置关键字即可，对于卖家而言，可以输入常见陌生消息的关键字来防止骚扰信息，如图11–12所示。

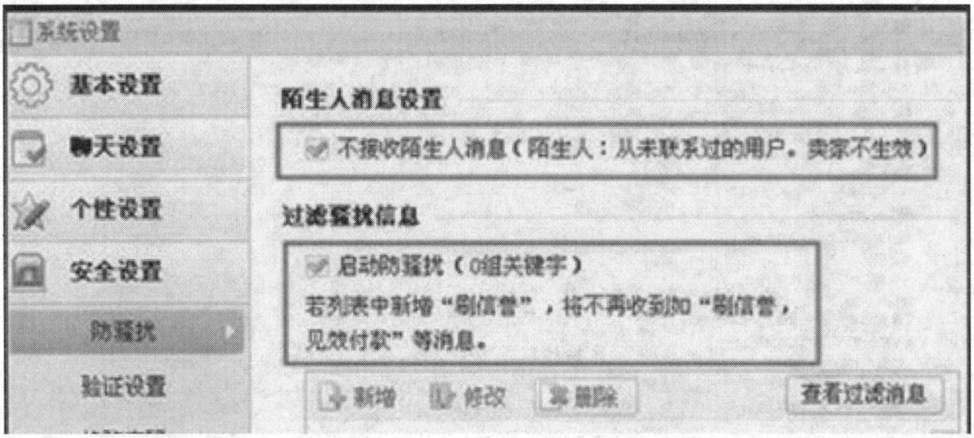

图11–12　防骚扰信息的设置

（6）阿里旺旺聊天记录举证功能。适用于淘宝网上需要使用阿里旺旺聊天记录作为证据的会员，从阿里旺旺2009版本开始支持聊天记录举证功能，举证时间期限为75天，举证号有效期为15天。

①进入消息管理器，打开您与对方的对话框——然后点击“查看消息记录”——再点击右下角“更多”，如图11–13所示。

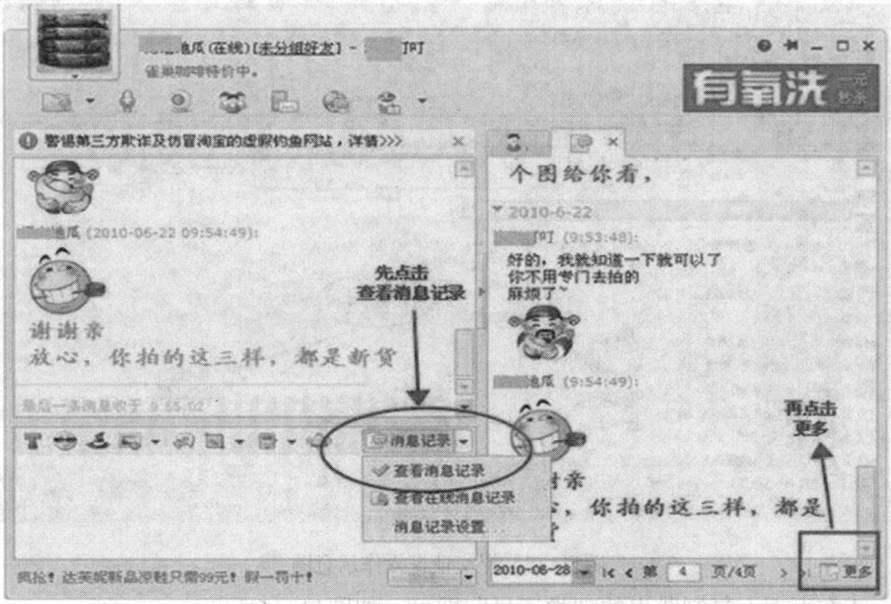

图11–13　打开“更多”消息记录窗口

②在弹出的消息管理器页面右上角点击“举证”，如图11-14所示。

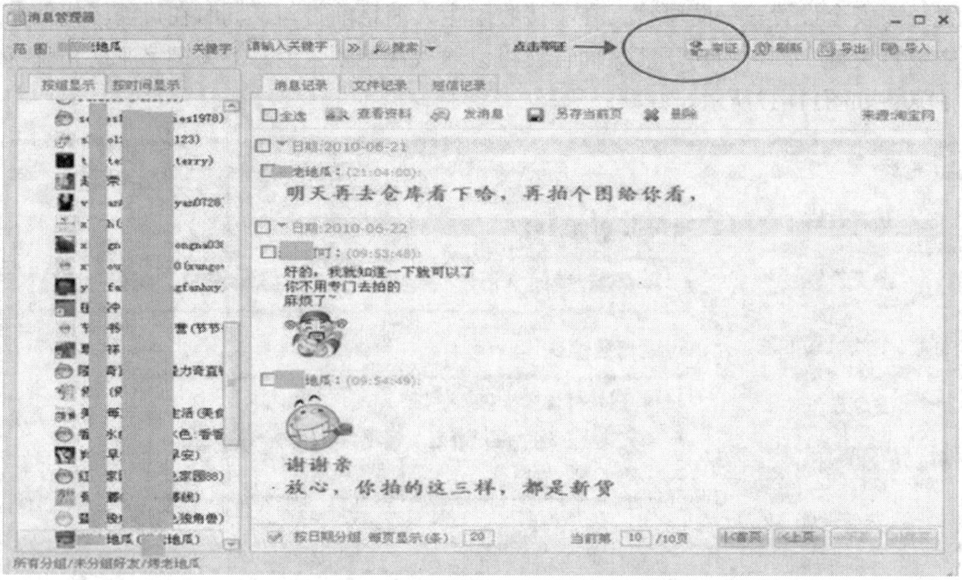

图11-14　打开举证窗口示意图

③在弹出的页面选择您需要“举证的日期”，再点击“提交证据”，如图11-15所示。

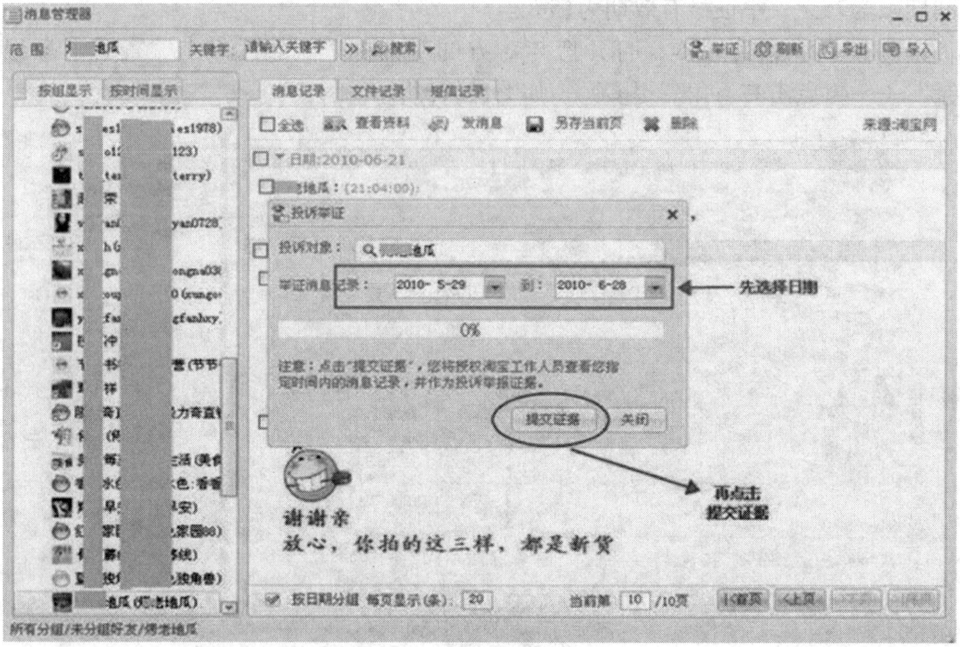

图11-15　提交证据操作示意图

④在页面上复制跳出的“举证号”即可，如图11-16所示。

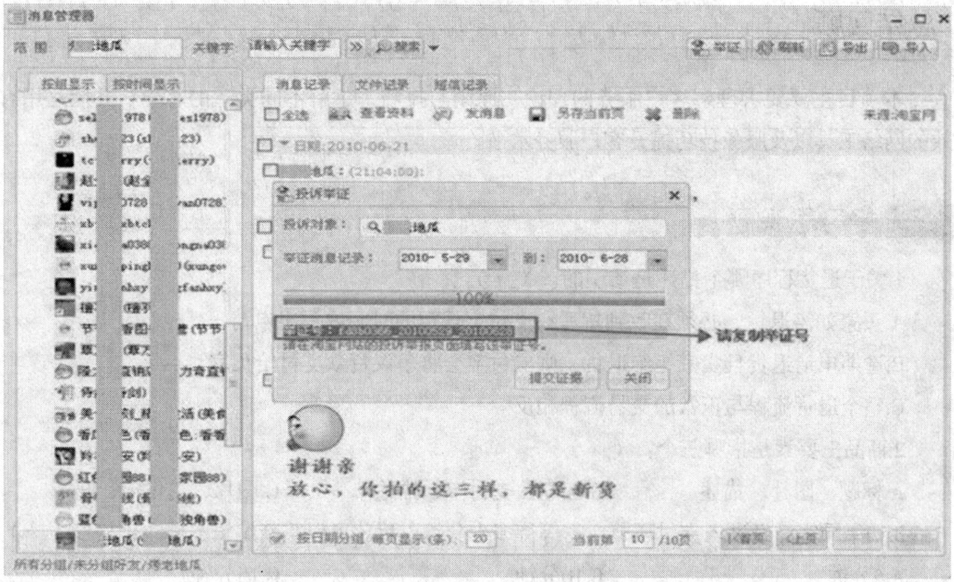

图11-16　指定举证对象获取举证号示意图

（7）开通移动旺旺功能，即时响应客户。

开通移动阿里旺旺方法：可通过阿里旺旺的菜单——移动旺旺——绑定手机，将您的手机和阿里旺旺绑定即可开通移动阿里旺旺，您只要开通手机绑定业务，即可马上免费获得10条短信的优惠，有效期为一个月，如图11-17所示。

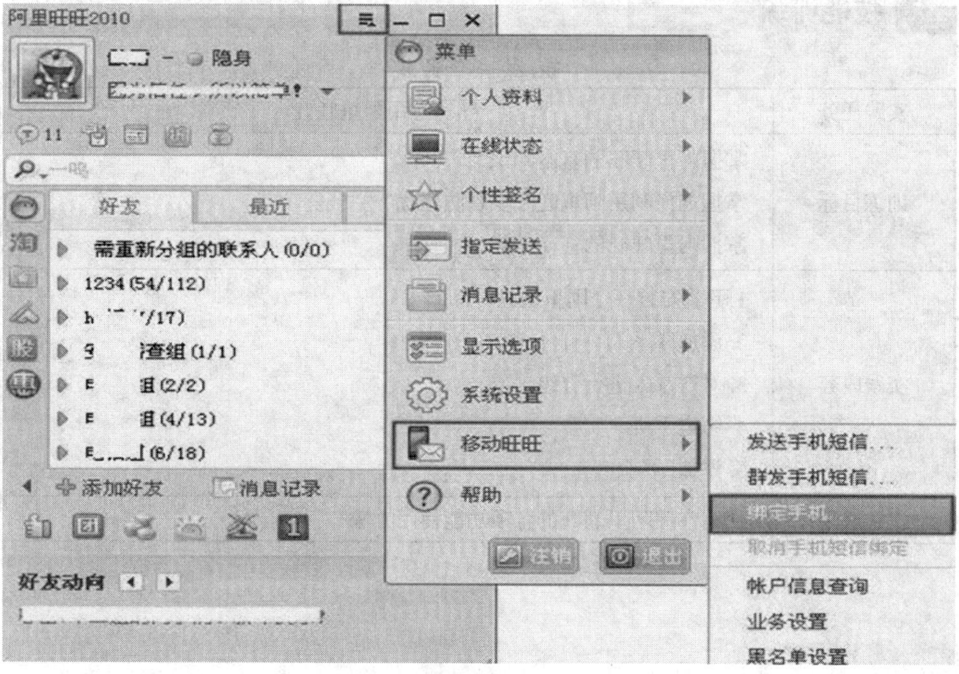

图11-17　开通移动旺旺操作示意图

总结回顾

本项目主要要求理解客户服务的理论、原则与技巧，了解不同类型的客户，并能运用有效的网络工具以及服务技巧提升客户服务水平。

复习思考题

1.关于退货程序哪个描述是错误的。（　）

A.买家如需退货，必须在收到货后在支付宝规定的时间内提出申请

B.逾期申请退货且卖家拒绝退货，则支付宝会将争议货款支付给买家

C.整个退货流程与正常的交易流程相反

2.商品三要素是指哪三个？（　）

A.标题、图片、描述　　B.旺旺、支付宝、描述　　C.图片、支付宝、旺旺

3.如果顾客已经进入支付环节，需等待多少分钟以后才可以重新编辑、修改价格？（　）

A.5分钟　　B.10分钟　　C.15分钟

4.修改评价的入口在哪里？（　）

A.管理我的店铺　　B.评价管理　　C.钱掌柜

5.查看旺旺离线消息的入口在哪里？（　）

A.管理我的店铺　　B.旺旺面板　　C.卖家提醒区

技能训练

技能训练任务书

实践任务	熟练运用阿里旺旺
训练目标	掌握阿里旺旺的基本知识 掌握如何利用阿里旺旺实现防骚扰、举证等功能 掌握阿里旺旺的移动功能
实践内容	1.下载安装一个阿里旺旺 2. 添加联系人 3. 对联系人进行分组 4. 绑定手机 5. 添加E客服
实践成果	熟练掌握阿里旺旺的各项功能使用方法

项目12 网店安全

学习目标

目标类型	项目目标
知识目标	了解常见的网店安全问题 了解网上开店的风险 知道网上开店的风险的识别方法 知道网上开店的安全设置
技能目标	能选择恰当的安全措施 能利用某一安全技术升级保护自己的网上店铺
工作态度目标	诚信经商 仔细做事 团队合作 与人顺畅沟通

技能知识

1. 网上店铺的安全问题
2. 网上店铺的风险和预防
3. 网店安全套餐

项目背景

随着互联网不断发展和电子商务高速发展，网上购物如今已经成为潮流，但在网络快速发展的过程中病毒、黑客的技术也越来越高明，网购虽然方便、快捷，但近年来网上骗子也是越来越猖狂，这使得买卖家在交易过程中也是忧心忡忡。如何才能在买卖交易过程中拒绝上当受骗和消除这些担忧呢？

引导案例

虚拟的承诺

小张是上海的一名摄影爱好者，有时为了往网上传照片需要经常使用中国联通公司发行的一种上网卡，这种上网卡市场价一般为3600元。但去年年底的一天，小张在这家购物网站上看到有人叫卖这种卡，竟然只要1500元钱，这比市场价要便宜一半还多，小张很快就和那位卖家取得了联系。卖家说他不仅可以开正规发票，还能使用支付宝。小张心想，有了这个网上的现金交易平台，应该不会有什么问题，于是就订购了一张上网卡。便宜的上网卡很快就送到了小张手里，小张先是上网试用了一下，没问题，然后又打电话到中国联通公司进行了核实，联通公司证实这卡确实是他们发行的。查实后，小张就通知这家网站将货款付给了那位卖家。没想到一个多月后，问题出来了，联通公司通知小张由于他拖欠上网费，现在停机了。

当初小张买这张卡的时候，卖家说1500元钱可以包用一年，现在怎么才一个多月就欠费了呢？小张立即和那位卖家进行了联系，可卖家的电话怎么打也打不通了。为了弄清楚事情的原委，小张再次打通了中国联通公司的电话。联通公司通过查询得知，这张卡是包月卡，每月的月底交话费。原来这种卡并不用一次性付钱，而是要每月结账。这样看来，很有可能是网上那位卖家收了小张的钱却没有按月替小张交费，将钱骗走了。

与此同时，这家购物网站还接到了全国各地众多网友的投诉，说他们遇到了和小张一样的事情。据了解，当时卖给小张他们上网卡的是一个网名为“妖言媚惑”的女子，她在网上注册的名字叫任圆圆，但至于她是哪儿的人，多大年纪，长得什么样，小张他们都不了解，因为交易都是通过网络进行的，双方从来没有见过面。

追查到她的市场摊位也是临时借租的，公司的设立也只是一个摆设，看来那个卖家任圆圆所做的一切都是有备而来的。在这种情况下，小张他们只得向警方报了案。但现在已经过去了3个多月，并没有传来警方破案的消息。

截至2009年底，淘宝已经为社会提供超过100万的直接就业岗位。淘宝网已成为广大网民网上创业和以商会友的首选。

资料来源：中央电视台http://www.cctv.com/program/lawtoday/20060525/100879.shtml

请思考：

1.买家多方小心怎么还是受骗？

2.如何确保我们网店的交易是安全的呢？

任务分析

本项目的主要工作任务是讨论个人网上商店的安全问题，主要包括以下内容：网店交易面临的安全问题、网店交易的安全因素与安全技术、网店风险的认识和预防、网店风险的规避。

相关知识

一、网店交易面临的安全问题

由于电子商务是以计算机网络为基础的，因此它不可避免地面临着一系列安全问题。

1. 信息泄露

在电子商务中表现为商业机密的泄露，主要包括两个方面：交易双方进行交易的内容被第三方窃取；交易一方提供给另一方使用的文件被第三方非法使用。

2. 篡改

在电子商务中表现为商业信息的真实性和完整性的问题。电子的交易信息在网络上传输的过程中，可能被他人非法修改、删除或重改，这样就使信息失去了真实性和完整性。

3. 身份识别

如果不进行身份识别，第三方就有可能假冒交易一方的身份，破坏交易、破坏被假冒一方的信誉或盗取被假冒一方的交易成果等。进行身份识别后，交易双方就可防止相互猜疑的情况。

4. 电脑病毒问题

电脑病毒问世十几年来，各种新型病毒及其变种迅速增加，互联网的出现又为病毒的传播提供了最好的媒介。不少新病毒直接利用网络作为自己的传播途径，还有众多病毒借助于网络传播得更快，动辄造成数百亿美元的经济损失。据《2010年网购安全报告》显示，2011年为“网购木马年”，网购木马病毒已成为网络购物的主要安全威胁之一，其数量不断增加的同时，病毒作者还不断研究推出新的攻击手段，请广大网络交易者加强防范。

5. 黑客问题

随着各种应用工具的传播，黑客已经大众化了，不像过去那样非电脑高手不能成为黑客。曾经大闹雅虎网站的黑手党男孩就没有受过什么专门训练，只是在网上下载了几个攻击软件并学会了如何使用，就在互联网上大干了一场。

二、网店交易的安全因素与安全技术

安全问题是应用电子商务网店交易最担心的问题，而如何保障网店交易活动的安全，将一直是电子商务的核心研究领域。作为一个安全的电子商务系统，首先必须具有一个安全、可靠的通信网络，以保证交易信息安全、迅速地传递；其次必须保证数据库服务器绝对安全，防止黑客闯入网络盗取信息。

（一）网店交易的安全要素

1. 有效性

EC以电子形式取代了纸张，那么如何保证这种电子形式的贸易信息的有效性则是开展EC的前提。EC作为贸易的一种形式，其信息的有效性将直接关系到个人、企业或国家的经济利益和声誉。因此，要对网络故障、操作错误、应用程序错误、硬件故障、系统软件错误及计算机病毒所产生的潜在威胁加以控制和预防，以保证贸易数据在确定的时刻、确定的地点是有效的。

2. 机密性

EC作为贸易的一种手段，其信息直接代表着个人、企业或国家的商业机密。传统的纸面贸易都是通过邮寄封装的信件或通过可靠的通信渠道发送商业报文来达到保守机密的目的。EC是建立在一个较为开放的网络环境上的(尤其Internet是更为开放的网络)，维护商业机密是EC全面推广应用的重要保障。因此，要预防非法的信息存取和信息在传输过程中被非法窃取。

3. 完整性

EC简化了贸易过程，减少了人为干预，同时也带来维护贸易各方商业信息的完整、统一的问题。由于数据输入时的意外差错或欺诈行为，可能导致贸易各方信息的差异。此外，数据传输过程中信息的丢失、信息重复或信息传送的次序差异也会导致贸易各方信息的不同。贸易各方信息的完整性将影响到贸易各方的交易和经营策略，保持贸易各方信息的完整性是EC应用的基础。因此，要预防对信息的随意生成、修改和删除，同时要防止数据传送过程中信息的丢失和重复并保证信息传送次序的统一。

4. 可靠性 / 不可抵赖性 / 鉴别

EC可能直接关系到贸易双方的商业交易，如何确定要进行交易的贸易方正是进行交易所期望的贸易方这一问题则是保证EC顺利进行的关键。在传统的纸面贸易中，贸易双方通过在交易合同、契约或贸易单据等书面文件上手写签名或印章来鉴别贸易伙伴，确定合同、契约、单据的可靠性并预防抵赖行为的发生，这也就是人们常说的白纸黑字。在无纸化的EC方式下，通过手写签名和印章进行贸易方的鉴别已是不可能的。因此，要在交易信息的传输过程中为参与交易的个人、企业或国家提供可靠的标识。

5. 即需性

即需性是防止延迟或拒绝服务，即需安全威胁的目的就在于破坏正常的计算机处理或完全拒绝服务。在电子商务中，延迟一个消息或消除它会带来灾难性的后果。例如，你在上午10点向在线的股票交易公司发一个电子邮件委托购买1000股IBM公司的股票，假如这个邮件被延迟了，股票经济商在下午2点半才收到这封邮件，这时股票已经涨了15%，这个消息的延迟就使你损失了交易额的15%。

6. 身份认证

指交易双方可以相互确认彼此的真实身份，确认对方就是本次交易中所称的真正交易方。认证是证实一个声称的身份或者角色，如用户、机器、节点等是否是真实的过程。这一过程为授权和审计所必需，也是实现授权、审计的访问控制过程运行的前提，是计算机网络安全系统不可缺少的组成部分。

7. 审查能力

根据机密性和完整性的要求，应对数据审查的结果进行记录，以避免当贸易一方发现交易行为对自己不利时否认电子商务行为。例如，某股民以每股12元购买了1000股后，行情发生了变化，每股价格降到了10元，于是该股民否认以前的购买行为。因此，要求系统要有审查能力，使交易的任何一方都不能抵赖已经发生的交易行为。

（二）电子商务中的安全防范技术

为了满足电子商务的安全要求，电子商务系统必须利用安全技术为电子商务活动参与者提供可靠的安全服务，具体可采用的技术有如下几种。

1. 数字签名技术

“数字签名”是通过密码技术实现电子交易安全的形象说法，是电子签名的主要实现形式。它力图解决互联网交易面临的几个根本问题:数据保密、数据不被篡改、交易方能互相验证身份、交易发起方对自己的数据不能否认。“数字签名”是目前电子商务、电子政务中应用最普遍、技术最成熟、可操作性最强的一种电子签名方法。

数字签名技术采用了规范化的程序和科学化的方法，用于鉴定签名人的身份以及对一项电子数据内容的认可。它还能验证出文件的原文在传输过程中有无变动，确保传输电子文件的完整性、真实性和不可抵赖性。

2. 防火墙技术

防火墙是近期发展起来的一种保护计算机网络安全的技术性措施，它是一个用以阻止网络中的黑客访问某个机构网络的屏障，也可称之为控制进/出两个方向通信的门槛。在网络边界上通过建立起来的相应网络通信监控系统来隔离内部和外部网络，以阻挡外部网络的侵入。目前的防火墙主要有以下三种类型:包过滤防火墙、代理防火墙、双穴主机防火墙。

3. 入侵检测系统

入侵检测系统能够监视和跟踪系统、事件、安全记录和系统日志以及网络中的数据包，识别出任何不希望有的活动，在入侵者对系统发生危害前，检测到入侵攻击，并利用报警与防护系统进行报警、阻断等响应。

4. 信息加密技术

信息加密的目的是保护网内的数据、文件、口令和控制信息，保护网上传输的数据。网络加密常用的方法有链路加密、端点加密和节点加密三种。链路加密的目的是保护网络节点之间的链路信息安全；端—端加密的目的是对源端用户到目的端用户的数据提供保护；节点加密的目的是对源节点到目的节点之间的传输链路提供保护。用户可根据网络情况酌情选择上述加密方式。

5. 安全认证技术

安全认证的主要作用是进行信息认证，信息认证的目的就是要确认信息发送者的身份，验证信息的完整性，即确认信息在传送或存储过程中未被篡改过。

6. 防病毒系统

病毒在网络中存储、传播、感染的途径多、速度快、方式各异，对网站的危害较大。因此，应利用全方位防病毒产品，实施“层层设防、集中控制、以防为主、防杀结合”的防病毒策略，构建全面的防病毒体系。

三、网店风险的认识和预防

（一）网店交易风险的分类

1. 信息风险

从买卖双方自身的角度观察，网络交易中的信息风险来源于用户以合法身份进入系统后，买卖双方都可能在网络上发布虚假的供求信息，或以过期的信息冒充现在的信息以骗取对方的钱款或货物，而对这些信息的鉴别至少在现在还没有很好的解决办法。

从技术上看，网络交易的信息风险主要来自三方面：冒名偷窃、篡改数据、信息丢失。

信息在网络上传递时，要经过多个环节和渠道。由于计算机技术发展迅速，原有的病毒防范技术、加密技术、防火墙技术等始终存在着被新技术攻击的可能性。计算机病毒的侵袭，黑客的非法侵入、线路窃听等很容易使重要数据在传递过程中泄露，威胁电子商务交易的安全。各种外界物理性干扰，如通信线路质量较差、地理位置复杂、自然灾害等，都可能影响到数据的真实性和完整性。

2. 信用风险

信用风险主要来自三个方面：

来自买方的信用风险。对于个人消费者来说，可能存在在网络上使用信用卡进行支付时恶意透支，或使用伪造的信用卡骗取卖方的货物行为；对于集团购买者来说，存在拖延货款的可能。卖方需要为此承担风险。

来自卖方的信用风险。卖方不能按质、按量、按时送寄消费者购买的货物，或者不能完全履行与集团购买者签定的合同，造成买方的风险。

买卖双方都存在抵赖的情况。

3. 管理方面的风险

严格管理是降低网络交易风险的重要保证，特别是在网络商品中介交易的过程中，客户进入交易中心，买卖双方签定合同，交易中心不仅要监督买方按时付款，还要监督卖方按时提供符合合同要求的货物。在这些环节上，都存在大量的管理问题。防止此类问题的风险需要有完善的制度设计，形成一套相互关联、相互制约的制度群。

4. 法律方面的风险

电子商务的技术设计是先进的、超前的，具有强大的生命力。但必须清楚地认识到，目前的法律上是没有现成的条文保护网络交易之中的交易方式的，在网上交易可能会承担由于法律滞后而造成的风险。

此外，还存在其他方面的不可预测的风险。在对风险源进行分析时，应把一切可能导致风险的因素，包括直接的和间接的因素，内部的和外部的因素，主要的和次要的因素，总体的和个体的因素等，从多角度加以考察、研究，尽可能把风险源考虑得多一些，全面一些。对风险源考虑得越细致、越周密，越有助于采取有针对性的防范措施。

（二）网店交易风险的预防

网络是个虚拟的世界，几张图片、几个网页就可以开张做生意，但是网络上真真假假的东西太多，如何在茫茫网海中找到真实的交易呢？所谓知己知彼，百战不殆，因此知道网络中的诸多骗局是正确使用网络、合理规避风险、确保安全交易的途径之一。

1. 假信誉、假钻石、假皇冠

作为买家要购买一件商品，很多人都会去选择信誉高的卖家，认为自然的商品质量就会好，其实随着用钱买钻的把戏被揭露，让我们明白了选卖家别看几钻几皇冠，没什么大用处，很多是刷出来的。下面就教大家一个简单的办法，通过简单的数据分析辨别钻石或皇冠卖家的真假。

主要是查看“最近一周/最近一个月/最近6个月/6个月前”四组数据，通过对比这四组数据比值，来确定交易的真实性。按照正常，如果是正常卖家，他的销售数据应该比较平衡，是稳步提升的，近一个月/最近一周比值，近6个月/近一个月的比值，6个月前/近6个月的比值都是比较接近的，而刷钻嫌疑的卖家近一个月/近6个月/6个月前的比值相差太远，这里不正常。

防骗方法：别看卖家的几颗皇冠，几颗钻石，而是要考虑一下卖家的评价质量：看好评的内容和回复好评的内容，从中发现卖家的性格；看中评和差评，这个基本上能真正反映出这个店铺的真实信誉，成交次数比较多的卖家不可能不会碰到差评，但如果差评过多，同时没有评价内容的默认好评更多的卖家，那就得小心了。

2. 低价陷阱

一般人网购一件商品，都会搜索物品后按价格从低到高排列，价格偏低的那件更容易打动人。大家要注意如果一种商品太过低廉，而且比同类商品低不少，大家就要提高警惕了。例如：购买手机特别是新出的手机价格当然贵了，在市场上卖3000多元钱，而在网上的水货要便宜很多，2000元左右就能买到，有些标价正好是市场价的一半，有些更离谱，手提电脑市场价在6000元左右，而网上只卖2000元左右，能有这么好的事吗？

防骗方法：一般和商品在商场上售价过于悬殊的商品，还是要仔细看一下，除非该商品在参加淘宝的特价活动(如“周末疯狂购”)等。

3. 实物与图片不符

现在很多卖家都是制图高手，很多漂亮的图片未必和真实商品一样，尤其是色差等方面。有些商品的图片和商品说明，都是从官方网站上下载的、杂志上扫描的图片。例如泛滥的韩国饰品，国内市场上仿韩国饰品的越来越多，价格战一个比一个厉害。

防骗方法：要多咨询卖家，在聊天中尽量对商品了解透彻，一定要看到实物照片，这样可以增加安全度。另外，很多卖家出于免责考虑，都会把商品的实际情况在这里说明，越是轻描淡写的地方越要注意。

当然，一些拍摄效果较好的图片不在范围，但还是要联系卖家，从卖家的谈吐中多少可以获知卖家的性格。

4. 虚假链接

卖家发给你一个商品的网址链接，点击进去后，是一个假网页，跟淘宝一模一样的，一般人很难分辨出真假。此时，要是你输入你的信息，那你就上当了，你的账号跟密码就可能落到骗子的手里了。

另外，如果卖家发给你带有附件的传输文件，发现此人信誉为零，又是没有经过淘宝认证的，里边很可能有盗账户的木马病毒！千万别点接收。

5. 假货冒充正货骗税费

上面说过价格明显很低的商品不要相信，而有些和商场里的真货价格相差不多的商品不要以为就肯定是真的了。有些卖家声称正品可验货。提供发票需要20%税费，一切就像真的那样。但当把它和真的摆在一起，真假就立刻现形了。

防骗方法：特别是服饰和化妆品网购，网店店主会钻“专柜拒绝验货”的空子，一些仿得好一点的A货，反正买家也鉴别不出。对于假货，除了擦亮眼睛外，可以直接联系商品的正规售后服务部。

6. 运费陷阱

一些店铺中，商品的标价很低，这个时候就要看看运费了，现在的运费一般同城是5元，异地10元左右。如果该买家的邮费超过15元，大家就要多询问几句了。另外，一般卖家在卖出多件商品给同一个买家时，会只收取一份快递费，如果卖家要收取几份快递费的时候，那么要小心，卖家是在通过运费赚你的钱（超重除外）。

防骗方法：千万别只顾商品的价格而忽略了运费，它在整个费用中也占到了不小的比重。

7. 支付陷阱

现在网购基本上都是使用先付款再发货的支付方式，对方以种种理由说没有支付宝，支付宝不好用麻烦等为理由，要你给他直接汇款到对方账号上。

还有一种就是现在支付宝开通了直接转账即时到账，这本来是为了方便大家，恰恰被一些骗子利用！骗子说“我把我的支付宝账号给你，你用支付宝给我转账吧”！新手尤其要特别注意：这样的支付宝转账，资金直接进入骗子的账号，他马上可以把资金转到自己的银行卡上面。

防骗方法：支付宝，坚决使用支付宝。对您既无损失，又不收额外的费用，何乐而不为呢？如果通过银行汇款等方式，万一出现了交易纠纷等，都比较难处理，使用支付宝，才能确保买家卖家双方的安全。

8. 货不对板

定购的是自己喜欢的商品，而收到的却是一些破烂的商品，或者是有质量问题的商品，更离谱的是有些骗子发的是一些报纸。

甲小姐在网上购买了一件“看起来很美”的羽绒服，卖家号称绝对正版，做工一流，最重要的是所给出的图片实在太诱人了，无论是颜色、款式都让甲小姐动心，于是迫不及待地付了款等待心仪的衣服到达。几经煎熬，甲小姐满怀期待地打开包裹，却发现收到的衣服与图片所描述的大相径庭，面料粗糙、做工低劣，接线处到处都是未剪掉的线头，而时不时从衣缝中钻出的粗杆鸭毛更是让人无法忍受。

防骗方法：如果是快递，你可以当着快递员的面检查一下商品；如果是邮局也可以当着邮局工作人员在场检查，发现问题你可以拒收。注意：千万不要签字。这时一定要注意请承运公司出具证明。马上和对方联系，对方如果不同意的话可以投诉对方。

9. 收货陷阱

有些货物投递的时间较长，等你还没有收到货，支付宝就自动打款了(支付宝默认的是快递10天平邮30天)。

防骗方法：没收到货卖家就以种种借口要求买家确认收货，这时候就一定要注意了，不要理会对方坚持原则。收到货满意后再确认。如果时间较长，一定要好好和对方协商可以要求卖家延长交易时限或直接要求退货。

10. 三方诈骗术

这是一个新的骗术，骗子不光骗了你，还骗了另外一个无辜的卖家。

第一步：骗子在淘宝上开个店铺，发布低价商品链接。(一定是低于正常价格的，一般以Q币、手机充值卡比较常见)。

第二步：买家看到低价链接后，动心了，找到骗子。骗子发个自动发货商品的链接给买家(注意：此链接一般都是别的卖家的商品)。

第三步：买家付款后，淘宝自动发货系统立即把密码发给了买家。骗子得知买家付款后，一般有下面两种方法：①给买家一个自做的钓鱼网址，让买家输入拿到的卡号、密码，一旦输入后，骗子在后台可以立即拿到买家的密码卡号；②骗子直接开口跟买家要卡密，非常热情地要帮买家充值。

第四步：骗子拿到密码后，立即抢先到此卡密真正可以充值的官方或者平台网址充值，密码使用过一次后立即失效了。

防骗方法：不要贪图便宜(虚拟商品的利润是很低的)；认清真正店主，只与连接的本人交谈；不要拍不是自己要的商品。任别人怎么花言巧语，只拍自己需要的东西；付款前一定要把商品说明看清楚，其实几乎所有有自动发货的卖家，为了防止被骗子利用自己的商品，都会在商品描述里不厌其烦地、大字号地提醒买家小心第三方骗局，只要买家稍微注意下就可以防止被骗。

11. 虚拟的交易

乙先生是位网络游戏玩家，在某网络游戏中积攒了大量的“装备”，而这些装备随着时间的推移渐渐成了抢手货，于是E先生也开始考虑用这些虚拟的物品换点真实的“银两”花花，常在网络上行走的E先生对于交易十分小心，经过千挑万选终于圈定了一个买家，此买家也是在游戏中混迹了很久，颇有威信的。出于对网络朋友的信任，E先生直接将“装备”发给了该买家，却迟迟没有收到买家给予的汇款，当乙先生提出疑义的时候，该买家却倚仗以往建立起的“好人缘”反咬一口，让乙先生有口难辩。

防骗方法：对于虚拟产品的交易现在也有大量的骗局产生，给各种游戏补充点卡或者买卖各种虚拟物品的时候，除了双方直接交易产生的骗局外还有大量伪造的中介网站坐收渔人之利。在类似上面的骗局中，最常利用的就是在长时间一起玩游戏中建立的信任感，这种骗子先是和你交朋友，和你一起冲级，一起PK，等时间成熟后就开始行骗，更有甚者套出受害人的ID和密码，

12. 狡兔三窟

丙先生经常在网上购物，对于此中的甜头他尝到了不少。正巧年节他准备给单位的员工发放点福利，习惯了在网上给自己买东西的他准备进行大批量的采购，在以往长期的网购中丙先生也积累了大量的防骗经验，因此在选择网商的时候也格外仔细。汇款入个人账户而不是企业账户的不买，没有工商备案的不买，没有详细地址的不买，甚至还打电话过去确认公司的真实性。当节日临近的时候丙先生还没有等来网上购买的物品，再打电话去有关部门问询的时候，才知道站点所提供的所谓的详细地址根本是捏造的。

防骗方法：为了使欺骗得逞，骗子可能会采取各种方式防止被人识破，例如用多个名称、网址，在自己写的工商备案登记信息中加入“该网站正在变更受理中”。在面对如此狡猾的骗子的时候最常用的方法就是试探，比如说让朋友去实地看货之类的，这种情况下骗子往往会闪烁其词，我们就该提高警惕了。

另外注意，在整个交易的过程中，不要随意地改变自己网上的用户名，一旦更改，在交易中的所有证据就没用了。即使被骗，你的证据也不会被淘宝小二所接受。

总之为了防止被骗，还应该随时保留证据，把短信、Email和汇款凭据保留下来，没有到交易真正结束不要乱丢，以防被卖家反咬一口。最后，提醒大家千万别相信中奖之类的骗局。不要贪心，天上掉下来的往往不是馅饼，而是陷阱。你不给骗子机会，他永远也别想骗到你。

任务实施

一、任务准备

1. 硬件

计算机1台（须连入互联网）、手机1部。

2. 证件

本人身份证、本人手机号。

二、账户安全基本设置

（一）会员账户安全

以淘宝为例介绍账户安全。在淘宝上我们有许多用户名和密码，比如淘宝登录密码。支付宝登录密码。网银登录密码等，如此多的密码，作为店主一定要管理好，否则一不小心就被居心叵测的人钻了空子。

1. 会员账户安全等级

淘宝提供了账户安全等级查询，会员安全等级是淘宝推出的对会员账户相对安全度的检测。安全等级越高，意味着账户能得到更好的安全保护。

进入“我的淘宝”—“账号管理”页面即可看到安全等级级别标识，如图12–1所示。

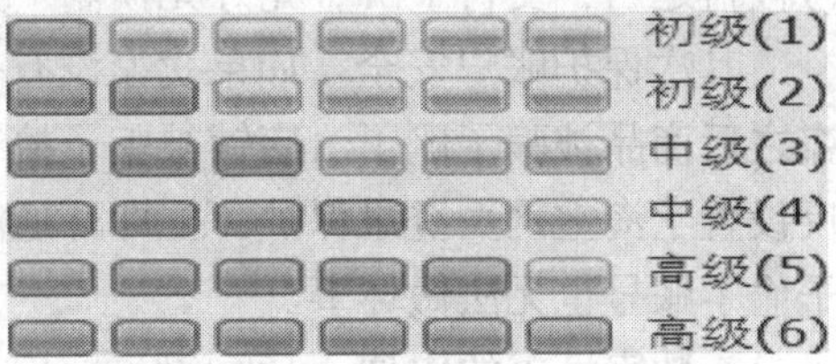

图12–1　账户安全等级

会员安全等级达到高级，意味着账户已经相对安全，账户得到了比较良好的安全保护。但一个账户的真正安全，不仅取决于网站服务，更重要的是取决于您自身的安全意识。安全等级越高相对越安全，请在力所能及的情况下尽可能提高安全等级。就以往案例看，普通买家中级（3）以下被盗概率较高，有店铺的卖家中级（4）以下被盗概率较高。

可以进入“我的淘宝”—“账号管理”页面查看您当前淘宝账户的安全等级，可以根据相应的提示升级账户等级。

2. 密码设置

在设置密码时一定要注意密码设置得不要过于简单，因为过于简单，密码很容易被人破解，如果要让密码安全一些，最好用毫无规律的“数字+大小写英文字母（也可以认为是拼音）+符号≥14位数”的方式编辑密码，如y7b&8wF*5a@#6JKmu@9。

如果认为还是太简单，可以加长密码长度，但是密码的长度要注意网站设置的要求。

此外密码记不住可以写在纸质笔记本上做备份，最好不要存在手机、电脑上。如果要保存到手机上，保存的时候不要说密码的用处，骗子即使知道是密码，也不知道是哪里的密码。并且保存时要加上只有自己知道的乱码，自己看的时候掐头去掉乱码即可。

淘宝一组登录密码，支付宝两组密码，登陆和支付密码最好都不一样，否则一个密码丢失就全丢了，支付宝支付密码是三组密码里最重要的。支付宝最好和手机捆绑，大额交易需要手机短信随机码的，支付宝免费提供短信服务。

（二）数字证书的使用

1. 数字证书的作用

数字证书是一种权威性的电子文档。它提供了一种在Internet上验证用户身份的方式，其作用类似于司机的驾驶执照或日常生活中的身份证。它是由权威机构——CA证书授权(Certificate Authority)中心发行的，人们可以在互联网交往中用它来识别对方的身份。当然在数字证书认证的过程中，证书认证中心（CA）作为权威的、公正的、可信赖的第三方，其作用是至关重要的。

支付宝公司提供的数字证书首先是保障资金安全。如果用户没有申请数字证书，账号一旦被盗，支付宝余额就会被骗子花掉，但是如果安装了数字证书，账号被盗之后，支付宝资金完好无损。

其次保护账户安全。如果卖家没有登录保护，不使用数字证书校验，账号被盗之后商品被骗子删了、店铺被骗子搞得乱七八糟、他的顾客也被骗子忽悠。相反设置了淘宝网页登录保护（立即开通登录保护），并且使用数字证书校验，骗子偷了账号也无法做坏事。

2. 数字证书的申请

第一步登录淘宝网安全中心查看账户安全等级程度，在括号内有建议申请数字证书，用鼠标单击“申请数字证书”，如图12-2所示。

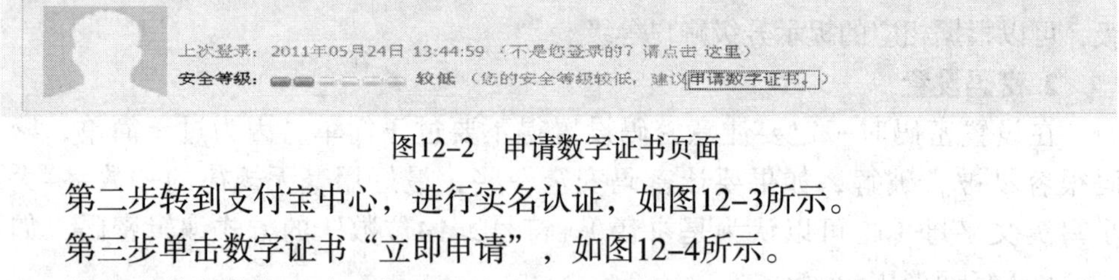

图12-2　申请数字证书页面

第二步转到支付宝中心，进行实名认证，如图12-3所示。

第三步单击数字证书“立即申请”，如图12-4所示。

第四步单击数字证书“提交”，如图12-5所示。

第五步单击数字证书“确定”，如图12-6所示。

第六步申请成功，如图12-7所示。

申请完成支付宝证书以后，每次使用支付宝进行交易，系统会自动检测你的

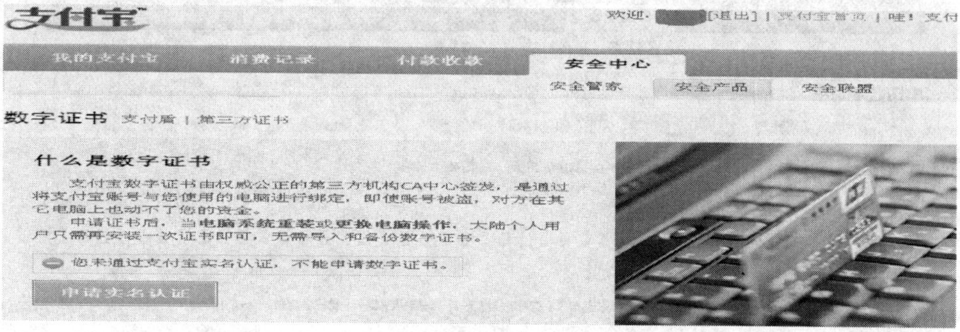

图12–3　实名认证

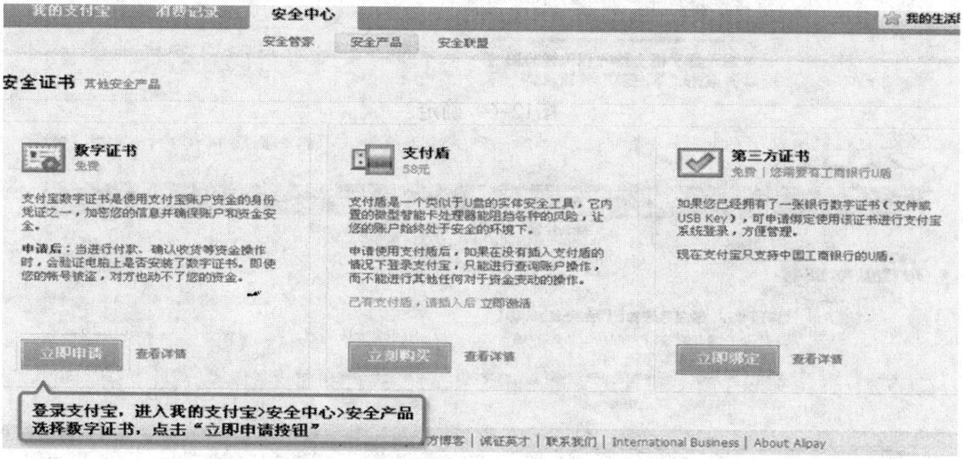

图12–4　立即申请

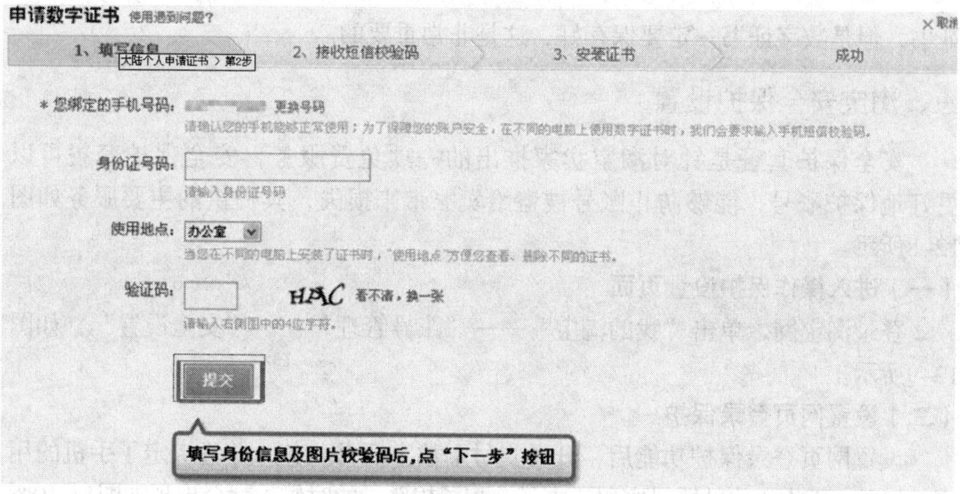

图12–5　提交

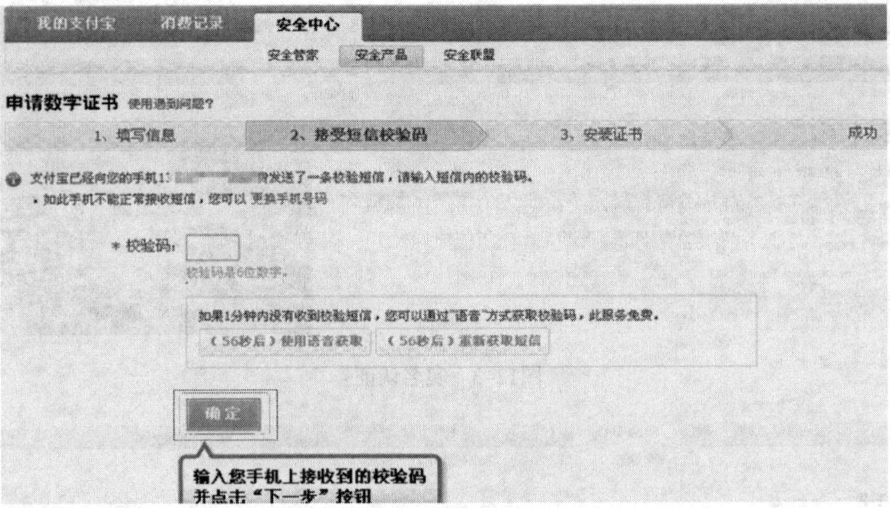

图12-6 确定

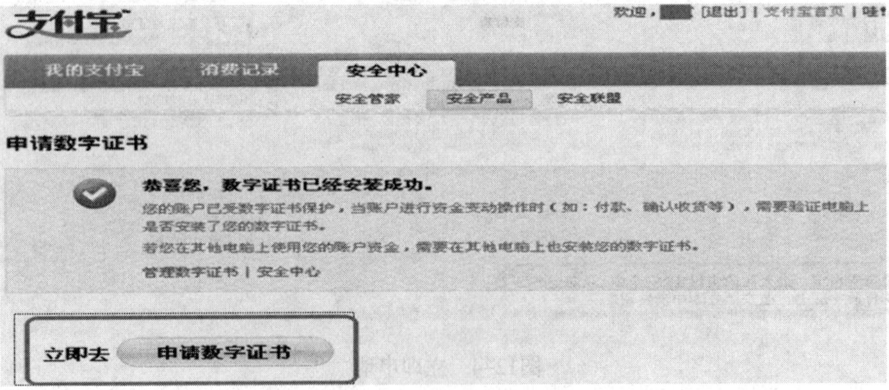

图12-7 申请成功

证书，但是数字证书一定要保存好，这是非常重要的。

三、淘宝安全保护设置

安全保护套餐是针对淘宝卖家推出的一项免费服务，安全保护套餐可以更好地保护账号，能够防止账号被盗给卖家带来损失，其提供的主要服务如图12–8所示。

（一）进入操作保护设置页面

登录淘宝网，单击"我的淘宝"——"账号管理"——"安全设置"，如图12–9所示。

（二）设置网页登录保护

设置网页登录保护功能后，开通支付宝数字证书业务，并且绑定了手机的用户，如果一不小心你的账号密码泄露了，骗子想登录的时候，就会出现如图12–10所示的提示。骗子要想登录，必须要有数字证书或者手机校验码，如图12–11所示。

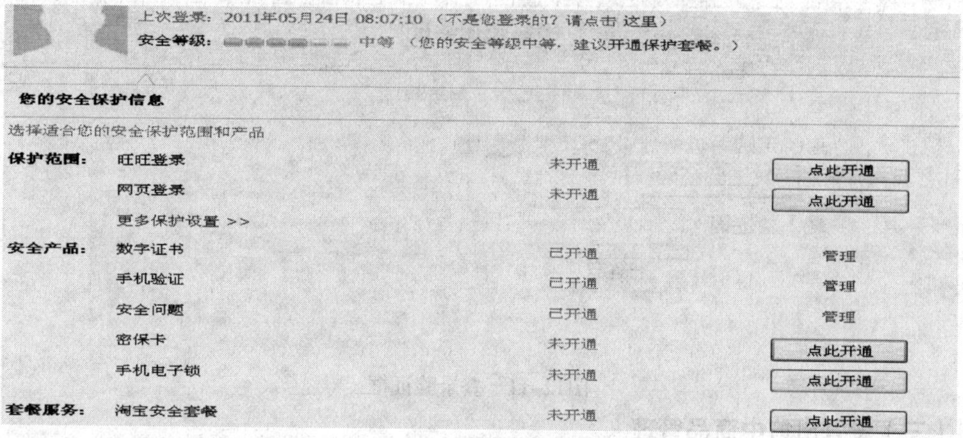

图12-8　安全保护套餐

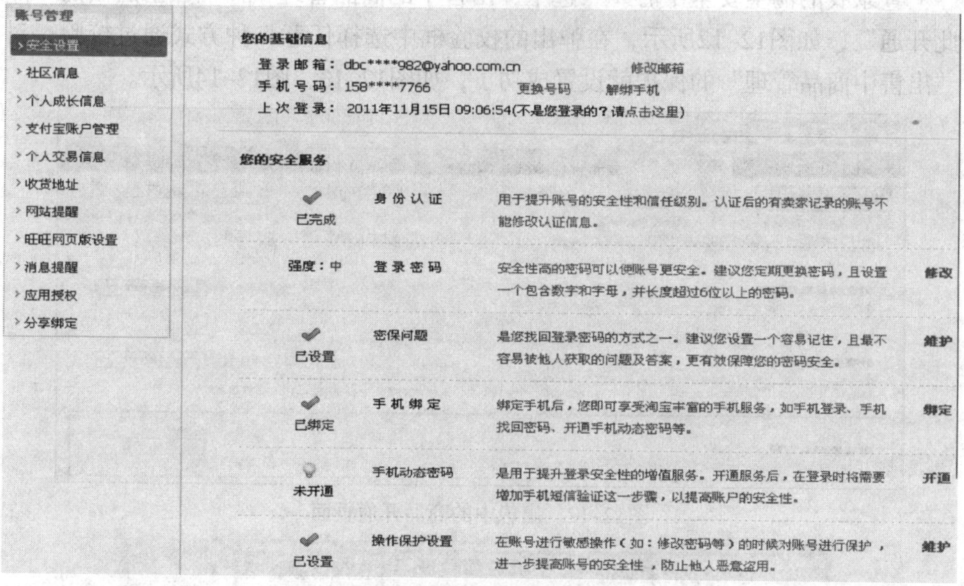

图12-9　安全保护开通页面

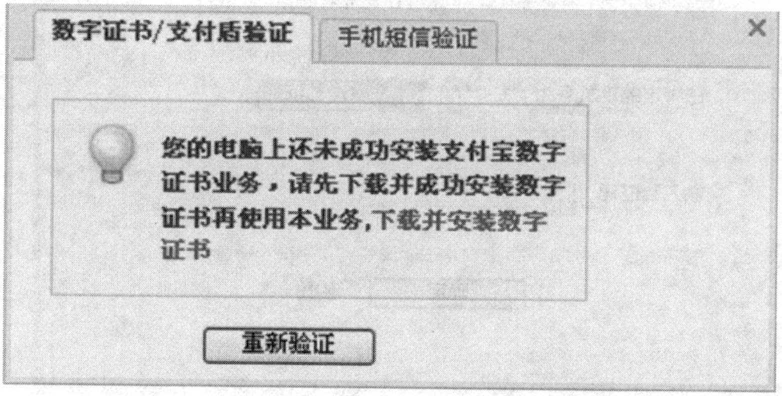

图12-10　网页登录保护申请

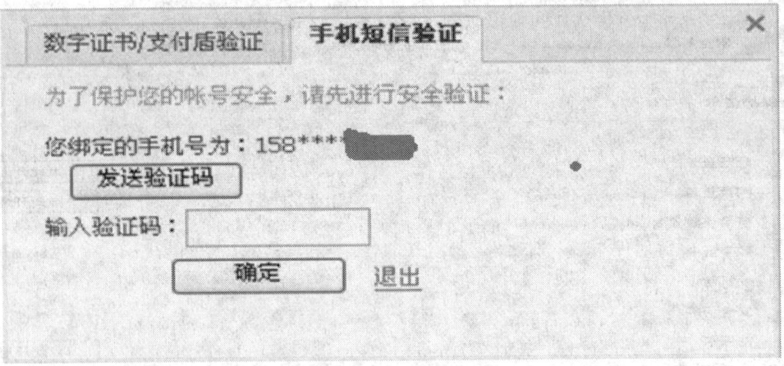

图12-11　登录验证框

（三）设置出售中商品管理

登录我的淘宝安全中心——选中“出售中的商品管理”——点击后面的“点此开通”，如图12-12所示，在弹出的校验框中选择任意一种方式通过校验，对“出售中商品管理”的保护就设置成功了，如图12-13、图12-14所示。

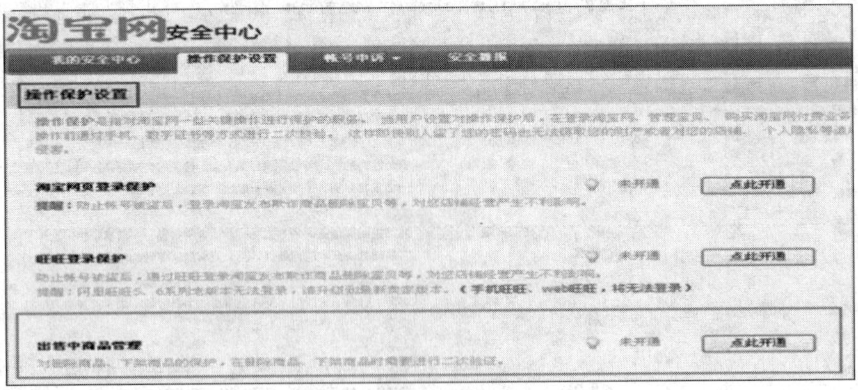

图12-12　出售中的商品开通页面

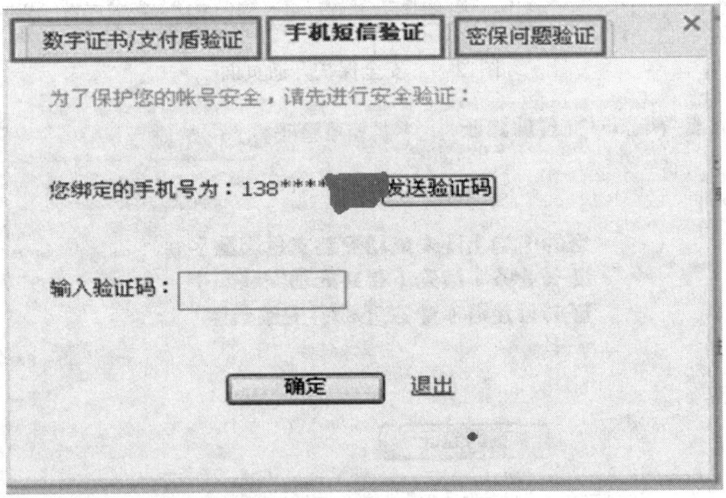

图12-13　商品管理校验框

图12-14　商品管理开通成功

总结回顾

本项目主要要求掌握网上开店安全的基础知识，了解网上开店的基本风险和防范措施，并能选择、成功设置淘宝安全套餐。

拓展知识

钓鱼网站的欺诈方式

当你搜索到一个价廉物美的商品，用旺旺跟卖家联系时，卖家会立即让你加QQ聊天，借口有很多种："旺旺忙"、"旺旺不好用"、"进货渠道特殊不方便在旺旺上说"等；另一种直接说自己不在线，有QQ客服在线。

真实的原因是：如果卖家在旺旺上实施诈骗会留下证据，而QQ等其他聊天工具上的聊天记录淘宝不采信，骗子就是想钻这个空子。

有时候骗子做得更绝，直接在"商品描述"里写上"旺旺忙，加QQ****"等各种借口，其企图无不是调虎离山。

把你骗到QQ上以后，骗子的真面目就露出来了。骗子发送的是一个钓鱼链接。钓鱼链接也就是假冒的商品页面，表面上看来跟真实的淘宝页面几乎完全一致，特点是：会让你重新登录淘宝用户，随便输入什么用户名和胡编的密码都会登录成功。如果你输入的是正确的用户名和密码，这些信息就会立即被骗子截获，你的账户就被盗了。

对待钓鱼网站的对策主要有以下几种方式：

第一，只用旺旺跟卖家交谈，拒绝使用QQ等阿里旺旺以外的任何聊天工具。

第二，拍下商品后，先别急于付款，退出来到淘宝已买到的商品中查看有没有该笔交易，如果没有就立即停止购买。

第三，万一已经输入账户密码重新"登录"，第一时间迅速修改密码，如果被骗子抢了先，就会显示"账户在别处登录"，此时应立即联系淘宝客服暂时冻结账户，以免造成更大的损失。

资料来源：http://bbs.taobao.com/catalog/thread/154504-15837047.htm

复习思考题

1. 最著名的公钥加密算法是（　）。

A. DES　　B. Triple DES　　C. SET　　D. RSA

2. 下面哪个不是一个防火墙技术？（　）

A. 状态监测　B. PKI　C. 包过滤　D. 应用层网关

3. 从事电子商务活动过程中，使用哪种技术可以确认信息未被破坏或篡改？（　）

A. 数字时间戳　B. 数字证书　C. 消息摘要　D. 防火墙

4. 下面哪种方法可以用于网上对电子文件提供发表时间的保护？（　）

A. 数字签名　B. 数字证书　C. 消息摘要　D. 数字时间戳

5. 下面哪个不是数字证书中的内容？（　）

A. 公开密钥　B. 数字签名　C. 证书发行机构的名称　D. 私有密钥

6. SSL协议是由哪个公司推出的一种安全通信协议？（　）

A. Netscape　B. IBM　C. Microsoft　D. VISA

7. 完成一个SET交易的过程中，需要验证证书（　）次。

A. 6　B. 9　C. 5　D. 7

8. 过滤防火墙在电子商务中的角色是什么？（　）

A. 提供网络间的连接　B. 提供框架管理　C. 提供性能管　D. 提供安全性

9. 网上购物时，使用的密码与银行支付卡上设置的密码是（　）。

A. 完全相同　B. 完全不同　C. 不能确定　D. 可能相同

10. nternet安全级别共有几种？（　）

A. 3　B. 4　C. 5　D. 6

11. 下列属于发现病毒后的处理方式的为（　）。

A. 自动清除病毒　B. 自动禁止使用病毒文件

C. 自动删除带毒文件　D. 询问后处理

12. 网站安全的技术保障主要有以下哪些？（　）

A. 合理的网络拓扑结构，提高抗攻击的能力　B. 病毒防治

C. 字签名　D. SSL协议和数字证书应用

技能训练

技能训练任务书

实践任务	开设淘宝店铺
训练目标	能申请数字证书和开通安全套餐
实践内容	1. 查看账户安全级别 2. 安装数字证书 3. 开通安全套餐
实践成果	成功开通安全套餐

项目13 网店推广

学习目标

目标类型	项目目标
知识目标	了解网店推广重要性 掌握网店推广的主要方法
技能目标	能运用各种方法推广网店
工作态度目标	诚信经商 仔细做事 团队合作 与人顺畅沟通

技能知识

1. 网店推广的方法
2. 网店的推广

项目背景

开设网店是件容易的事情，许多人开设店铺之后发现很长时间没有什么人访问店铺，没有流量，没有销量，当然这中间可能有产品的质量问题、定价问题，但是更多的就是因为缺乏对店铺的推广，本项目就是让我们掌握基本的推广方法，进行店铺推广。

引导案例

店铺推广案例

2008年，小王在淘宝开了一个基于实体服装店的网上店铺，两个月过去了，网店销售一直没有什么进展，一周才一两笔交易，小陈非常着急，他开始对淘宝网上其他同类网店进行考察比较。

通过对其他网店的了解和观察，他发现自己的网店在以下几个方面有很大的不足：经营没特色，在实体店中经营面对的对象已婚和中年妇女居多，所以款式跟不上潮流；产品特点、定位不明确，没采用多元化促销方式，网店栏目、产品说明不吸引人；网店名称、介绍、公告不够突出，没有围绕主题；产品发布时间不够注意；网店应该注重推广。

小王开始了自己的店铺改造计划：首先需要创造出经营特色，在上面已经提到网上和网下针对的客户群有点出入，在现有基础上，在网店上只有突出真皮皮鞋为卖点，以实惠的价格和优质服务为辅的经营特色；网店名称、店铺介绍、公告围绕主题来设计；重新设计店铺类目，增加礼品区类目和特价秒杀区类目；调整商品发布时间，每天分三批，在早上9：00~12：00、下午2：00~5：00或晚上8：00~22：00发布；网店推广主要通过淘宝论坛＋博客的推广方式，每天要至少抽1个小时浏览论坛，至少有20条留言。结合博客日记写开店感受和经验总结，并把好贴发到淘宝论坛上和淘宝个人空间里面。

通过以上的措施，小王的网店开始逐步受到欢迎了，业务量逐步开始明显提升。

（附：小陈网店地址是http://bestfish.taobao.com）

案例思考

如何让客户知道并光顾我们的个人网店呢？你觉得有哪些可行的办法？

任务分析

本项目的主要工作任务是运用站内站外的网店推广方法，有效开展网店促销，提升店铺流量。

相关知识

一、网店推广的概念

网店推广是指运用一定媒介，有计划地进行网店传播推广活动，简单说就是要让客户知道卖家的个人网上商店。

二、网店推广的主要形式

以淘宝网为例，网店推广一般包括淘宝店内推广、淘宝站内推广、淘宝站外推广与促销推广。

1. 淘宝店内推广

淘宝店内推广主要是通过店铺公告栏、店招、商品标题、商品描述等内容实现店铺推广，如通过优化商品标题，提高商品的搜索排名就是非常管用的推广方式。

2. 淘宝站内推广

淘宝站内推广的主要方式包括淘宝论坛、淘帮派、参与淘宝活动、友情链接等方式推广店铺和商品。

3. 淘宝站外推广

淘宝站外推广是利用站外资源，如论坛、博客、微博、SNS社区、搜索引擎等开展推广。

4. 促销推广

促销推广是运用淘宝活动促销（如双十一活动、天天特价等）、店内的限时折扣、淘金币、团购等活动吸引客户，提升流量，提高店铺转化率。

任务实施

一、准备工作

计算机1台（须连入互联网）、手机1部、数码相机1台（也可用较高像素手机）。

二、实施店铺推广

请按照如下步骤，对开设的淘宝店铺进行推广，详细步骤如下。

（一）设置店名与店标

一个朗朗上口又有个性的店名可以吸引顾客的注意力，加深顾客的印象，这样如果顾客想再次光顾卖家的店铺，就方便多了。店标是一个网店的形象，可以充分利用店标传递店铺和商品信息，也有利于培养一批忠实客户。如图13-1所示就是淘宝第一店铺柠檬绿茶的店铺。

图13-1　店名与店招

（二）设置店内搜索

由于搜索非常方便高效，众多淘宝卖家习惯于使用搜索功能，因此我们要将店铺搜索页放到显著位置，让客户进店既可搜索，同时也可设置一些热门关键词，传递店铺产品信息，如图13-2所示。

（三）合理设置商品上架时间，充分利用橱窗推荐位

1. 高峰发布时间商品

在淘宝的排名规则中，商品结束时间越短的优先排在前面，要合理设置商品上架时间，在买家较多的时间段分批上传商品（发布商品的时候注意将商品有效期设置为7天，不要设置为14天，设置为14天将减少一次排名在前的机会）。

2. 充分利用橱窗位

“橱窗推荐位”（图13-3）是淘宝网提供给卖家展示、推荐商品的位置之

图13-2　店内搜索

图13-3　橱窗推荐

一，是淘宝网为卖家提供的特色服务。合理利用橱窗推荐位，将大大提高商品的点击率。买家进到店铺，最先看到的就是店铺推荐位上的商品，这是店铺商品给人的第一印象。对于推荐位不足的问题，卖家也可以购买商品模板来增加推荐位，这样顾客在浏览单个商品的时候，也可以浏览到更多的推荐的商品了。我们一般选择即将到期的商品橱窗推荐，从而提高商品排名。

3. **商品发布个数**

综合商品排名的时间因素和橱窗位因素，在发布商品的时候，每次发布的商品个数最好与橱窗位个数一致。

（四）设置公告栏

公告栏在最显眼的位置，很多顾客来店里都喜欢先看公告栏。因此卖家要将自己店铺的优惠促销信息及时发布到公告栏中，以此吸引买家的眼球，如图13-4所示。

图13-4 店铺公告栏

（五）利用标题推广——巧用关键字

商品标题中要合理设置关键字，以此提高店铺被搜索到的机会。常见商品标题设置具体方法有下列四种方法（图13-5）：

（1）品牌+名称+型号。

（2）优惠+名称+品牌+型号。

（3）标志+信用+品牌+型号+名称+服务。

（4）品牌+名称+型号+优势+服务。

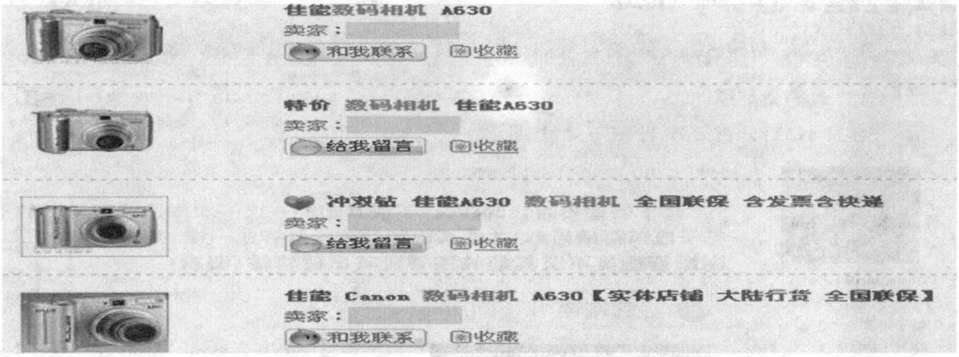

图13-5 商品标题设置

（六）设置友情链接

网上市场很大，一定要有合作意识，友情链接是提高店铺浏览量的重要手段，可以选择一些与自己店铺产品互补或者类似的卖家交换链接，达到相互提升流量，增加浏览量的目的，如图13–6所示。

图13–6 友情链接

（七）论坛推广

淘宝论坛是淘宝买家和卖家交流沟通的平台，由于淘宝用户大多具有买家和卖家的双重身份，去论坛发帖等于给自己的店铺做隐性广告，如图13–7所示。

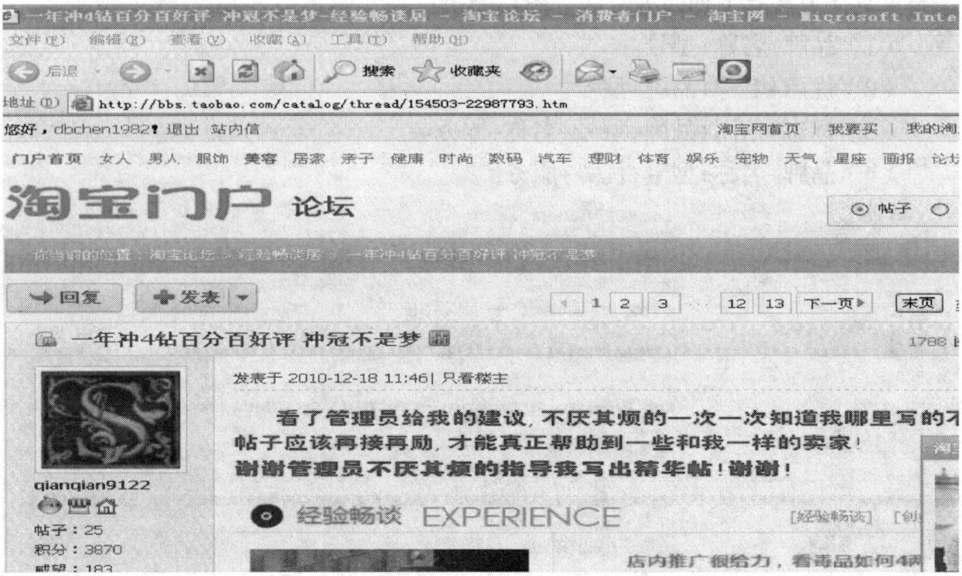

图13–7 淘宝论坛

（八）加入淘宝帮派，参加活动

加入或者创建淘宝各大帮派，参加各类收藏、促销等推广活动，增加店铺浏览量，如图13–8所示。

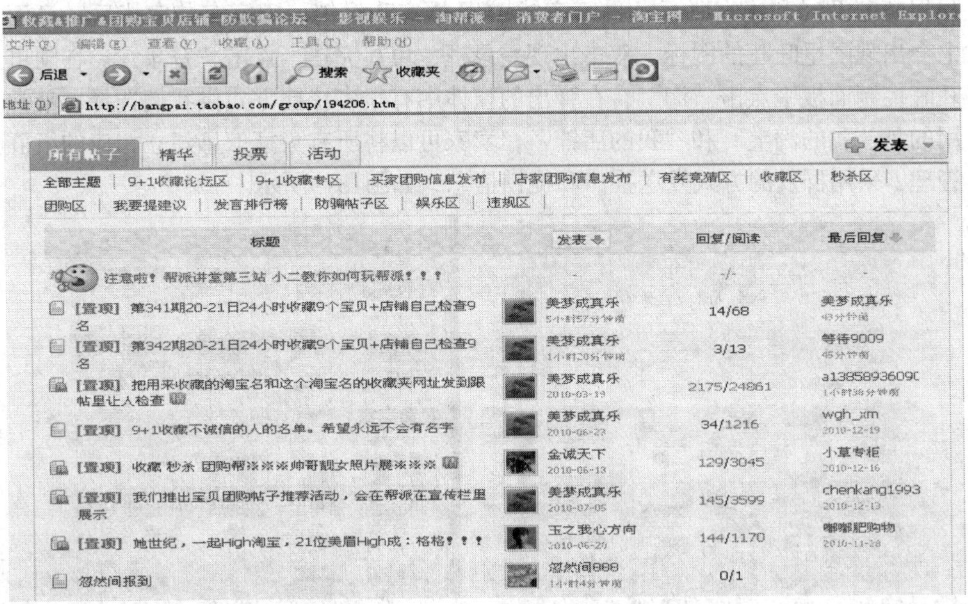

图13–8　淘帮派

（九）淘宝直通车推广

淘宝直通车是为淘宝专职卖家量身定制，通过关键词竞价，按照点击付费，进行商品精准推广的服务。

申请淘宝直通车之后，卖家的商品可以在搜索结果页面、类目搜索页面和各类专项促销活动页面中显示。搜索结果页面是买家在搜索框输入关键词即可到达的页面；类目搜索页面是买家点击类目关键词即可到达的页面、买家购买意向最明确的地方、目标买家寻找商品的必经之地；各类专项促销活动页面是淘宝首页、各频道和社区热卖单品活动、促销专享活动显示的页面。

淘宝直通车是前期提高浏览量、人气最好的方法。从直通车来的客户质量很高，都是有购买需求的客户，而且通过直通车进来更能体现店铺的实力，增加了客户购买的可能性。

（十）淘宝客推广

淘宝客推广是一种按成交计费的推广模式，淘宝客只要从淘宝客推广专区获取商品代码，任何买家（包括您自己）经过您的推广（链接，个人网站，博客或者社区发的帖子）进入淘宝卖家店铺完成购买后，就可得到由卖家支付的佣金。

淘宝客可以在淘宝客推广专区复制单件商品的代码（即推广链接）后粘贴到自己想要推广的地方，如博客，论坛，个人网站等地方。

（十一）利用即时通讯工具推广

1. 阿里旺旺

阿里旺旺是淘宝网提供给买卖双方的一种免费即时通讯工具，卖家可以利用阿里旺旺及时和买家联系，进行店铺/产品推广和促销。卖家安装完毕后，桌面上会出现阿里旺旺的图标，双击出现登录框，填写完毕，点击“登录”。在阿里旺旺控制面板中点击“淘”，在弹出的窗体中有很多快捷方式供我们选择，最常用的是“我的淘宝”和“我的店铺”，卖家可以将所有买家信息建立相应的组群管理，采用群发的方式发送推广和促销信息，如图13-9所示。

图13-9　阿里旺旺推广

2.QQ 推广

QQ目前是互联网使用者用得最为频繁的即时通信工具，可以充分利用QQ名称、QQ签名、QQ空间配合进行产品推广，如图13-10所示。

（十二）网上商店促销推广

1. 免邮费

邮费问题一直是影响买家对于网购价格优惠感知的重要因素，也是买家关注的焦点之一。当前的邮费主要分为：包裹平邮、物流快递、特快专递等。平邮的价格较低，但周期较长；物流快递价格适中，周期在3~5天；特快专递周期短，但是价格昂贵。因此，买家最易接受的是物流快递。卖家可以根据买家所购买的数量来相应地减免邮费，让买家从心理上觉得就像在家门口买东西一样，不要附加任何其他的费用。

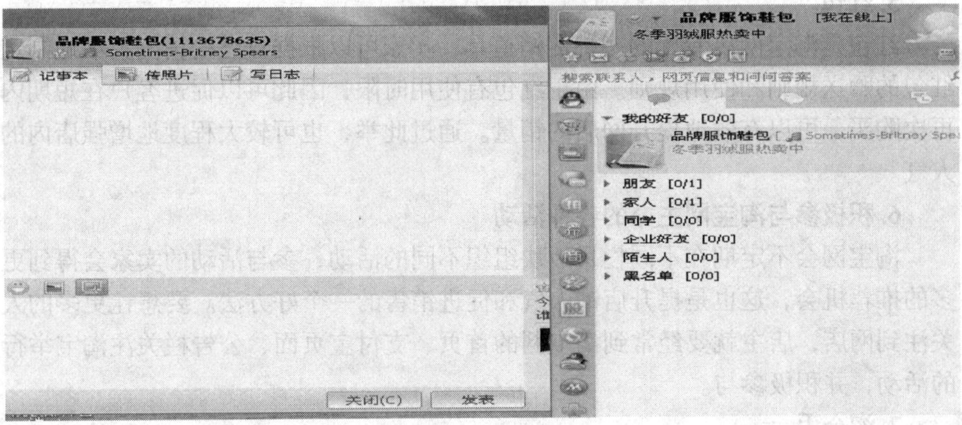

图13-10 QQ推广

2. 打折

打折是卖家目前最常使用的一种阶段性的促销方式。因为它直接让利于买家，让买家非常直接地感受到了实惠，因此受到了买家的欢迎，促销效果很理想。折扣主要采取以下两种方式：一是不定期折扣。在重要的节日，如春节、情人节、母亲节、圣诞节等，进行8~9折优惠，因为在节日期间人们往往更具有购买潜力和购买冲动。店主应选择价格调节空间较大的商品参加活动，并不是全盘托出。这种方式的优点是：符合节日需求；虽然折扣后可能会造成利润下降，但销售量会提高，总的销售收入不会减少；增加了店内的人气，拥有了更多的顾客，对以后的销售也会起到带动作用。二是变相折扣，如采取“捆绑式”销售，以礼盒方式在节假日销售。这种方式的优点是：符合节日气氛；更加人性化。

3. 赠品

赠品促销策略的关键在于赠品的选择上，一个得当的赠品，会对产品销售起到积极的促进作用，而选择不适当的赠品只能使成本上升，利润减少，顾客不满意。选择合适的赠品应注意：第一，不要选择次品、劣质品，这样做只会适得其反，影响店铺的信誉；第二，选择适当的能够吸引买家的产品或服务。可以赠送试用装或小样，还可以赠送无形的东西——服务。第三，注意赠品的预算，赠品要在能接受的预算内，不可因为过度赠送赠品而造成成本过大。

4. 会员、积分

凡在网店购买过商品的顾客，都可成为网店的会员。会员不仅可享受购物优惠，同时还可以累计积分，用积分免费兑换商品。该策略的优点是:吸引买家再次来店购买以及介绍新买家来店购买，不仅可以巩固老顾客，使其得到更多的优惠，还可以拓展发掘潜在买家。

5. 红包

红包是淘宝网店专用的一种促销道具，卖家可以根据自己的情况灵活地制定红包的赠送规则和使用规则。由于红包有使用时限，因此可以促进客户在短期内再次购买，可以有效地提升网店的销量。通过此举，也可较大程度地增强店内的人气。

6. 积极参与淘宝网主办的各种活动

淘宝网会不定期在不同栏目板块组织不同的活动，参与活动的卖家会得到更多的推荐机会，这也是提升店铺人气和促进销售的一个好方法。要想让更多的人关注到网店，店主就要经常到淘宝网的首页、支付宝页面、公告栏关注淘宝举行的活动，并积极参与。

7. 淘金币

淘金币是淘宝网的虚拟货币，能够在淘金币这个平台兑换、竞拍到品牌折扣商品，也可以兑换、抽到完全免费的商品，是淘折扣的最佳途径。在淘宝，拥有淘金币也是资深淘友的最高象征和权力体现。目前使用淘金币兑换、抽奖、竞拍各类商品，都在淘金币平台进行。

（十三）将网店登陆到各大搜索引擎

搜索引擎是互联网用户获取信息的主要通道之一，可将网店登录到各大搜索引擎，增加被用户发现的机会，如图13-11就是将网店登录到百度的搜索引擎入口。

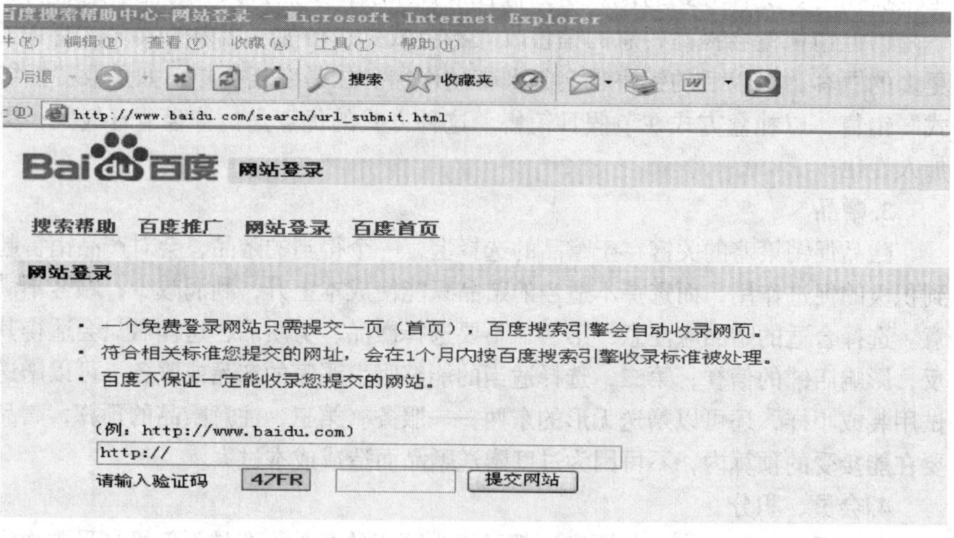

图13-11 将店铺地址登录到百度

三、推广效果监测

开通淘宝量子统计，监测推广前后的店铺流量变化，如图13-12所示。

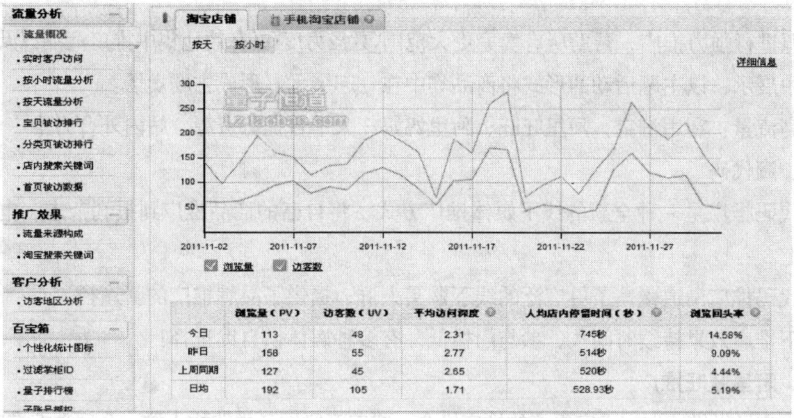

图13-12　量子统计

总结回顾

本项目主要要求掌握网店推广的主要方法，并运用各种方法有效推广网店，提升店铺流量和转化率。

拓展知识

淘宝网内店铺推广工具以及突出特点

一、淘宝直通车

淘宝直通车是淘宝网为淘宝卖家量身定制的推广工具，是通过关键词竞价，按照点击付费，进行商品精准推广的服务。

超准流量：买家主动搜索时，在最优位展示你的商品，只给想买的人看。

超省成本：免费展示，买家点击才付费，自由调控花销，合理掌控成本。

超值推广：独享增值服务，快速提升推广能力，让你成为网络营销高手。

二、淘宝客

“淘宝客推广”是专为淘宝卖家提供淘宝网以外的流量和人力，帮助推广商品，成交后卖家才支付佣金报酬。

最小成本：展示、点击、推广全都免费，只在成交后支付佣金，并能随时调整佣金比例，灵活控制支出成本。

最大资源：拥有互联网上更多流量、更多人群帮助推广售卖，让你的买家无处不在！

三、钻石展位

“钻石展位”是专为有更高推广需求的卖家量身定制的产品。精选了淘宝最优质的展示位置，通过竞价排序，按照展现计费。性价比高更适于店铺、品牌的推广。

三大核心优点：淘宝黄金流量；自由竞价，低门槛参与；丰富图片展示，夺人眼球。

四、超级卖霸

超级卖霸是将卖家产品集中在一起，以专题\活动的形式进行集中展示，并整合淘宝优质广告资源进行强力推广，帮助所有卖家更大范围\更强力度\更有效地集中推广商品以及店铺。

集中展示：以主题活动的形式将商品集中在一起展示，形成主题卖场。

超高流量：利用淘宝、阿里旺旺、阿里妈妈三大平台优势资源，站内外合力推广。

五、淘代码

淘代码推广是一种全新的线下媒体推广方式，将自己的商品推广到报刊杂志、电视、DM等媒体上。

淘代码推广渠道覆盖了更广泛的线下购买人群，提供了品牌推广的新途径。

线下推广效果持续时间久、参与门槛低，有多种媒体供自助选择！

六、阿里旺旺推广

广告市场提供给淘宝卖家更多的推广机会，覆盖互联网各类购物人群，合理掌控推广成本。

自由挑选投放站点，针对网站定向投放，锁定固定目标群体。

无需竞争，无需等待，独享广告投放时间。

包时广告投放，无论点击次数和展现数量，均只需支付固定的费用。

复习思考题

网店推广的方法有哪些？

技能训练

技能训练任务书

实践任务	开设淘宝店铺
训练目标	能利用各种方法推广店铺 提高店铺流量 增加店铺销量
实践内容	1. 优化店名，美化店标 2. 设置店内搜索 3. 合理设置商品上架时间，充分利用橱窗推荐位 4. 设置公告栏 5. 优化商品标题 6. 设置友情链接 7. 利用论坛推广 8. 加入淘宝帮派，参加活动 9. 开通淘宝客 10. 利用即时通信工具推广 11. 网上商店促销推广 12. 将网店登录到各大搜索引擎
实践成果	显著提高店铺流量，增加店铺销量

参考文献

［1］葛存山，何秀芳.淘宝网开店、装修、管理、推广一册通.北京:人民邮电出版社，2010.

［2］武新华.网上开店实战指南.北京：化学工业出版社，2009.

［3］李志刚.网上创业理论与实践.北京:机械工业出版社，2010.

［4］黄蕾.淘宝入门真经.北京：清华大学出版社，2010.

［5］浙江淘宝网络有限公司.C2C电子商务创业教程.北京:清华大学出版社，2010.

［6］相成久，齐新.电子商务应用与运营.北京:中国人民大学出版社，2010.

［7］刘萍.电子商务物流.北京：电子工业出版社，2005.

［8］中国电子商务研究中心:http://b2b.toocle.com/detail--4885066.html.

［9］淘宝网，www.taobao.com

［10］淘宝网，www.taobao.com

［11］拍拍网，www.paipai.com

［12］淘巧网，www.taoqao.com

［13］飞的网店，www.flytaobao.com

［14］阿里学院，http://www.alibado.com

［15］百度百科，http://baike.baidu.com

［16］淘宝大学，http://daxue.taobao.com

［17］中国电子商务法律网.网上开店法律应用百问.北京:法律出版社，2010.